供给侧改革下
丘陵地区新型农业生产
经营组织优化研究

蒋喻新 王 鹏 付宗平／著

GONGJICE GAIGEXIA
QIULING DIQU XINXING NONGYE SHENGCHAN
JINGYING ZUZHI YOUHUA YANJIU

四川大学出版社

责任编辑:蒋　玙
责任校对:王　锋
封面设计:墨创文化
责任印制:王　炜

图书在版编目(CIP)数据

供给侧改革下丘陵地区新型农业生产经营组织优化研究 / 蒋喻新,王鹏,付宗平著. —成都:四川大学出版社,2018.12
ISBN 978-7-5690-2631-3

Ⅰ.①供…　Ⅱ.①蒋…②王…③付…　Ⅲ.①现代农业-农业经营-经营管理-研究-中国　Ⅳ.①F324

中国版本图书馆 CIP 数据核字（2018）第 294228 号

书名　　供给侧改革下丘陵地区新型农业生产经营组织优化研究
著　者　蒋喻新　王　鹏　付宗平
出　版　四川大学出版社
地　址　成都市一环路南一段24号 (610065)
发　行　四川大学出版社
书　号　ISBN 978-7-5690-2631-3
印　刷　四川盛图彩色印刷有限公司
成品尺寸　146 mm×210 mm
印　张　10
字　数　264 千字
版　次　2019 年 2 月第 1 版
印　次　2019 年 2 月第 1 次印刷
定　价　46.00 元

◆读者邮购本书，请与本社发行科联系。
电话：(028)85408408/ (028)85401670/
(028)85408023　邮政编码：610065
◆本社图书如有印装质量问题，请
寄回出版社调换。
◆网址：http://press.scu.edu.cn

前　言

　　四十年来的经济发展及改革实践证明，中国社会的主要问题是农业、农民和农村问题，即"三农"问题。中华人民共和国成立尤其是改革开放以来，家庭联产承包责任制这种农业生产经营组织形式为实现农业现代化发挥了重要的历史作用，重塑了农村经济组织的微观基础，曾经极大地解放了农村生产力、调动了农户经营的生产积极性。它克服了"平均主义"和"吃大锅饭"等弊端，避免了管理的过分集中，维护了生产资料公有制的制度框架，同时又保留了在部分领域实行统一经营的功用。但中国农业现代化的推进也遇到了瓶颈，随着我国社会生产力的发展和农村经济体制改革的深化，在家庭联产承包责任制下，农户小规模分散的生产与外部大市场之间的矛盾以及农户小规模经营与农业现代化之间的矛盾逐渐凸显，并有逐渐加重的趋势。规模化、专业化、集约化是农业现代化发展的方向，面对农业生产经营规模小、土地细碎化、农地产权不清晰等突出问题，如何促进土地流转、实行土地适度规模经营是促进农业现代化发展所必须解决的基础问题。在此基础上，创新农业生产经营组织形式，促进土地向新型生产经营主体流转就显得非常必要。

　　2013 年，中央"一号文件"进一步对构建新型农业经营体系做了具体部署，指出农业生产经营组织的创新是推进现代农业建设的核心和基础。2016 年，中央"一号文件"再次聚焦农村生产经营组织建设，提出"支持供销合作社创办领办农民合作

1

社，引领农民参与农村产业融合发展，分享产业链收益，并倡导培育新型农业生产经营组织"。农业现代化的实现有赖于相应的农业生产经营组织的转变，发展多元化的农业生产经营组织形式，并不是简简单单的农民组织化，而是基于利益联结和产业相关机制等的产业一体化发展。农民合作社在建设现代农业和社会主义新农村中发挥了积极作用。

总体而言，合作社还存在规模小、积累少、抵御风险能力弱等不足。在这种现实背景下，我们迫切需要寻找到一种新的农业产业化生产经营组织形式，以解决我国农业产业面临的小规模细碎化生产与大市场规模化的矛盾。在农业产业化经营的过程中，新型农业生产经营组织是参与现代农业产业化发展必不可少的重要生力军。在发展现代农业的过程中，新型经营主体主要是以龙头企业、农民专业合作组织、家庭农场、专业大户、新型职业农民等为代表，而龙头企业和农民专业合作组织是相对较为有规模经济效益的新型农业经营组织。通过梳理国内外文献和地方经验案例，通常比较常见的有"农户+农民专业合作组织+龙头企业""龙头企业+基地+农户""龙头企业+农民专业合作经济组织+园区"等组织合作模式，也有"龙头企业+农村集体经济组织+农民专业合作组织+农户"等组织合作模式。

国外农业合作社的发展实践表明，以现代农业产业化为目标的合作社的联合与合作是应对国际背景下农业市场竞争的有效手段。合作社及联合社在国外的发展也呈现出多元化特征，突出表现为区域性与专业性、紧密型与松散型、综合化与单一化联合社并存等。德国、法国等国还形成了国家级、地区级、基层社等包含多种层级的合作社发展体系。合作社的联合与合作在为其提供融资、信息、技术服务及采用现代经营结构等方面发挥了积极作用。而本书所研究的四川丘陵地区产联式合作社则是融合了乡镇政府、村集体、工商企业、农业国有开发企业（供销合作社）、农户等多元经营主体的新型生产经营组织模式。实践中，虽然有的农民专业合作社已开始通过成立联合社等形式实现了彼此之间的联合与合作，进一步提高了竞争能力和市场谈判能力，但理论界对产联式合作社的界定、类型、功能、组织结构、发展模式、实践经验等关注不多，四川部分丘陵地区产联式合作社的发展仍处于初步探索阶段。为深入了解四川丘陵地区大英县产联式合作社产生的背景、实践经验等问题，有针对性地提出促进产联式合作社发展的对策建议，我们特开展此研究。

本书在深入分析我国不同历史时期实践中农业生产组织体系发展历程、各种组织模式的优势与不足的基础上，重点探讨大英县"产联式合作社"新型生产经营组织模式，并以利益联结为核心，力求为农业供给侧改革背景下现代农业产业化过程中新型农业生产经营组织的不同模式构建及优化提供一些借鉴和经验。

本书由中共大英县委书记蒋喻新牵头，四川省生产性服务业协会秘书长、正高级经济师王鹏，四川省社科院农村发展研究所副研究员付宗平，中共大英县委副书记、县人民政府县长胡铭超，中共大英县委副书记江平，中共大英县委常委、县总工会主席、县委办主任赵维强，大英县人民政府副县长杜锐，大英县供销社主任肖圣全分工协作，共同参与组织、研究和编撰。本书的编辑出版得到了四川大学出版社的大力支持，同时得到了大英县委、县政府和有关部门、镇乡、村组、企业的大力支持，在此表示深深的感谢！

由于时间仓促和经验有限，书中缺点和纰漏在所难免，敬请各位领导、专家学者和广大读者批评指正。

作 者

目　录

1 农业生产经营组织的历史变迁——基于生产力和生产关系演进视角

1.1 土地制度变迁中我国农业生产经营组织的历史沿革

1.1.1 封建土地所有制——以"雇农"为主要生产组织形式的生产关系

众所周知，中国是一个具有悠久农耕社会历史的国家。自古以来，中国人民的生活就十分依赖于土地。土地所有制也在不断地发展、演变。中国的封建土地所有制，从春秋战国时期开始形成，到战国时期正式确立，一直延续了两千多年。在我国封建社会的历史上，包含三种土地所有制形式：国家土地所有制、地主土地所有制和自耕农土地所有制。其中，国有土地和地主的土地虽然表现形式不同，但就阶级性而言，均为地主阶级所占有，都是对农民进行剥削的生产手段；地主的土地和自耕农的土地虽然具有截然相反的阶级内容，但却均属于私人所有的土地。因此，封建土地所有制即封建土地私有制。从某种意义上来说，封建土地所有制就是一个土地疯狂兼并的缩影。

总体上看，封建地主土地所有制是指地主阶级占有土地，用以剥削农民（或农奴）的土地私有制度。它在奴隶主土地占有制崩溃的基础上，或在村社土地公有制瓦解过程中逐步形成。其基本特征是：土地为封建地主所占有，将其租给或分给农民耕种，通过收取地租对农民进行经济剥削和超经济强制；农民没有或只有少量土地，不得不租种地主的土地，并且对地主有不同程度的人身依附。地主阶级通过掌握土地这一生产资料，对使用土地的农民利用榨取地租、放高利贷等手段进行剥削。纵观封建土地所有制的演变过程，在不同时期，封建土地所有制的形式也不尽相同。原始社会，封建土地所有制实行氏族公社土地公有制度；夏商周时期，实行土地国有制——井田制；春秋时期，井田制瓦解；战国时期，井田制被废除，封建土地所有制确立，一直延续了两千多年。曹魏时期曾经实行屯田制；北魏到唐朝中期，实行均田制。均田制是中国古代一项重要的土地制度，产生于北魏，之后的北齐、北周以及隋唐都承袭了这一制度。随着地主经济的发展壮大，土地兼并也随之日益严重，均田制形同虚设。到了唐代中叶，均田制终于退出历史舞台。均田制的主要意义：首先，在一定程度上使无地农民获得了无主的荒地，农民有了安居乐业的可能，生产积极性提高，同时大片荒地被开垦出来，粮食产量不断增加，从而积极推动了北方经济的恢复和发展；其次，均田制是封建国家土地所有制，并未触动封建地主阶级的利益，一方面有利于国家征收赋税和徭役，另一方面促进了北魏政权的封建化，从根本上巩固了北魏的统治；再次，均田制的推行极大地推动了北方内迁各族改变原先落后的游牧生活而向封建农民的转化，推动了这一时期北方民族大融合高潮的出现。此外，均田制对后代田制也有很大影响，先后为北齐、北周、隋、唐所沿用，施行时间长达三百多年。这一制度的选择、推行为中国封建鼎盛时期的出现奠定了雄厚的物质基础。

在封建社会整个历史时期，土地兼并成为社会普遍现象。其主要表现为：①土地买卖与土地兼并是中国封建社会土地制度的根本特点。在中国封建社会中，土地国有制并不占支配地位，土地私有制的普遍存在为土地买卖提供了可能性。②只要土地买卖存在，土地兼并就必然会如影随形地出现。地主兼并土地的对象主要是自耕农的小块土地。中国封建社会一确立，自耕农及其小块土地的分离就会不断再现，并且总是以日益扩大的规模向前进展。对于地主经济的扩张来说，大批自耕农失去土地是其不可缺少的条件。无论就土地而言，还是就劳动力而言，地主经济吞并自耕农经济都是土地兼并的主要途径。直到中华人民共和国成立前夕，我国土地分配和占有情况已经达到极不合理的程度。从整体情况看，占农村人口 5% 左右的地主就占有全国土地的一半以上；占农村人口 5% 左右的富农占全部土地的 10% 以上；而占农村人口 90% 以上的广大中农、贫农和其他劳动人民只占有20%~30%的土地资源。① 广大农民缺乏生存所必需的基本生产资料，只能租种地主的土地，并缴纳高额的地租，生活极端贫困。

由于封建地主手里掌握着大量土地生产资料，农民被雇佣为廉价劳动力为地主生产，由此形成了以"雇农"为主要生产组织形式的生产关系，实质上是地主剥削佃农的生产关系，这种封建土地所有制严重制约着农业生产力的发展。封建社会特有的封建土地所有制决定了小农经济是长期以来中国封建社会农业生产的基本模式，小农经济以家庭为生产、生活单位，农业和家庭手工业结合，生产的主要目的是满足自家基本生活的需要和交纳赋税，是一种自给自足的自然经济。在中国，自给自足的自然经济始终在封建经济中占主导地位。封建土地所有制是封建制度的经济基础，是农民在经济上受剥削、政治上受压迫的根源，也是封

---

① 马晓河. 中国农村 50 年：农业集体化道路与制度变迁 [J]. 当代中国史研究，1999 (1).

建社会生产力发展缓慢和停滞不前的根本原因。随着商品经济的发展和资本主义制度的建立，这种土地所有制逐步瓦解。

1.1.2 中华人民共和国成立初期的土地改革（1950—1952 年）——"农民土地私人所有、自给自足"的生产关系

中华人民共和国成立后，为了实现广大农民"耕者有其田"的理想，改善农民生活状况，解放农村生产力，中央政府在解放区成功实施土地改革的基础上，于 1950 年 6 月通过了《中华人民共和国土地改革法》，在全国掀起了一场大范围的土地改革运动。1952 年，全国土地改革基本完成，建立了农民私有土地制度，废除了封建土地所有制。土地改革的完成，彻底摧毁了我国存在两千多年的封建土地制度，地主阶级也被完全消灭。

1953 年，除西藏、新疆和部分少数民族地区外，全国土地改革基本完成。这场以"土地损补"政策为核心的制度改革，取得了显著的成绩：一是把"公田"所体现的村社土地部分公有制变为了完全私有制。[①] 土地所有权关系的调整，在短时期内释放出了巨大的制度优势和潜能。首先，农业生产得到了迅速恢复和发展。1952 年与 1949 年相比，农作物业产值增长 54.5%，林业产值增长 81.25%，畜牧业产值增长 42.2%，渔业产值增长 116.7%，副业产值增长 57.5%。同时，粮食、棉花、油料等主要农产品的产量也实现了大幅度增长。其次，农民收入取得了较快增长。1952 年农民净货币收入比 1949 年增加 86.7%，每人平

---

① 温铁军."三农"问题与制度变迁 [M].北京：中国经济出版社，2009：168.

均货币净收入增加79.8%。[①] 二是改变了广大农村土地占有不合理的状况。全国土地占有和分配情况发生了翻天覆地的变化，3亿多无地和少地的农民无偿获得了7亿亩土地和其他生产资料，免除了过去每年向地主交纳的约700亿斤（350亿公斤）粮食的沉重地租。[②] 同时，由表1-1可以看出，占人口52.2%的贫雇农和39.9%的中农获得了大部分土地。相对于土地改革前的大规模集中占有而言，农业生产资源的配置更加分散（见表1-1）。

表1-1 1949—1953年中国土地政策演变

中华人民共和国成立后，我国农村土地政策的变迁围绕着以"所有权和经营权"为核心的产权制度展开。自建党以来，中国农村土地政策变迁相应经历了"土地私人所有，农民自主经营""土地集体所有，集体统一经营""土地集体所有，农户承包经营"三个阶段。

（1）"耕地农有"农村土地政策的形成。中国共产党自从创建开始，就非常关注农民的土地问题。在农民运动实践中，中国共产党提出了"限租、限田"的土地主张，在共产国际的影响下，逐渐形成了"耕地农有"的土地政策。在没收土地对象方面经历了三次变化：由"只没收大中地主的土地，不没收小地主的土地政策"演变为"没收一切土地"的政策，再进一步演变为"没收一切地主阶级的土地"的土地政策，这一政策逐渐稳固下来，一直延续到抗日战争的爆发。

（2）"地主减租减息，农民交租交息"。农村土地政策的实施随着抗日战争的爆发，中国共产党及时将"地主不分田"的农村土地政策调整为"地主减租减息，农民交租交息"。

（3）"耕者有其田"。确立建立"耕者有其田"的农村土地政策是革命民主派的主张。1945年抗战胜利以来，为实现这一主张，中国共产党对获取土地及分配土地的方式进行了艰辛的探索。到1953年春，土地改革完成，农民基本上都得到了一份土地，真正实现了"耕者有其田"。

---

① 陈廷煊.1949—1952年农业生产迅速恢复发展的基本经验[J].中国经济史研究，1992（4）.

② 胡绳.中国共产党的七十年[M].北京：中共党史出版社，1991：284.

因此，土地改革的完成，不仅使广大农民获得了基本生存资料，真正地"翻身"做了主人，充分调动了他们的积极性和创造性，也使党和政府获得了广大农民前所未有的信任和支持，从而为我们启动农业合作化运动提供了充分的政治条件和物质基础。

1.1.3 农业合作化运动（1953—1977 年）——生产资料集体所有，集体经营，平均分配

中华人民共和国建立后，各行业百废待兴，战争给国家和人民带来了深重的灾难。至 1952 年底，土地改革基本完成，实现了"耕者有其田"，使得广大农民成为土地的主人，农村产力得到了解放，促使农户生产积极性提高。在上述时代背景下，我国农业进入合作化时期，随着土地改革的成功推进，小农经济成为农村的主要生产经营形式，其在促进农业生产发展的同时，弊端也日益显露出来：一是小农户生产能力空前低下，贫富差距日益扩大，在难以自给自足的条件下无法满足不断增长的工业化需求，其自身特点不适合扩大再生产的需要。二是容易引起农村的"两极分化"。三是无法为我国实现工业化提供足够的原材料、市场和资金支持。四是抵御自然灾害能力不足，面对天灾，农民束手无策。由于生产能力不足和自然灾害的破坏，农业劳作无法达到最基本的温饱状态。在这种社会背景下，为了促进我国从农业国向工业国转变，为了保证国家领土完整和独立，为了提高农民生活水平，在当时的国情下，只有改变生产组织方式，走农业互助合作道路，才能提高农业生产效率，转变百废待兴的局面。因此，中央基于扩大社会再生产、保障国家工业化进程以及走社会主义道路的需要，逐步发起了农业合作化运动。该时期的农业合作化运动可以分为三个阶段：第一阶段以农民的自愿合作为主，发展速度平稳，主要形式为临时互助组和初级合作社；第二阶段

以政府的强制推行为主,发展速度较快,主要形式为高级合作社;第三阶段主要开展人民公社化运动,实现农村集体化。

(1)初步推行阶段(互助组到初级社):1952—1955 年。土地改革完成后,各地农民为了克服小农经济生产分散、劳动力短缺、耕作工具利用矛盾突出等弱点,开始自发组织起来开展换工、集体耕作、帮工、合工等生产互助活动。例如,湖南长沙衡阳地区在农忙季节的插秧、捻禾、车水、扮禾互助活动,广东农村的修山、挖煤、斩松枝以及广西柳城县的烧石灰、合作榨糖、兴修塘坝等集体生产活动。① 农业互助组②在农民的自发行动中不断出现。为了对民间自发产生的各种互助活动提供适时的指导,1951 年,中共中央通过《关于农业生产互助合作的决议(草案)》(以下简称《决议》),《决议》提出,应按照自愿和互利的原则,既要保护农民个体经济的积极性,又要发展农民互助合作的积极性。在《决议》的引导下,以互助组为主要形式的合作化运动迅速开展起来。1952 年,全国参加互助组的农户为4536.4 万户,占农户总数的 39.9%;到 1955 年,参加互助组的农户增加到 6038.9 户,占农户总数的 50.7%③,其中多为临时互助组。

在互助组不断发展的过程中,也出现很多问题,个体经济和集体劳动之间的矛盾不断显露出来。④ 为了解决这类矛盾,各地

---

① 史敬棠,张凛,等.中国农业合作化运动史料(上册)[M].北京:生活·读书·新知三联书店,1957:65—69.

② 互助组包括临时互助组和常年互助组两种形式。互助组坚持农民对土地和其他生产资料的所有权,采取农户分散形式经营,没有独立的财产,成员之间只是在农忙季节或者劳动力、生产资料短缺时期相互帮助,互助合作进行农业生产.

③ 农业部农业政策研究会.毛泽东与中国农业[M].北京:新华出版社,1995:108—111.

④ 马晓河.中国农村 50 年:农业集体化道路与制度变迁[J].当代中国史研究,1999(1).

开始探索更为完善的合作化形式。于是，在东北、华北、安徽等地开始出现农业初级合作社[①]。在此背景下，中央召开了第三次农业互助合作会议，将合作运动的重心由互助组转向生产合作社。1953 年底，中共中央通过《关于发展农业生产合作社的决议》，提出逐步实现农业的社会主义改造，使农业由个体经济向大规模的合作经济转变，以此解放农业生产力。广大农村由此掀起了开办农业合作社的热潮。1952 年，全国有初级农业生产合作社 3600 多个，参加的农户只占农户总数的 0.1%；1955 年上半年上升到 67 万个，参加农户约 1700 万户，占农户总数的 14.2%。高级农业生产合作社在 1950 年只有 1 个；1955 年上半年发展到 500 个，参加农户 4 万户。[②]

（2）加速推进阶段（初级社到高级社）：1955—1958 年。从 1955 年下半年开始，高级社在全国进入飞速发展的时期，许多地方出现整村、整乡的农民加入高级社的情况。有的新建立的初级社随即转入高级社，有的互助组超越初级社的阶段直接成立或并入高级社，有的甚至没有经过互助组，也没有经过初级社，在个体农民的基础上直接建立高级社。[③] 1956 年底，参加农业合作社的农户为 1.18 亿户，占全国农户总数的 96.3%。其中参加高级社的农户达到 1.0742 亿户，占农户总数的 87.8%，全国基本实现了高级形式的农业生产合作化。这样，原来预计 15 年才能

---

① 初级合作社仍然坚持农民对土地和其他生产资料的所有权，但是有部分自己独立的财产，成员以入股分红的形式将生产资料交由合作社实行统一经营，成员之间以按劳和按股相结合的方式进行分配。参见郑有贵，李成贵.一号文件与中国农村改革 [M].合肥：安徽人民出版社，2008：103.

② 卢文.论建国后我国农业的发展道路和农村改革的成就 [J].中共党史研究，1992（4）.

③ 冯开文，李军.中国农业经济史纲要 [M].北京：中国农业大学出版社，2008：256.

完成的农业合作化，仅仅用了 4 年时间就提前完成了。[①]

（3）推行人民公社化运动，实现农村集体化阶段。人民公社化运动的前奏是小社并大社的开展。在 1958 年 3 月的成都会议上，毛泽东提出了将小型农业合作社合并为大型合作社的建议。会议同意了这一提议，并通过了《关于把小型的农业合作社适当地合并为大社的意见》。1958 年 4 月，中央将这一文件转发到全国各地，各地根据文件精神，纷纷启动并社工作，河南省属于该运动中开展工作较早、较快的省份。1958 年 8 月，毛泽东先后视察了河北的徐水县、安国县、定县以及河南的新乡县、襄城县、长葛县以及山东等地的农村工作。[②] 在山东视察期间，当听到山东省委领导同志汇报历城县北园乡准备办大农场时，毛泽东说："还是办人民公社好，它的好处是，可以把工、农、商、兵合在一起，便于领导。"[③] 毛泽东上述谈话经《人民日报》公开发表后，"人民公社好"的赞叹一夜之间传遍大江南北，全国其他地方也不断组织人马到徐水、历城等地学习和考察。1958 年 8 月 17—30 日，中共中央政治局扩大会议在北戴河召开。会议通过了《关于在农村建立人民公社问题的决议》（以下简称《决议》）。《决议》指出："人民公社是历史发展的必然趋势。大型的综合性的人民公社不仅已经出现，而且已经在若干地方普遍发展起来，有的地方发展得很快，很有可能不久就会在全国范围内出现一个发展人民公社的高潮，且有不可阻挡之势……在目前形势下，建立农林牧副渔全面发展、工农商学兵相结合的人民公社，是指导农民加速社会主

① 陈廷煊. 1949—1952 年农业生产迅速恢复发展的基本经验 [J]. 中国经济史研究，1992（4）.

② 孙健. 中华人民共和国经济史（1949—90 年代初）[M]. 北京：中国人民大学出版社，1992：248—249.

③ 农业集体化重要文件汇编（1958—1981）[M]. 北京：中共中央党校出版社，1981：60.

义建设，提前建成社会主义并逐步过渡到共产主义所必须采取的基本方针。"同时，《决议》还对人民公社的组织规模、并社的做法和步骤、并社中的若干经济政策问题、社的名称、所有制和分配制等具体问题进行了详细说明。[①] 《决议》向全国公开发布后，1958 年 9 月 10 日，《人民日报》根据文件精神发表了《先把人民公社的架子搭起来》的重要社论[②]，在《决议》和社论的影响和引导下，人民公社化运动在全国迅速开展起来。随后，人民公社化运动如浪潮一般，迅速席卷全国。1958 年 9 月底，中国大陆 29 个省、市、自治区中，除西藏外，有 12 个省、市、自治区 100％的农户加入了人民公社；12 个省、区已有 85％以上的农户加入人民公社；3 个省、区在国庆节前也可基本实现公社化；只有云南 1 省计划在 10 月底前完成。[③] 9 月 29 日的统计资料显示：全国农村共建立人民公社近 23.4 万个，参加的农户占农户总数的 90.4％，平均每社 4797 户，全国基本实现人民公社化。到 11 月，全国 74 万多个农业生产合作社改组成 26.5 万多个人民公社，参加的农户达 12690 万多户，占全国农户总数的 99.1％。这样，在不到 3 个月的时间里，人民公社化就在全国范围内实现了。[④] 至此，以"一大、二公、三拉平"为基本特征的人民公社制成为我国农村的基本经营制度，并维持了很长一段时间（见表 1-2）。

---

① 农业集体化重要文件汇编（1958—1981）［M］.北京：中共中央党校出版社，1981：69-72.

② 中国农业大事记（1949—1980 年）［M］.北京：农业出版社，1982：79.

③ 武力.中华人民共和国经济简史［M］.北京：中国社会科学出版社，2008：95.

④ 孙健.中华人民共和国经济史（1949—90 年代初）［M］.北京：中国人民大学出版社，1992：250-251.

表 1-2　1953—1977 年中国土地政策演变

从 1953 年开始，农村土地政策从"土地私人所有，农民自主经营"向"土地私人所有，劳动互助"，再向"土地私人所有，统一经营"发展，最终演变为"土地集体所有，集体统一经营"的人民公社农村土地政策。

（1）"土地集体所有，集体统一经营"的农村土地政策逐渐形成。1953 年，中国共产党提出了党在过渡时期的总路线。在社会主义改造过程中，农村土地政策从改变土地经营主体开始，实现了从"农民自主经营"向"劳动互助"再向"集体统一经营"的过渡。同时，土地所有权主体从"土地私人所有"向"集体所有"推进，我国基本实现了农村土地这一基本生产资料的社会主义集体所有制。

（2）"土地集体所有，集体统一经营"的人民公社农村土地政策不断发展，在农业合作化完成不久，紧接着我国农村又掀起了人民公社化运动。人民公社的特点是"一大二公""一平二调"。农村土地政策在所有制方面坚持了"三级所有"体制，在基本核算单位上经历了"社为基础"到"大队为基础"，再到"生产队为基础"的演变过程，"三级所有，生产队为基础"的"土地集体所有，集体统一经营"的人民公社农地政策一直延续至改革开放。

（3）农村土地所有权和经营权分离的逐步尝试。土地所有权和经营权的政策规定是农村土地政策规定的核心内容。新民主主义革命的土地政策目标是"耕者有其田"，即"土地私人所有，农民自主经营"政策。这种政策的土地所有权和经营权紧密结合，都归农民所有。高级社以后，尤其是人民公社以后，土地所有权和经营权又实现紧密结合，但都归集体所有。但是，这种体制降低了劳动效率，窒息着广大农民的生产积极性。包产到户是对土地所有权和经营权合理搭配的方式，是提高农民积极性的一种大胆探索，受到农村基层干部和农民群众的欢迎。

1.1.4　家庭联产承包责任制（1978 年—21 世纪初）——家庭承包经营、统分结合的双层经营体制确立（包产到户，按劳分配）

家庭联产承包责任制，是在坚持集体化的前提下，通过承包合同，将土地等主要生产资料按照一定的分配办法交给农民进行经营，是在集体经济中调动个人生产积极性的一种探索。一般而言，土地的承包形式主要分为包产制和包干制：包产制坚持集体统一核算、统一分配，农户根据相应的条件承包土地，包产部分纳入集体统一分配，超产部分或按一定比例或全部归承包户作为奖励，减产则减少一定的统一分配额作为惩罚；包干制是改革开放后对包产制的继承与发展，农户自主经营、自负盈亏，承包户在完成国家征购任务和交够集体提留后，剩余产品均归自己所有。① 包产到户，发轫于 20 世纪 50 年代农业合作化后期，又在 20 世纪 50 年代末和 60 年代初两度兴起，是部分地区基层干部和广大农民自发性的制度变迁，以抵制僵化、呆板的农业管理体制。安徽、四川等省份率先推行了生产责任制，这几个省份的农业有了明显发展，粮食连续增产。受其影响，包产到户在全国其他省份或公开或隐蔽地发展起来。

中国的改革开放肇始于农村，而农村的改革又以推行家庭承包经营制为开端和突破口。党的十一届三中全会以来，我国农村实行了以"家庭联产承包责任制"为主要内容的"土地集体所有、家庭承包经营"的农村土地政策。这项制度是中国共产党农村政策的基石，将长期稳定保持，并且尊重农民意愿和首创精神，因地制宜地不断完善。农村家庭承包经营制度的实施，是群众创造与领导决策良性互动的过程，经历了局部突破、全面推行和稳定完善、多元市场化经营组织的培育四个阶段。这一改革不仅解放了农业生产力，促进了农业和农村经济的快速发展，更突破了高度集中的计划经济体制，通过重塑农民家庭经济确立了农业现代化的利益主体和微观基础，并联动引发了一系列以市场化改革为核心的制度变迁，为全面建设中国农业现代化奠定了坚实的制度基础。

---

① 周志强. 中国共产党与中国农业发展道路 [M]. 北京：中共党史出版社，2003：323.

1.1.4.1 家庭承包经营制度的局部突破

农村改革初期，由于受到传统意识形态的羁绊，包产到户、包干到户的重新出现引发了全国性的广泛争议，中央对此的认识也经历了一个逐步转变的过程。1978 年 12 月召开的中共十一届三中全会，肯定了"包工到作业组、联系产量计算劳动报酬"的生产责任制，但对包产到户这一敏感问题仍持明确的反对态度，即"不许分田单干，不许'包产到户'"。1979 年中共十一届四中全会在政策上有所松动，对包产到户的规定从禁止性的"不准"转变为劝告性的"不要"，并允许"某些副业生产的特殊需要和边远山区、交通不便的单家独户"实行包产到户。此后，关于包产到户的争论仍在继续，部分中央领导和许多省的负责人仍然持强烈的反对意见。

面对包产到户引发的激烈争论，邓小平同志在关键时刻公开表达了他对新制度的肯定和支持。1980 年 5 月，他在《关于农村政策问题》的谈话中高度赞扬了一些地方实行包产到户和"大包干"后带来的积极变化，并指出其不会影响集体经济的发展。1980 年 9 月，中央召开省、市、自治区党委第一书记座谈会，专门讨论加强和改善农业生产责任制的问题。在经过激烈的争论后，会议以文件形式对包产到户的性质做出了新的解释，认为它"是依存于社会主义经济的，而不会脱离社会主义轨道的，因而没有资本主义复辟的危险"[1]。这一阐述虽然没有从正面肯定包产到户的社会主义性质，但却从客观上奠定了包产到户、包干到户的合法地位，为其发展营造了宽松的政策环境。会议还进一步扩大了包产到户和包干到户的适用范围：在边远山区和贫困落后地区，"可以包产到户，也可以包干到户，并在一个较长的时间内保持稳

---

[1] 中共中央文献研究室. 三中全会以来重要文献选编（上）[M].北京：中央文献出版社，2011：474.

定"；在一般地区，"已经实行包产到户的，如果群众不要求改变，就应允许继续实行"。① 由于中央文件并未对"边远山区""贫困落后地区"的认定标准做出统一、明确的界定，因此，农民群众在具体的改革实践中突破了文件规定的限制范围，包产到户、包干到户以不可阻挡之势在全国农村蔓延开来。到 1981 年，实行包干到户的核算单位达到 228.3 万个，占全国基本核算单位的 38%。②

1.1.4.2 家庭承包经营制度的全面推进

尽管包产到户和包干到户得到蓬勃发展，但围绕其性质的争论仍在继续，在相当大的程度上阻碍了新制度的进一步推行。针对这种情况，中共中央对包产到户、包干到户的"姓资姓社"问题做出了最终裁定。1982 年，中央"一号文件"首次明确了包产到户和包干到户的社会主义性质，文件明确指出：包产到户和包干到户是"社会主义集体经济的生产责任制"，"不同于合作化以前的小私有的个体经济，而是社会主义农业经济的组成部分；随着生产力的发展，它将会逐步发展成为更为完善的集体经济"。③至此，实行家庭承包责任制的意识形态障碍得以完全消除。1982年，中共第十二次全国代表大会再一次肯定了十一届三中全会以来在农村建立的多种形式的生产责任制，并指出要长期坚持下去。1983 年，中央"一号文件"从理论与实践相结合的高度全面肯定了家庭联产承包责任制：从实践层面看，"联产承包责任制采取了统一经营与分散经营相结合的原则，使集体优越性和个人积极性同时得到发挥"；从理论层面看，联产承包责任制是"在党的领导下我国农民的伟大创造，是马克思主义农业合作化理论在我国实

---

① 中共中央文献研究室. 三中全会以来重要文献选编（上）[M]. 北京：中央文献出版社，2011：474－475.

② 宋洪远. 中国农村改革三十年 [M]. 北京：中国农业出版社，2008：49.

③ 中共中央文献研究室. 三中全会以来重要文献选编（下）[M]. 北京：中央文献出版社，2011：365.

践中的新发展"。[①]

在中央的支持下，家庭联产承包责任制在全国范围内得到全面推广，并迅速成为我国农业生产的主要经营形式（图1-1）。1983年全国基本核算单位589万个，农户18523.2万户，其中实行包干到户的基本核算单位576.4万个，占全国基本核算单位的97.8％；实行包干到户的农户达17497.7万户，占全国农户总数的94.5％。[②]

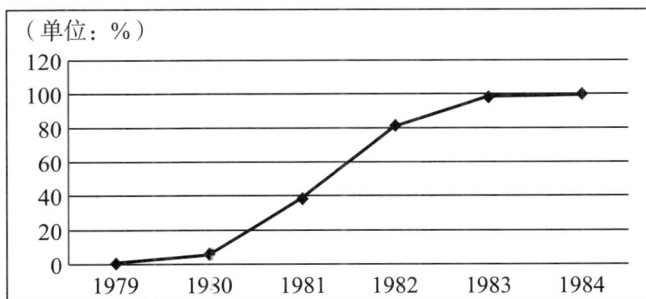

图1-1　1979—1984年全国实行包干到户的生产队比重

数据来源：《当代中国农业合作化》编辑室. 建国以来农业合作化史料汇编［G］. 北京：中共党史出版社，1992　1390.

1.1.4.3　家庭承包经营制度的稳定完善

在农业生产实践中，家庭联产承包责任制凭借其充分激励和无须监督的内在优势，在改革开放初期取得了显著的制度绩效。1978—1984年，我国农业实现了超常规增长，农业生产总值的年均增长率高达7.6％，粮食产量的年均增长率也达到了4.9％。[③]但在这一时期，土地承包期限过短和土地分割细碎等问题的存在，

---

① 中共中央文献研究室　十二大以来重要文献选编（上）［M］.北京：中央文献出版社，2011：216.

② 宋洪远. 中国农村改革三十年［M］.北京：中国农业出版社，2008：50.

③ 姚洋. 作为制度创新过程中的经济改革［M］.上海：格致出版社，2008：133.

影响了农民对土地进行长期投资的积极性和主动性。为了稳定农民对土地的心理预期，1984 年中央"一号文件"将土地承包期限延长至 15 年以上，并规定了土地调整的基本原则——"大稳定，小调整"；为了优化土地资源配置，该文件提出要"鼓励土地向种田能手集中"。1991 年中共十三届八中全会进一步把家庭承包经营提升至国家基本制度的高度，会议明确指出："把以家庭联产承包为主的责任制、统分结合的双层经营体制，作为我国乡村集体经济组织的一项基本制度长期稳定下来，并不断充实完善。"①

进入 20 世纪 90 年代，一些地区的 15 年承包期限已经或即将到期，中央的政策新动向成为广大农民普遍关注的问题。与此同时，随着农业实践的进一步发展，农村家庭承包经营制也逐步暴露出一些不得不解决的问题。由于对"大稳定，小调整"的具体操作办法没有做出明确规定，土地频繁调整成为第一轮承包期内的常态；由于分散、均田的小规模经营方式阻碍了农业生产力的进一步发展，土地使用权流转成为新的制度需求。为了对上述问题做出及时、明确的回答，中央于 1993 年 11 月公布了《关于当前农业和农村经济发展的若干政策措施》。关于土地承包期限的问题，文件提出了承包期到期后"再延长三十年不变"的政策主张；针对土地频繁调整的问题，文件提倡在承包期内实行"增人不增地，减人不减地"的办法；面对土地使用权流转的新要求，文件指出在一定前提条件下允许土地使用权的依法有偿转让，并鼓励实行适度规模经营。1998 年 9 月，江泽民同志在考察包产到户发源地——安徽小岗村时，不仅再一次明确了中央关于土地承包的政策，还做出了"三十年以后也没有必要再变"的承诺。1998 年 10 月，中共十五届三中全会在全面总结农村改革二十年基本经验

---

① 中共中央文献研究室．十二大以来重要文献选编（下）［M］．北京：中央文献出版社，2011：282．

的基础上，高度肯定了家庭联产承包责任制的实践成效，并将其表述改为"以家庭承包经营为基础，统分结合的双层经营体制"，更加突出家庭经营在其中的基础性地位。

为了赋予农民长期而有保障的土地承包经营权，中央逐步将土地承包制度纳入法律体系。1999 年 3 月，第九届全国人民代表大会二次会议在修订宪法时，把"以家庭经营承包为基础，统分结合的双层经营体制"的农村基本经营制度载入了我国的根本大法中。2002 年颁布的《农村土地承包法》，又进一步以法律的形式对农村的土地经营制度、土地承包方式和土地承包关系等重要问题进行了明确。在一系列政策文件的推动下，农村家庭承包经营制度保持了长期稳定，并逐步走向成熟和完善。

1.1.4.4 多元市场经营组织的培育

实行家庭承包经营制度后，农村商品生产不断发展，商品交换日益扩大。在此背景下，单纯以国合商业组织作为农产品市场的流通主体，已经无法适应农业和农村经济运转的需要。为打破垄断，发展多种经济形式，实现多渠道流通，中央在改革开放初期确立了"国家、集体、个人一齐上"的农村商业体制改革方针。一方面，改革和完善国合商业组织的经营机制，逐步恢复农村供销合作社的合作商业性质，不断扩大国有企业的经营自主权；另一方面，肯定了各地农民自办的商业组织，并允许和鼓励集体商业、农民个人或合伙等多种经济形式成为农产品市场的流通主体。20 世纪 80 年代中期，随着农村市场化取向改革的深入，因生产合作和流通合作相分离而阻碍农业生产发展的问题，已经被充分地暴露出来。为有效破除障碍，中央相继出台了 1985 年的《关于进一步活跃农村经济的十项政策》和 1987 年的《把农村改革引向深入》等相关文件，支持和鼓励农民专业合作经济组织进入流通领域。进入 20 世纪 90 年代，随着农业产业化经营的蓬勃发展，中央开始着手引导和育新型农产品市场主体。一方面，中央强调要保护各种联合组织已经形成的产销关系；另一方面，中央提出要积极发展产供销一体化经营组织。与此同时，农民经纪人也在20世纪90年代初随着市场经济的发展应运而生，并在21世纪步入了鼎盛发展时期。^① 经过20多年的不断改革和发展，我国农产品市场流通主体呈现出日益多元化的趋势，形成多种经济成分和市场主体共同参与、相互竞争和共同发展的格局。其中，国合商业组织逐步退出农产品流通领域；农民成为农产品市场流通中不可或缺的主体，对农产品的生产和销售起着"联结"的重要作用；农民经纪人、农民专业协会或销售合作社等中介组织发展迅速，在农产品市场流通中发挥着"桥梁"的作用；农业产业化龙头企业大批涌现，并成为农产品市场流通中的"领头羊"（见表1-3）。

表1-3　1978年—21世纪初"土地集体所有、家庭承包经营"的土地政策的演进

（1）"家庭联产承包责任制"农村土地政策的确立。中国的改革开放发端于农村，农村改革的核心是实行"家庭联产承包责任制"，它是迄今为止我国农村最成功的一项政策演变。这项政策的变迁呈现出两大特点：一是自发性政策创新代替了国家强制性的政策安排，二是自发性政策创新释放了农村巨大的生产力。

（2）"家庭联产承包责任制"农村土地政策的稳定和完善。农业以家庭经营为基础，是农业生产的规律决定的，也是生产关系一定要适应生产力发展要求的规律决定的。随着经济社会的不断发展，一方面要从稳定土地所有权着手，坚持"土地集体所有"长期稳定；另一方面要从稳定土地经营权着手，坚持"家庭承包经营"土地承包关系的长期稳定，完善农村土地的流转。

（3）中国共产党的农村土地政策的发展走向。中国共产党的土地政策是不断与时俱进的。十七届三中全会通过的《中共中央关于推进农村改革发展若干重大问题的决定》（以下简称《决定》）为党的农村土地政

---

① 王成慧，郭冬乐. 中国农村流通发展30年之成就 [J]. 财贸经济，2009（2）.

策的发展指明了方向。《决定》中制定的农村土地政策可归纳为五大方面：①实施最严格的耕地保护制度，坚决守住18亿亩耕地的红线；②实行最严格的集约用地制度；③完善土地承包经营权；④改革征地制度；⑤建立城乡统筹，但是在具体实践过程中，还需要以更大的理论勇气和实践胆识进行多种形式的探索和创新。在坚持和完善"土地集体所有，家庭承包经营"政策的基础上，不断拓展土地集体所有制的实现形式、不断推进土地经营权的改革是新时期党的农村土地政策的发展方向。

1.1.5　家庭联产承包责任制下的农业生产经营组织创新路径

　　实现农业的组织化，既是推动传统农业向现代农业转型升级的必然之举，也是建设社会主义农业现代化的必由之路。中华人民共和国成立以来，中国共产党坚持不懈探索农业组织化的实现路径。20世纪50年代至改革前，中央基于组织起来发展生产力的思想，先后发动了农业合作化运动和人民公社化运动，完成了农村集体化的过程。但由于在实践中忽视了农业的特点，盲目追求"一大二公"，对农业和农村经济的发展造成了严重阻碍。改革开放后，在实施家庭承包经营的基础上，广大农民基于农业生产的需要，自发组建农民专业合作社，实施农业产业化经营，并在政府的引导和扶持下逐步发展壮大，开创了农业组织化的创新路径。

1.1.5.1　推进农民专业合作经济组织发展

　　家庭承包经营制度的实行，适应生产力水平的要求，符合农业生产的特点，对于促进农业增产和农民增收起到了关键的作用。但是以家庭为单位的独立经营模式在生产经营中面临着两大突出问题：一是由于农业生产力水平低下，家庭生产经营存在劳动力严重不足的困境；二是由于社会化服务体系的缺失，家庭生产经营遇到技术、购销、资金等方面的"瓶颈"。[①] 为了解决上述问题，广大农民从实际需要出发，在生产经营实践中自发组建了一些合作经济组织，开始了新的协作与联合。

在 20 世纪 80 年代初，广大农民基于对农业科学技术的迫切需求，联合起来组建了一批技术服务组织——专业技术协会或研究会，主要开展农业生产技术的推广、研制和开发服务。作为农民专业合作经济组织的最初形态，技术服务组织在发展中存在数量少、规模小、组织形式松散、合作内容单一等问题，基本上处于自生自灭的状态。尽管如此，这类专业协会通过为农民提供农业技术服务，帮助农民改善了生产手段，提高了生产水平。与此同时，农民对协作和联合的旺盛需求，逐步引起了中央的重视和支持。早在 1982 年，中央政府就意识到在推行联产承包责任制的背景下，"组织经济联合已开始成为形势的需要和群众的要求"[②]。1983 年中央"一号文件"进一步肯定了农村合作经济的作用和地位，指出"经济联合是商品生产发展的必然要求，也是建设社会主义现代化农业的必由之路"[③]。在此基础上，1984 年中央"一号文件"正式提出了发展农民专业合作经济组织的要求，并鼓励对合作经济的内容和形式进行积极探索。在中央政策的支持和引导下，农民经济合作组织的规模日益壮大。1984 年，全国农村经济联合体的数量达到 46.7 万个，从业人员为 355.7

---

① 郑有贵，李成贵 . 一号文件与中国农村改革 ［M］. 合肥：安徽人民出版社，2009：109－110.

② 中共中央文献研究室 . 十二大以来重要文献选编（上）［M］. 北京：中央文献出版社，2011：180.

③ 中共中央文献研究室 . 十二大以来重要文献选编（上）［M］. 北京：中央文献出版社，2011：220.

万人。[①]

20 世纪 80 年代中期至 90 年代中后期，随着农业生产力的日益提高和农村改革的进一步深化，农业生产经营环境发生了深刻变化，农民对合作经济提出了更高的要求。与之相适应，国家政策也做出了同步调整。为了促进农业社会化服务的发展，中央将农民专业经济合作组织纳入农业社会化服务体系的重要组成部分。1986 年，中央"一号文件"指出，"完善合作制，要从服务入手"，"通过服务逐步发展专业性的合作组织"[②]；1991 年，国务院以文件形式明确将"农民专业技术协会、专业合作社"定位为农业社会化服务体系的主体。为了适应农村市场化改革的要求，中央开始鼓励农民专业经济合作组织进入流通领域。1987 年 1 月，中共中央政治局通过的《把农村改革引向深入》指出："农民组织起来进入流通……反映了农村商品经济发展的客观要求和必然趋势。"[③] 同时，该文件还对供销合作社的改革提出了指导性意见。为了鼓励和支持农民专业合作经济组织的进一步发展，中央一些部门出台了一系列税收优惠政策。20 世纪 90 年代以来，中央相继对农民专业合作经济组织的相关增值税、所得税和营业税予以免除。在这一系列政策文件的推动下，我国农民专业合作经济组织发展到一个更高的层次。从规模来看，1998 年我国各类农村专业协会的数量达到 11.56 万个，会员农户共计 620 余万，占全国农户总数的 3.5%；从服务项目来看，农民专业合作经济组织的服务内容日益丰富，涵盖了技术、购销、资

---

① 杜润生 . 当代中国的农业合作制（下）[M].北京：当代中国出版社，2002：175.

② 中共中央文献研究室 . 十二大以来重要文献选编（中）[M].北京：中央文献出版社，2011：324.

③ 中共中央文献研究室 . 十二大以来重要文献选编（下）[M].北京：中央文献出版社，2011：172.

金、加工储运、信息等多个领域；从组织形式来看，契约型、实体型的合作组织开始大量出现。①

进入 21 世纪，随着农产品供求关系的根本性转变和国内外农产品市场的日益融合，家庭生产经营面临的市场竞争更加激烈，广大农民对发展专业合作经济组织的需求也更加迫切。在"工业反哺农业、城市支持农村"的政策背景下，中央制定并出台了一系列具体政策，对农民专业合作经济组织的发展进行实质性的引导和扶持。2000 年 3 月，国务院《政府工作报告》明确将农民专业合作经济组织的发展与农业产业化经营结合起来，探索提升农业市场竞争力的新方式。次年 1 月，《中共中央国务院关于做好 2001 年农业和农村工作的意见》进一步提出，对于有市场、有效益、能够增加农民收入的各类型、各所有制的农业产业化经营企业，要一视同仁，并给予大力支持。在良好的政策环境下，我国农业的组织化程度不断提高。

1.1.5.2　实施农业产业化经营方式

20 世纪 70 年代末的农村改革，通过重塑农民家庭经济，确立了农户在农业生产经营中的主体地位，极大地激发了农民压抑已久的生产积极性。20 世纪 80 年代初期，我国农业生产实现了超常规增长，粮食产量接连创出新高。但与此同时，"小农户"与"大市场"在产销关系上的矛盾开始逐步凸显：由于农户经营模式的固有缺陷，加之市场体系发育不完善，分散经营的农户与开放的市场之间无法实现合理对接，20 世纪 80 年代中后期，农产品"增产—卖难"和"减产—买难"的现象交替出现。为有效解决上述矛盾，以山东省为代表的东部沿海地区率先展开了农业产业化经营的初步探索。1987 年，山东省潍坊市诸城县提出了

---

① 孔祥智. 崛起与超越：中国农村改革的过程及机理分析 [M].北京：中国人民大学出版社，2008：206—207.

"商品经济大合唱"和贸工农一体化的发展思路，进行以龙头企业带动农户为特色的产业化实践，取得了良好的经济效益和社会效益。这一经验引起了山东省委、省政府的高度重视，先后于1987年、1989年两次召开现场经验交流会，在全省范围内推广一体化经营模式。随后，寿光市又实行了以市场带动农户为特色的产加销一体化发展模式。在此基础上，潍坊市于1992年首次使用了"农业产业化"的提法，并于1993年初提出了"确立主导产业，实行区域布局，依靠龙头带动，发展规模经营"的发展战略。经山东省委、省政府认可，"农业产业化"一词于1994年正式进入政府文件。① 作为一种新型的农业经营方式，农业产业化经营是在市场经济条件下，通过一定的组织方式和利益机制，将农业的产前、产中和产后环节联结起来，实现农工商贸一体化的过程。

20世纪90年代以来，农业产业化经营在东部沿海地区的蓬勃发展，逐步引起了中央政府的关注。1995年3月和5月，《农民日报》先后发文，充分肯定了农业产业化的积极意义，并报道了各地发展农业产业化经营的思路和做法。同年11月，《人民日报》连续刊登文章，系统介绍了山东省潍坊市发展农业产业化的经验；并于12月11日发表题为《论农业产业化》的社论，明确指出了农业产业化对于我国现代化建设的重要作用。中央新闻媒体的报道和肯定，标志着农业产业化经营得到了中央政府和全社会的认可，一方面推动了新型农业经营方式的传播和发展，另一方面为新的农业发展战略进入中央决策奠定了思想基础。

1993年以来，中共中央、国务院陆续以文件形式对各地兴起的农业产业化经营予以肯定和支持。1997年9月，中共十五

---

① 张永森.山东农业产业化的理论与实践探索（上）[J].农业经济问题，1997(10).

大明确提出，要"积极发展农业产业化经营，形成生产、加工、销售有机结合和相互促进的机制，推进农业向商品化、专业化、现代化转变"。[①] 1998 年 10 月，中共十五届三中全会对农业产业化经营给予了高度评价，"农村出现的产业化经营……不动摇家庭经营的基础，不侵犯农民的财产权益，能够有效解决千家万户的农民进入市场、运用现代科技和扩大经营规模等问题，提高农业经济效益和市场化程度，是我国农业逐步走向现代化的现实途径之一"[②]。进入 21 世纪，中共中央、国务院又制定了一系列具体的扶持政策，农业产业化经营逐步成为国家对农业投入的重要渠道。

在中央政策的大力支持和地方政府的积极推动下，农业产业化经营步入了快速发展的轨道。从发展速度来看，1996—2000年，农业产业化经营组织的数量增加了 5 倍，年均增长 53.1%；联结（带动）农户的数量增加了 3 倍，年均增长 31.1%。从组织形式来看，在"贸工农一体化、产加销一条龙"的基础上，发展出了"公司＋农户""公司＋基地＋农户""公司＋中介组织＋农户""中介组织＋农户"和"批发市场＋农户"等多种形式的产业化经营组织形式。[③] 从发展成效来看，截至 2001 年，各类产业化经营组织带动农户 5900 万户，平均每户从事产业化经营增收 9000 元[④]；同时，农业产业化经营对农业科技水平提高和农业结构优化等方面也产生了明显的促进作用。实践证明，农业

---

① 中共中央文献研究室．十五大以来重要文献选编（上）［M］．北京：中央文献出版社，2011：22.

② 中共中央文献研究室．十五大以来重要文献选编（上）［M］．北京：中央文献出版社，2011：496.

③ 宋洪远．中国农村改革三十年［M］．北京：中国农业出版社，2008：93.

④ 郑有贵．目标与路径：中国共产党"三农"理论与实践 60 年［M］．长沙：湖南人民出版社，2009：157.

产业化经营的发展，提高了农业的组织化程度，是推进农业现代化建设的重要途径。

1.1.6 近年来我国土地制度改革的进一步发展——引入工商资本，促进土地流转

1.1.6.1 土地规模化流转的现实需求加速土地流转政策逐渐放开

促进土地流转可以提高农业生产活力，实现规模化运作，吸引社会资本投资入股参与农业建设生产，推进农业现代化，增加农民收入，实现共同富裕。我国的产业升级、农村劳动力的流失与土地资源的稀缺三重压力使得提高耕作效率迫在眉睫，根本途径在于农业生产规模化、机械化。我国传统农业生产以手工劳作型小农经济为主，制约了生产力升级。同时，相比其他发达或发展中国家，中国人均耕地面积和集约化程度均较低。农业人口自 2010 年后开始持续下跌，4 年时间减少近 3000 万人，下降幅度惊人。土地流转可以推动完善农用土地市场化运作，合理分配土地资源，推动农业规模化经营，提升土地资源利用率。更为重要的是，土地流转可以促进农业供给侧改革推进。农业供给侧改革的提出伴随我国农业的主要矛盾从过去总量不足变为结构性矛盾，表现为供需结构性失衡、生产资源结构性配置不合理（土地）、生产成本居高效率低下、高库存与高进口量并存、国内外价格倒挂、环境破坏、农产品质量不能满足需求等问题日益突出，国家对农业发展目标从过去的主要满足量的需求，转向追求绿色生态可持续、注重满足质的需求。我们认为，这实质上是要降低农业生产成本，提高农业生产效率，提高农业现代化水平，而农业生产效率提升的根本在于通过农村土地产权制度的改革提高农业规模化经营。因此，在农业供给侧改革的背景下，农村土

地改革政策将加速落实，土地流转将在全国各地有序铺开。土地制度改革、促进土地流转、明确相应受益权、将农民与土地分离、让农民可以"带地进城"、打消农民对流民的担忧、配合1亿农村户籍人口城镇化目标，不仅利于三四线房地产去库存，更有助于再度释放人口红利，助力城市经济增长。农村的大量资产因此而被盘活，一旦释放将会赋予中国经济新动能。中国农村集体产权改革包括三部分：一是资源性资产的产权改革，主要涉及土地，目前全国农村集体土地的总面积为 66.9 亿亩，包括 55.3 亿亩农用地和 3.1 亿亩建设用地；二是经营性资产的产权改革，主要涉及土地上的房产或工具机器等；三是非经营性资产的产权改革，目前这类资产总价值已经达到 2.8 万亿元，市场潜力巨大。

　　实质上，我国农村土地制度的发展是以农村土地流转制度的发展来展开的。如前所述，中国在 20 世纪 50 年代初期实行按人口平均分配土地改革，封建地主所有制向农民所有制转变，在这一阶段，农村土地为农民私有，因此，实质上属于允许土地流转的范畴；到 20 世纪 50 年代中后期至 70 年代末，在农业合作化及人民公社化背景下，土地从农民所有制向集体所有制转变，这一阶段土地禁止流转；1978 年十一届三中全会，农村土地新一轮改革开始，土地为集体所有，家庭承包经营，实质上为后期允许土地流转提供了可能。1982 年，全国正式推行家庭联产承包责任制，但政策实施两年后，农村经济发展出现了新的问题：

　　第一，粮食生产产量难以突破，只能初步解决全国温饱问题。

　　第二，农民增收放缓，城乡收入差距拉大，部分农户想要摆脱土地束缚转而从事非农产业。

　　第三，农业从业人口逐渐下降，土地撂荒问题严重。乡镇企业的崛起吸引更多农村的劳动力转向非农生产，导致承包土地被撂荒。我国目前一方面是农民大量进城打工，二是农业人口持续下降，导致农业用地撂荒现象严重。农业人口比重逐年下降，2016 年 10 月 11 日，国务院发布《推动 1 亿非户籍人口在城市落户方案》，其中提出要推动我国 1 亿左右农业转移人口和其他常住人口等非户籍人口在城市落户，预计将来农业人口会逐渐转移到城市，农村劳动力的流失会导致农村土地荒废。类似安徽、山东、河南等地，周围一二线城市的高薪务工费用对农户吸引力很大，农地撂荒现象更加普遍，严重降低了地方农村生产效率。

第四，小农经济生产效率低下，进一步土地流转必要性突出。我国农业生产长期以来以家庭为单位，生产效率低下。我国人均土地面积少，难以进行大规模机械化农业生产。同时农业技术应用不足，资本化、信息化水平不高，导致我国每公顷土地粮食产量大幅低于美国、法国等发达国家。解决农业生产劣势的根本方式在于土地流转资源的合理分配，即将土地分配给企业、合作社、生产大户等具有生产积极性，同时资本、技术等也相对集中的生产单位，这就需要进一步推进土地流转。

第五，农户间土地流转已取得快速发展，但农企参与土地流转长期受阻。我国土地流转经过多年推进，已经具备一定的基础，但其主要发生在农户之间，出现了一大批种植大户。统计数据显示，我国参与流转的土地面积从 2007 年的 0.64 亿亩增长至 2014 年的 4.03 亿亩；占据农村家庭承包土地的比例从 2007 年的 5.2% 一路飙升至 2014 年的 30.4%。在有些东部沿海地区，流转比例已超过 1/2。全国经营耕地面积在 50 亩以上的规模经营农户超过 350 万户，经营耕地面积超过 3.5 亿亩。家庭农场、农民合作社、农业产业化龙头企业等新型主体数量已超过 270 万家。截至 2016 年 10 月底，全国依法登记的农民合作社达 174.9 万家，入社农户占全国农户总数的 43.5%。可以说，我国的农户间土地流转发展较快，未来进一步提升的空间已然不大。土地流转多发生在农户之间，很多农企或者意图转型农业的企业长期受限于土地面积约束，很难大规模进行现代化农业生产。由于土地流转的定价机制不健全，产权规定有约束，农户之间的价格、合同、权责可以通过村委会、农村合作社或者国有农场等机关进行规范和认证，故而农户间的零散小额土地流转容易处理；但是涉及企业时，由于流转土地面积大，主体多而复杂，就必须要走市场化道路，必须要从法律法规等顶层制度上进行保证，否则无法做到有效定价和权利转让。流转入企业的土地规模占比最低。截至 2016 年，中国土地流转率大约为 30%，而企业流转土地仅占全部流转土地的 11%，长期以来保持 10% 左右的占比。上市企业中如辉隆股份、福建金森、华英农业等地处中东部地区，背靠广大市场，有进一步扩产的诉求，却受限于制度约束，难以进行大批量土地流转，部分企业的私企性质更是加重了该问题。因此，只有在制度约束被打破后，供给与需求双向发力，才会让土地资源得到合理分配。

随着这些矛盾日益突出，土地流转的需求开始出现。1984年，中央首次以问题的形式对土地流转给予明文规定，出台了政策，规定在满足家庭联产承包责任制的基础上可以满足农民土地流转的需求，规定了流转的范围和前提。1985 年，中央"一号文件"出台了十项农村经济政策，主要目的是强调农业效益和增加农民收入。第一，改革统购派购制度，允许农产品进入市场流通；第二，允许农民进城经商转移农村剩余劳动力；第三，鼓励发展规模经营，推动土地规模经营的局部试点。自此，通过土地流转扩大土地经营规模在东部沿海地区正式开展。随着农村的经济建设不断进步，农村市场化改革不断深化，中央也对农村土地政策进行调整。1993 年，农村土地流转在政策上取得了重大改变，中央在农村经济发展政策中首次提出土地有偿流转，明确指明在农民自愿的基础上，在坚持土地所有权和用途不变的条件下允许土地使用权依法有偿流转。2002 年，第九届全国人民代表大会通过了《农村土地承包法》，规定"通过家庭承包取得的土地承包经营权可以依法采取转包、出租、互换、转让或者其他方式流转"，规定土地流转必须基于"平等协商、自愿、有偿"，任何组织和个人不得强迫或者阻碍承包方进行土地承包经营权流转。在法律层面上为土地流转提供依据和支持，强化了在推行土地市场化流转过程中对农民土地权利的保护，同时也加强了监督管理，土地流转逐步走向法制化建设。

进入 21 世纪后，土地流转的现象更加频繁，流转速度加快，规模增大，流转形式也不断多样化，农业适度规模经营的条件日趋成熟。同时，在新的农业发展阶段，适度规模经营的重要性和紧迫性也显得越来越突出。

一是土地流转政策密集出台。为积极引导和规范实践中的土地流转行为，支持农业适度规模经营，2003 年，中共十六届三中全会提出："农户在承包期内可依法、自愿、有偿流转土地承包经营权，完善流转办法，逐步发展适度规模经营。"2005 年，中央"一号文件"继续坚持这一思路，鼓励农户在自愿、有偿的前提下流转土地，但是明确提出，必须有效防止土地的片面集中。2006 年，面对实践中越来越多样化的流转形式，《全国农业和农村经济发展第十一个五年规划（2006—2010 年）》提出："在依法、自愿、有偿的基础上健全土地承包经营权流转机制，规范流转行为，在有条件的地方可发展多种形式的适度规模经营。全面开展土地承包纠纷调解和仲裁，建立完善调解、仲裁、诉讼相结合的土地承包纠纷调处机制。"[①] 2008 年，中央"一号文件"进一步指出："农村土地承包合同管理部门要加强土地流

---

① 全国农业和农村经济发展第十一个五年规划（2006—2010 年）[EB/OL].
(2006—07—03). http：//www.tjnj.gov.cn.

转中介服务，完善土地流转合同、登记、备案等制度，在有条件的地方培育发展多种形式适度规模经营的市场环境。"① 2008 年 10 月中共十七届三中全会召开，这对于土地流转的推进和农业适度规模经营的实施具有重大的理论与现实意义。会议通过的《关于推进农村改革发展若干重大问题的决定》（以下简称《决定》）标志着我国农村土地新政阶段的开始，《决定》在以往各种政策的基础上，不仅细化了土地流转的一些具体办法，而且明确提出了土地流转的部分具体形式和规模经营的各种主体。《决定》指出："加强土地承包经营权流转管理和服务，建立健全土地承包经营权流转市场，按照依法自愿有偿原则，允许农民以转包、出租、互换、转让、股份合作等形式流转土地承包经营权，发展多种形式的适度规模经营。有条件的地方可以发展专业大户、家庭农场、农民专业合作社等规模经营主体。"② 这是农村土地承包经营权流转的重大突破。中央这一系列逐步成熟和完善、逐步深入的政策，对于促进我国土地承包经营权流转以及农业适度规模经营逐步由自发性、分散性走向规范化、联合化、组织化具有极为重大的作用。

二是框架完善，土地流转政策释放密集。此前土地制度改革政策分散，仍处于布局阶段。2013 年，国务院在中共十八届三中全会上发布《中共中央关于全面深化改革若干重大问题的决定》，为土地制度改革以及今后的耕地流转奠定了坚实基础。2014 年，国务院发布了中央"一号文件"《关于全面深化农村改革加快推进农业现代化的若干意见》，鼓励加快健全土地经营权流转市场。同年，中共中央通过了《关于引导农村土地经营权有序流转发展农业适度规模经营的意见》，首次提出农村土地"三

---

① 十七大以来重要文献选编（上）[M].北京：中央文献出版社，2009：146.
② 十七大以来重要文献选编（上）[M].北京：中央文献出版社，2009：675.

权分置"，对农村二地改革进行定调，体现了中央推动土地流转的决心。2015 年 2 月，国务院发布"一号文件"《关于加大改革创新力度加快农业现代化建设的若干意见》，稳妥推进农村土地制度改革。8 月，国务院发布《国务院关于开展农村承包土地的经营权和农民住房财产权抵押贷款试点的指导意见》，12 月，国务院发布《关于进一步推进农垦改革发展的意见》。总体来看，工作重心在逐步从农业现代化向更核心的土地制度改革上转移，但改革力度小，仍属于政策布局阶段，属于搭建土地制度改革政策框架。框架基本完善后，六中全会前后土地流转重磅政策释放密集，充分体现了改革的魄力与决心。在往年政策探索与修正的基础上，2016 年 10 月 17 日，国务院发布的《全国农业现代化规划（2016—2020 年）》旗帜鲜明地提出要加强土地流转，着力推进农村集体资产确权到户和股份合作制改革；10 月 30 日，中共中央办公厅和国务院办公厅印发了《关于完善农村土地所有权承包权经营权分置办法的意见》，将所有权、承包权、经营权分置，被视为继家庭联产承包责任制后农村改革又一重大制度创新。另外，农村集体产权制度改革的顶层设计方案预计即将出台，在总结农村集体产权制度改革已有试点经验的基础上，对如何赋予农民对集体资产股份的各项权能做出明确规划和要求，从制度上保障改革的深入进行。经过近年来我国土地流转的持续推进，土地流转规模已经从 2007 年的 6400 万亩增加到 2016 年的 4.71 亿亩，2016 年全国农村土地流转面积占比也已经达到了 35.1%，同比增长 10.9%，流转面积已占家庭承包经营面积的 33.3%，户均耕地承包面积为 5.97 亩。从近两年看，我国土地流转面积增速开始放缓。自 2008 年实施土地流转新政以来，我国土地流转面积快速增加。在土地流转政策不断完善的过程中，我国农村耕地流转速度也逐步加快。同时在土地改革过程中，我国积极开展地区试点，探索如何促进土地流转、提升土地利用效率。

1.1.6.2 土地新政时代土地流转面临的困境

我国幅员辽阔,各地区经济、城镇化水平差异较大,导致农村土地流转率极大。以经济相对发达的长三角地区和相对落后的中西部地区做对比,安徽、江苏等省份的土地流转率接近甚至超过 50%,而甘肃、云南等省份的土地流转率低于 25%。同时,土地流转也遇到很多问题,包括流转土地"非粮化"日益严重、强制流转时有发生、部分地区流转积极性不高、传统小农思想包袱以及失地农民缺乏后续保障等。

一是流转土地"非粮化"日益严重。由于种粮经济效益低,因此土地流入方基于经济利益诱惑,驱使他们在流转到手的耕地上从事"非粮"活动,有的甚至改变耕地的用途,从事非农业生产活动。从传统种粮大省河南省的调查结果来看,农户流转土地的"非粮"比例已经高达 40%,而土地经营大户的"非粮"比例从 2010 年的 43.7%快速上升至目前的 60%。

二是传统思想和认识影响土地流转的速度。受传统小农经济和个别地方对农民土地承包权益保护不力等因素影响,部分农户在土地流转中还存在"三不"问题:①不敢"流转"。一些农户对现行的流转政策不太清楚,生怕流转后永远失去土地、失去最基本的生活保障。②不愿"流转"。农民存在恋土情结,在有了其他产业后即使粗放经营也不愿转出手中土地,目前农村有相当一部分农户的土地是由家中的老弱人员进行耕种。③不肯"流转"。由于现行政策除免除农业税外,国家对种粮农户还有各项惠农补助,加之农业机械化水平的提高,因此有些农民基本能做到"务工与种田"两不误,导致农户不肯流转。

三是失地农民缺乏后续保障。土地流转之后农民的生活保障、医保、社保和就业等问题成为地方政府的难题。

四是土地流转不畅通,国内农业生产成本偏高。国内农产品购销长期以来由政府托市,国内外粮食价格严重倒挂是困扰我国农业行业多年的问题。粮食价格倒挂的直接原因是我国农业生产成本偏高，国家为了保护农民的利益以及鼓励农民种植，发布了一系列的惠农政策，不断提高粮食的最低保护价。但是土地规模化推广受制约是农业生产成本偏高、粮食生产竞争力低下的原因，根本在于土地流转不畅通。小农经济历史下形成的土地规模小而分散，农业土地只能分散化经营，造成农业先进机械难以推广，农村生产设备设施落后，精细化管理水平低。另外，在农村土地流转制度仍不完善的情况下，农村土地流转不规范、监管不到位导致种粮大户不敢长期投入，承租关系不稳定也提高了生产成本等。

1.1.6.3 土地流转改革有望继续深化

近年来，国家一直大力推进一、二、三产业融合发展，扶持粮食产业化龙头企业的发展，以此为抓手推动我国粮食经济的大发展。2017年9月8日，国务院办公厅印发《关于加快推进农业供给侧结构性改革大力发展粮食产业经济的意见》，明确提出，到2020年，初步建成适应我国国情和粮情的现代粮食产业体系，全国粮食优质品率提高10个百分点左右，粮食产业增加值年均增长7%左右，粮食加工转化率达到88%，主食品工业化率提高到25%以上，主营业务收入过百亿的粮食企业数量达到50个以上，大型粮食产业化龙头企业和粮食产业集群辐射带动能力持续增强，粮食科技创新能力和粮食质量安全保障能力进一步提升。在具体路径上，明确提出培育壮大粮食产业主体。我们认为，要实现一、二、三产业融合，推进粮食经济的发展，就必须进一步推进土地流转，而且要推动企业参与到土地流转之中，将资本和现金的技术、管理经验带入农业生产经营之中。因此，在全国土地流转放缓、企业流转量较小的背景下，以及全国土地确权基本完成、土地三项改革和土地法修正案完成的情况下，我国土地流转改革有望加速深化，有望在流转程序规范、交易机制和定价机制建立等多方面实现落地，在促进企业参与到土地流转的同时为现有的农垦及其他土地流转的企业带来发展机遇。

1.1.6.4 制度约束痛点正逐步解除,工商资本介入土地流转将成必然趋势

近年来,大量工商资本直接进入农业生产领域进行农地流转,尽管有部分工商企业热衷打造样板、塑造典型,超越实际需求修建相关基础设施,导致部分耕地难以复耕,浪费了农地资源,损害了农民权益,但是只要加强对工商企业租赁农户承包地的监管和风险防范,对工商企业长时间、大面积租赁农户承包地有明确的上限控制,那么工商资本大举进入农业将是弊大于利。在实践中,一是要建立工商企业租赁农户承包耕地准入制度;二是要建立风险防范机制,推广使用土地流转标准化合同,通过政府补助、流入方缴纳等方式,建立土地流转风险保障金制度,探索土地流转相关保险试点;三是要强化耕地租赁的事中事后监管,防止浪费农地资源、损害农民土地权益。土地流转便于农企扩大生产。农企的营业收入与土地规模息息相关,尤其是种植业和林业。此前很多农企受限于土地制度约束,很难大规模进行现代化农业生产。一旦土地流转得到突破,企业可以较为顺畅地通过市场化途径获得土地,从而不断扩产。企业如若参与土地流转,必然是大规模的,需要满足产权制度有保障、交易过程规范化、定价机制市场化三大要素,才能够较为便利地进行千亩级别以上的流转,避免与数以万计的农户反复接洽单独谈判,也避免受到不同村集体想法的干扰。2016 年下半年以来,相关政策文件不断出台,相关痛点正在得到系统的制度上的解决,伴随未来试点方案不断推进,有望得到进一步的突破。从土地流转的去向来看,流入农户的面积最大,增速较快的是合作社,其中企业流转的土地增长较慢,长期以来保持 10% 左右的比例。可见,尽管国家一直鼓励企业和资本参与到农业产业化之中,但是从土地流转的进程来看,企业的参与意愿并不是很强,我们认为这主要

是由三个方面的因素决定的：农村土地权属不清晰；交易市场不活跃，流动性差；流转过程不规范，流转成本较高。

（1）农村土地经营权实现市场化流转为工商资本发展农业、适度规模经营创造条件。

在农村实行家庭联产承包责任制以来，我国法律规定将土地所有权与土地承包经营权分离，土地所有权归农村集体所有，承包经营权归农户所有，从而调动农民的生产积极性。随着青壮年劳动力向城镇转移，我国农业从业人员老龄化趋势明显。2006年，农业50岁以上从业人员占比已近1/3；2016年，50岁以上从业人员已经超过50%。当前我国农业产业面临着农村空心化、农民老龄化问题，在此背景下，国家提出要引导农村土地走向集中，鼓励农业适度规模经营。农业适度规模经营的首要问题是"土地从哪里来"。中共十八届三中全会进一步确定土地流转改革方向，从"所有权-经营权"并行模式改革发展为"所有权、承包权、经营权"分置并行模式，鼓励经营权在公开市场上向专业大户、家庭农场、农民合作社、农业企业流转，引导小农经营向适度规模经营过渡。

土地所有权、承包权、经营权"三权"分置的目标是在保证土地所有权不变和稳定土地承包权的前提下，让土地经营权得到市场化流转，土地向种田能手和家庭农场等新型经营主体集中。土地集中可解决在工业化、城镇化进程中出现的农地闲置、农民老龄化问题，在过去农地产权不清晰的情况下，农民因担心失去承包权的顾虑，即使闲置土地也"不敢流转"，而农场经营者也会因为经营权的不稳定性而不敢签署长期的租地合同，从而造成土地资源的浪费和影响土地集中成片进程，加大了农业规模化经营的难度。而在"三权"分置并行下，不论经营权如何流转，集体土地承包权都属于农民家庭，同时工商资本等经营主体依照流转合同取得的土地经营权后其从事农业生产的各项权利均得到法律的保护。因此，土地经营权流转是实现农业规模化经营的前提。

（2）土地流转调动工商资本提高生产效率，整合资源，是发展农业现代化的前提。

农村土地经营权实现有效流转后，土地规模经营的瓶颈被打破，土地经营主体不仅具有了使用流转土地从事农业生产经营获得相应收益的权利，在资金上也具备提高生产效率的条件，那么其通过创新经营方式及现代化农业生产手段提高农业生产效率的积极性将明显提高。分散的小农生产由于耕地面积小，地块分散而难以采用机械化生产设备，单纯依赖人力劳动导致生产成本上升，抵御自然灾害的能力低下，精耕细作的小农经济制约了农业的机械化推广。但土地集中后，取代过去小农经济下的农民个体，土地经营主体以专业大户、家庭农场、农民合作社、农业企业等新型经营主体形式出现，这些经营主体相比于个体的农民更有能力购买先进的机械化生产设备，如农机、大棚等。农地经过互换并地形成按户连地耕种也具备了机械化生产的条件。同时，土地规模化后单个经营主体的经营土地面积扩大，规模效应下有利于现代化农业生产技术的推广，如良种的大规模推广、灌溉技术的规模覆盖等提升农田亩产的生产技术。在金融方面，土地经营主体通过土地经营权抵押融资扩大生产规模。此外，过去小农经济分散、粗放的经营模式下难以实现的品牌化、标准化生产，在农场适度规模经营后都更容易实现。专业化、规模化的家庭农场、农民合作社采用标准化生产和统筹仓储、运输、销售的标准化管理，有助于提高农产品品质，打造农产品品牌，尤其是绿色生产的农产品。

（3）家庭农场、农民合作社等新型经营主体的出现推动农业产业商业模式升级。

家庭农场、农民合作社等新型经营主体是土地适度规模经营发展下的必然产物。随着土地流转的有序进行，同样规模化的经营主体将会在我国农业经营主体中占据越来越大的比重。区别于小农经济下的个体农户，家庭农场不再简单追求低投入、低产出的农业生产，而是追求更高效益的商业模式。比如，下游养殖行业，养殖规模扩大的同时疫病风险也随之提升，规模养殖场倾向于使用高价高质的市场化疫苗、饲料增强生猪的抗病能力；在种业板块中，家庭农场则会选择产出率更高的种子和绿色化肥等提高生产效益。农业新型经营主体对上游环节提出的新要求倒逼农资、疫苗销售企业进行商业模式变革，上游企业需从单一的商品销售向提供个性化、差异化、一体化的解决方案转型，比如动保企业除销售疫苗产品外，还提供疫病防控、疫苗注射指导以增加客户黏性，饲料销售企业为养殖企业提供营养配方指导等。因此，适度规模化家庭农场（规模化养殖场）的出现推动了农业产业商业模式升级，农业整体效率提升。农村土地流转支持政策自2014年以来步入快车道，主要出现了两个重要变化，一是确认实行所有权、承包权、经营权的分置并行；二是最核心的变化，即政策对土地经营权的保护与放活，支持和探索经营主体抵押融资、股份合作、托管、代耕代种等放活土地经营权的有效途径。改革开放以来，"家家包地、户户种田"已发生深刻改变，城乡土地二元分割以及农业人口下降造成了土地收益与利用率不足。新的制度安排既保证集体所有权、承包关系的稳定，又使土地要素能够流动，发挥市场对土地资源的配置作用，满足规模化农业生产需要以及土地集约使用的需求。我们认为工商资本下乡、农村产权制度、土地流转改革不仅能助力土地利用率与农业经营主体积极性的提振，其更深层次的意义在于新型农业经营主体的介入使农村的经营组织方式发生了深刻变化。

第一，农业生产再解放，产业链价值提升。截至2016年上半年，流转土地农户超过30%，流转面积已占承包地面积的1/3，近半集中于东部沿海地区，土地流转供给弹性已现。尤其是"三权"分置改革将进一步推进解决农村土地利用率不足的桎梏，促进全国农地流转市场形成，引导资金参与农业规模生产，种业、农资服务、农业机械、农地信息化等产业链价值得以提升。

第二，农村基建补短板，富裕、就业人口回转。我们认为农村土地流转更深层次的作用在于基础设施建设从城市延伸到农村，其动力一方面来自经营主体对基础设施如建筑、交通、物流、商贸、金融的需要，另一方面来自农村环境治理、基建短板补缺的急迫需求。基建及配套设施的完善有望驱动城市富裕人口将生活区向乡镇进行转移，以及就业人口向农村经营主体转移，内生要求对配套以及基建的进一步提升。

第三，土地价值重估，二元格局渐统。我国城乡土地资源的二元分割致使农村土地收益无法实现。农村产权及流转制度改革有利于发挥市场对土地资源的配置，推动土地资源价值重估与兑现，缩小二元格局差异。土地价值重估主要从两个方面来强化：一是土地的流动性增强，二是土地的金融属性彰显。

第四，土地经营规模扩大。随着土地流转政策的不断落地，农垦及参与土地流转的企业将有机会通过不断地扩大土地经营规模，实现业务的持续扩张，并推动业绩增长。土地流转先后推动剩余劳动力流动和农业规模化经营。土地流转最初是为解决农村剩余劳动力流动带来的农村土地闲置问题而产生的。改革开放以来，我国农村剩余劳动力源源不断地涌入城市，造成大量土地闲置，也产生了"所有权"和"使用权"分离的需求。20世纪80年代中后期，我国在政策和法律层面逐渐放开了对土地流转的严格限制。90年代以来，随着粮票退出历史舞台和市场化改革，农村剩余劳动力流动规模迅速上升，各地纷纷探索土地制度改革以促进土地流转，土地股份制改革等成功经验得以上升至政策和法律层面。目前，农村劳动力流动增速下降，继续推动土地流转主要是为了促进农业规模化经营，通过土地集约化促进农业机械化和现代化发展。根据农业部 2017 年两会期间新闻发布会公开信息，目前我国全国家庭承包耕地流转面积约占家庭承包经营耕地总面积的 35%。在全国 2.3 亿农户中，流转土地的农户已经超过 7000 万，所占比例超过 30%，而在东部沿海发达地区这一比例已经超过 50%。此外，我国农民合作社已达到 174.9 万家，家庭农场超过 87.7 万家，农业产业化龙头企业达 12 万个以上。

第五，农服业务有望快速发展。随着土地流转的不断深化，土地流转规模将持续增长，我国家庭农场、农业合作社等规模化经营主体的量也会持续增长。2016 年底，我国家庭农场数量达到 87.7 万家，农业合作社数量达到 179.4 万家，且仍在持续增长。数量庞大的规模化经营主体将产生巨大的农业服务需求，而现有的农垦及土地流转企业产业化经营程度高，农业技术和管理水平高，将面临广阔的发展空间。

第六，土转与产权改革是新增长极的源泉。农村土地流转与集体产权制度改革是 1978 年所有权与承包权分离以来的又一次突破性变革，将催生对规模化农业、新型经营组织方式的重构。

1.2 我国农业生产经营组织关系变革中生产力和生产关系的发展

1.2.1 生产资料集体所有的生产关系从根本上解放了农业生产力

所有制是生产关系的核心内容，马克思、恩格斯认为社会主义社会生产关系的显著特征是生产资料公有制对私有制的取代。[①] 但公有制在社会主义经济发展中应当采取什么样的实现形式，马列主义文本没有给予我们现成答案，中国共产党在领导中国特色农业现代化建设的实践中探索出了集体所有制作为在社会主义农村公有制的有效实现形式，其具体表现形式就是农村集体经济。农村集体经济是具有社会主义属性的经济形态，是社会主义本质在中国农村的依托体，是社会主义公有制经济在农村的具体体现，而中国特色农业现代化道路在经济体制层面的最大特色之一就是发展农村集体经济。在农村发展集体经济是坚持社会主义道路的内在要求，农村集体经济作为我国公有制经济的重要组成部分，既体现了社会主义的本质属性，又代表了农村改革发展的坚定方向。由此可见，坚持集体所有制发展农村集体经济，是坚持社会主义制度的根本体现，其发展程度直接关系到整个农业农村经济发展的大局和社会稳定的大局。中华人民共和国成立以来，党领导中国特色农业现代化建设的实践证明，作为社会化服务体系中基础最好且最重要的村级集体经济在农业现代化建设中发挥着重要作用。[②] 一方面，农村集体经济的发展可以促进家庭经营集约化水平提升；另一方面，农村集体经济的发展可以进一步提高农民的组织化程度，增强规模化经营能力。因此，将分散农户联合起来的农村集体经济的发展，在壮大村级集体经济实力的同时，既充分调动了家庭分散经营的积极性，又发挥了集体统一经营的优越性，为现代农业社会化大生产创造条件，为广大农民营造遮风挡雨的生存屏障，为农民集中力量办大事提供平台，

---

① 中共中央马克思、恩格斯列宁斯大林著作编译局：马克思恩格斯文集（第2卷）[M].北京：人民出版社，2009：125.

② 周志强.中国共产党与中国农业发展道路 [M].北京：中共党史出版社，2003：350−351.

为农业现代化建设创造物质基础和条件。[①] 但是，由于长期的城乡二元结构体制带来的负面作用，受自身各方面条件限制的农民接受教育的机会普遍较少，参与社会竞争的能力大多较弱，在市场经济的博弈中总是处于弱势地位，若缺乏以集体的力量参与竞争，靠着他们自己单干，农民个体经不起任何风浪的冲击。因此，有必要通过有效的组织，培育和壮大集体经济组织，让农民以集体的力量参与竞争，才能获得农民自身利益的话语权。尤其是西部农村地区是我国相对落后的地区，经济不发达，农民素质相对较低，小农思想严重，农村集体经济的发展一直是农业农村经济发展中的一块"软肋"，要想谋求农业现代化的快速发展，更需要把分散的、单个的生产力组织集中起来，从而解决农业现代化的物质基础问题。因此，在目前新形势下，不仅农业现代化建设本身离不开集体的作用，农业现代化问题的全方位解决更离不开集体的作用。只有深刻理解毛泽东对农村组织的思考，发展集体经济才是中国特色现代化农业道路的理性选择，这是一条最重要的根本经验。

实践证明，农业现代化的根本出路在于探索适应社会主义社会生产力发展要求的集体经济的多种有效实践形式。集体经济制度作为农村的根本经济制度，必须长期坚持。[②] 中华人民共和国成立后，当时农业生产力水平低下，农业物资极度缺乏，以毛泽东为代表的第一代党中央很快意识到一家一户小生产所具有的局限性，领导农民群众进行轰轰烈烈的社会主义改造，将农民私人生产资料收归集体所有，改造小生产为集体化生产，由全体社员

---

① 张士杰，曹艳.中国特色现代农业发展中的农村双层经营体制创新 [J].马克思主义研究，2013 (3).

② 赵光元，张文兵，霍德元.中国农村基本经营制度的历史与逻辑——从家庭经营制、合作制、人民公社制到统分结合双层经营制的变迁轨迹与转换关联 [J].学术界，2011 (4).

共同占有生产资料并进行共同经营，开展合作化和人民公社化运动，发展农村集体经济。但在当时小农经济占绝对优势的农业农村经济发展时期，这种单一的集体所有制形式违背了生产关系必须适应生产力发展要求的马克思主义基本原理，对农村生产力发展造成极大束缚。党的十一届三中全会召开后，"实行土地集体所有、所有权和承包经营相分离"的家庭联产承包责任制取代人民公社制度开始逐步推行。在改革开放初期，邓小平同志尽管支持"包产到户"的做法，但是他却始终认为农村改革发展的方向应当是集体经济。他指出，农业"最终要以公有制为主体"。[①]到 1980 年，针对有人对包产到户的做法心存疑虑，邓小平认为："这种担心是多余的，目前我们虽然采取的是包产到户的做法，但是生产队仍然是经济主体，我们总的方向还是发展集体经济。"这说明，发展农业集体经济的主体是集体而非单个的农民。到20 世纪 90 年代初，邓小平提出了"两个飞跃"（一是废除人民公社实行家庭联产承包责任制，二是为适应社会化大生产的需要发展集体经济和适度规模经营）的农业改革思想，这"两个飞跃"的核心就是在农村要坚持发展集体经济，这是邓小平根据我国国情对农业农村改革发展做出深入思考而得出的重要结论。作为农村集体经济新的有效实现形式的家庭联产承包责任制，推动了原有合作经济体制改革，从根本上理顺了农村的生产关系，极大促进了农村生产力发展，由此农村集体经济制度作为集体化成果保留了下来并一直延续至今，成为农村改革和发展的制度基础。随后，在家庭承包经营的基础上，在农民中出现了因劳动力、土地、资金、技术等不同生产要素的联合和合作的农村社区性合作组织、农业专业合作组织、农工商联合组织、股份合作制等新的合作组织形式，这是党领导中国特色农业现代化的建设中

---

① 徐勇．包产到户沉浮录［M］．珠海：珠海出版社，1998：1．

创造的农村集体所有制的有效实现形式。^① 由此包括个体、私营、混合经济在内的多种所有制经济、多种经营方式、各种专业户出现及乡镇企业异军突起，为发展多种所有制经济成分提供了条件。20 世纪 90 年代末，江泽民同样强调发展农村集体经济的重要性。他在一次观察中曾经说道，从长远来看，随着农村生产力的发展，农业分工更加细化，农业科技发展水平显著提升，一家一户的传统小生产经营模式最终会被集约化、规模化的社会化大生产经营模式取代，农民最终会走上集体化道路，这是农业农村发展的方向。^② 到 21 世纪初，以胡锦涛为代表的党中央鼓励推行农村集体经济股份合作制、土地股份合作制等改革，探索在坚持农村集体公有制前提下，创新股份合作制经济作为新的经济模式，由此全国各地农村专业合作经济组织、农村社区股份合作制和农村土地使用股份合作制"三大合作制度"改革如火如荼。^③ 综上所述，中国共产党历代领导人对于在农村坚持以多种形式发展集体经济具有较高的重视程度，这是社会主义制度优越性的根本体现。实践证明，单一的公有制不利于农业农村生产力发展，只有坚持以公有制为主体的多种所有制经济才能从根本上适应农村生产力发展要求。党在领导中国特色农业现代化建设中必须始终坚持在农村大力发展集体经济的方向，不可弱化农业集体化这项制度遗产。

在党领导中国特色农业现代化建设的新时期，我们应当充分认识集体经济在现代农业产业化发展中发挥的积极作用，在坚持生产资料集体所有的公有制经济前提下，注重发展集体所有制的

① 蔡立雄.经济市场化与中国农村制度变迁［M］.北京：社会科学文献出版社，2009：109—117.
② 江泽民.江泽民文选（第 2 卷）［M］.北京：人民出版社，2005：389.
③ 赵阳.公有与私用 中国农地产权制度的经济学分析［M］.北京：生活·读书·新知三联书店，2007：23—26.

多种有效实现形式。综观农业现代化建设历程，中国农村集体经济的发展历程并非一帆风顺，改革开放以来，我国农村集体经济发展曾面临被弱化和边缘化的危险，在城镇化加速发展背景下的今天，广大农村"集体经济组织空壳、集体经济实力薄弱"等现象普遍存在。正是因为这样，有些学者开始认为农村改革的过程就是"去集体化"的过程。实际上，尽管集体经济在计划经济时代存在一定的缺陷性，在改革开放背景下推行的家庭联产承包责任制也并非完美，但是如果农村集体经济能将市场经济有机结合采取多种实现形式，找准发展方向，仍然具有很大的发展空间。在农村改革开放的这几十年来也不乏农村集体经济发展的典型代表，如山东省烟台市的南山村、河南省临颍县南街村等，这些具有雄厚经济集体实力的农村为中国广大农民树立起了一面面旗帜，在中国农村坚持发展集体经济已具有历史必然性和可行性，也是坚持公有制和集体所有制的具体体现。因为只有农村集体经济的发展才能不断巩固集体所有制的地位，进而不断壮大公有制制度基础，才能更好地推进农村生产力的发展和农民生活水平的提高。在有条件的地方，中国共产党应当积极领导广大农民通过多种途径发展集体经济，并为村级集体经济的发展创造良好制度和政策环境，尤其是各地要根据实际情况，因地制宜地在加强集体统一经营、壮大集体经济组织、增强集体经济实力等层面加强努力。

1.2.2 家庭联产承包经营是先进农业生产力发展的基石

家庭联产承包责任制的建立是中国农业生产关系的重大变革，尤其是统分结合双层经营体制的建立和发展，为解放发展农村生产力和实现中国农业现代化奠定了坚实基础。历史经验证明，制度有激励功能，农村经济制度的制定与实施对改变农村落后面貌有积极推动作用，通过农村经济制度的执行使低层次的参与人员能够完成处于决策管理层的目标。[①] 双层制度模式既与当时的经济体制相适应，又能对接民众现实需求，将责权利紧密结合，调动广大群众生产积极性，进而创造出更多价值。事实雄辩地证明了，以家庭联产承包经营为基础的统分结合的双层经营体制作为我国农村最基本的经营制度，适应了当时农业生产力的低水平状态，赋予了农民独立的生产经营权力，有利于发展多种经营，增加农民收入渠道来源，促进农业发展。

综观党领导中国特色农业现代化建设历程，我国农业双层经营体制是在总结中华人民共和国成立初期农业经营模式的经验教训基础上逐渐发展起来的。[②] 到改革开放初期召开中共十一届三中全会后，中国共产党对解放发展农业生产力和创新农业生产经营方式进行了开创性的探索，并逐渐建立了以家庭联产承包责任制为基础、统分结合的农村双层经营制度。[③] 邓小平曾经说道：家庭联产承包责任制将实现两个飞跃，第一个飞跃是废除了人民公社体制并建立了家庭联产承包责任制，第二个飞跃是在农村坚定不移地发展集体经济与规模化经营。作为农村改革突破口的家庭联产承包责任制确立为农村的一项基本制度，是适应农业生产特点规律并具有广泛适应性和旺盛生命力的制度。20 世纪 80 年代以来，中央就多次提出要稳定家庭联产承包责任制，延长土地承包关系，1984 年，中央第一个"一号文件"提出了农村土地承包期 15 年不变的政策。综观 20 世纪 80 年代中央出台的一系列政策，意在巩固和稳定家庭联产承包责任制度。到 20 世纪 90 年代，中国共产党领导中国特色农业现代化开始以转变农业增长

① 朱启臻，杨汇泉. 农地承包关系长久不变与农村双层经营体制创新 [J]. 探索，2008 (6).

② 刘凤芹. 农地制度与农业经济组织 [M]. 北京：中国社会科学出版社，2005：39.

③ 凌志军. 1978 历史不再徘徊 [M]. 北京：人民出版社，2008：18.

方式为重心，以家庭联产承包经营为稳定基础并同时发展适度规模经营。中共十五届三中全会后，中央再次提出将土地承包期延长 30 年，并制定了土地延长承包关系的法律法规，从法律上确保了农民长期有保障的土地使用权。到 1999 年，《中华人民共和国宪法修正案》正式将家庭承包经营体制确定为我国农村的基本经营制度。综观 20 世纪 90 年代家庭联产承包责任制的历史演进可知，自 1991 年中共十三届八中全会提出将"双层经营体制作为我国乡村集体经济组织的一项基本制度长期稳定下来"之后，家庭联产承包责任制就一直在不断充实完善：从 1993 年中央提出的"土地承包期到期之后再延长 30 年不变"到 1997 年的"承包土地大稳定、小调整的前提是稳定"[①]，再到 1998 年将家庭联产承包经营责任制土地承包年限统一确定为 30 年[②]，观其演进轨迹，家庭联产承包责任制逐渐得到巩固并不断趋于稳定。进入 21 世纪后，随着 2002 年《农村土地承包法》赋予家庭联产承包责任制的物权性质，进一步强化其承包权功能后；2007 年《物权法》的出台更是从法律层面加强巩固农民的土地承包经营权地位。实践证明，以家庭承包经营为基础、统分结合的双层经营体制，是农村最基本和最重要的改革内容，是适应农业生产特点的农村基本经营制度。[③] 当面临农业农村发展的新形势和新变化时，党的十六大第一次明确提出"推动农村经营体制创新"及"进行土地承包经营权流转"等[④]，2004 年中央"一号文件"创

---

① "大稳定、小调整"是指在坚持实行土地 30 年承包期的前提下"根据实际需要，在个别农户之间小范围适当调整".

② 《中共中央关于农业和农村工作若干重大问题的决定》（1998 年 10 月 14 日中国共产党第十五届中央委员会第三次全体会议通过）.

③ 刘国臻，陈红. 农村双层经营体制运行中存在的问题与对策 [J]. 中山大学学报，2005（5）.

④ 廖洪乐. 中国农村土地制度六十年——回顾与展望 [M]. 北京：中国财政经济出版社，2008：5－6.

新性地提出了"推动农村经营体制创新"的构想①，中共十八届三中全会进一步将所有权、承包、经营权并行模式改革发展为所有权、承包权、经营权三权分置模式，引导小农分散经营向适度规模经营发展。"三权"分置改革打破了户口和土地之间的关联，基于农民身份的土地无偿使用权将就此终结，由此开辟了"小农经济即将结束、农场时代即将开启"的新时代。② 这说明家庭联产承包责任制并不是唯一和固化的农村经营体制，可以在家庭承包经营的基础上进行经营体制创新，注重各类新型农民专业合作经济组织制度环境的建设和完善，由此中国农业现代化建设进入了农业产业化经营时代。

改革开放 40 年探索并不断发展的实践证明，双层经营体制大大解放了生产力，发展了生产力，提高了农民收入，这是党领导中国特色农业现代化建设的一条根本经验。不可否认，双层经营机制的实施过程中仍然存在一定的不足，如以家庭为单位的联产承包经营责任制导致的土地碎片化、分散化经营，缺乏规模经济效应，使得双层经营机制中的集体服务机制的作用没有得到有效发挥。正因为这样，今后需要不断改进和完善双层经营体制，加快推动农村土地流转，形成规模效应，进一步解放和发展农村生产力。历史一再证明，在生产力发展水平尚不高的阶段，采取土地私有化方式，只能造成更大更广范围的土地兼并，进一步加剧社会矛盾。而双层经营机制则有效解决了千百年来一直难以解决的广大农民的温饱问题，为下一步走向小康奠定了坚实的物质基础。实践充分证明，以家庭联产承包责任制为基础的双层经营制度，是符合我国国情的能够推动农业生产力不断持续发展的先

① 张晓山，苑鹏.合作经济理论与中国农民合作社的实践 [M].北京：首都经济贸易大学出版社，2009：13.
② 马敬桂，查金祥.我国农业双层经营体制的完善与创新 [J].农业经济，2004（3）.

进制度，需要长期坚持并不断发展完善。当前，要牢牢坚持中央确定的家庭联产承包责任制的土地承包年限长久不变的原则，继续稳定农民家庭联产承包经营的预期。但同时，要进一步加大力度推进农地流转，加快组建集体性质的农民专业合作社，整合农村的土地、劳动力、农业技术等资源，在新形势下为发展高效集约农业，进一步提高农业生产力发展水平奠定坚实基础。

1.2.3　农业生产组织化是农业生产关系的核心

自从中华人民共和国成立之后，各届中央领导人从我国农业发展实际出发，继承并发展了马克思主义农业组织化理论，先后建立了农业合作化、人民公社、双层经营、土地适度规模经营、农民专业合作社等不同阶段的组织方式，为我们当前开展农业现代化建设工作提供了宝贵经验财富。我们从农业现代化历程来窥探农业组织方式变迁，可知悉，中华人民共和国成立之后，经过社会主义改造等农业生产重大关系变革建立起来的崭新的社会主义制度让农民翻身做了社会的主人，极大激发了农民生产积极性，在当时农业生产力水平低下的现实条件下，逐步通过合作化的方式推进农业发展进程是符合生产规律的行为；而后来在超越阶段的激进政策的引导下，我国很快进入人民公社化运动，由此导致中国农业现代化探索进程变得异常曲折和艰难。[①] 但在实践摸索中，中国共产党不断总结经验教训，找到了不同阶段适应农业生产力发展要求的不同农业组织方式，并坚持不断优化完善，使得农业组织化程度由初级不断向高级迈进，为促进农业现代化发展起到了重大推动作用。党的十八大以来，代表先进生产关系

---

① 宋婕. 人民公社制度内涵及其反思——以现代性为视角 [J]. 现代哲学，2009（3）.

的社会主义农业合作制经济模式进一步提升了农业生产组织化程度，为增加农民收入、奔小康提供了可能。实践证明，马克思主义农业合作社理论的中国化经受住了实践检验，必将在今后的农业现代化建设中发挥非常重要的指导作用。

综观党领导中国特色农业现代化建设的进程，也是我国农业组织化程度随农村生产力发展水平不断提升的过程。中华人民共和国成立后，1949—1952 年间，为激发农民生产积极性，党中央开始改造封建土地所有制为农民个人所有制，将地主土地分配到农民个人，大部分农民实现了"耕者有其田"，但在当时农村生产力水平低下、农业剩余积累少的情况下，仅仅依靠农民小规模生产的积累，要实现农业规模化经营，进而实现现代农业经营，必然需要一个漫长的积累过程。于是，在 1952—1957 年间，我国实施了农业合作化，分别经历了互助组、初级社、高级社三个阶段，但在农业合作化过程中，落后的农业生产力水平很难适应超前的集体生产方式。[①] 在 1958—1982 年间，又持续实施了长达 24 年的人民公社制度。虽然人民公社制度作为集体农业的经营方式在一定程度上发展壮大了集体经济，但其中存在的"大锅饭、搭便车、效率低下、出工不出力"等一系列问题持续存在，限制了农民个体积极性的发挥。改革开放后，中共十一届三中全会的召开开始了新一轮农村土地改革，家庭联产承包责任制的推行实施"土地集体所有，家庭承包经营"，为后期土地流转提供了条件。[②] 1984 年，中央首次以问题的形式对土地流转给予明文规定，出台政策规定"在满足家庭联产承包责任制的基础上可以满足农民土地流转的需求，规定了流转的范围和前提"。

---

① 中华人民共和国国家农业委员会办公厅.农业集体化重要文件汇编（1949—1957）[G].北京：中共中央党校出版社，1981：37—44，330.

② 王景新.中国农村土地制度的世纪变革 [M].北京：中国经济出版社，2001：9.

1978 年后的 30 年间，我国农村通过实施以家庭联产承包责任制的农业组织方式，解放与发展了生产力，推动了农业效率的提升。但随着农业生产力的提高，原有的家庭联产承包经营特有的土地分散式碎片化的经营方式显然已经不适应农村生产力发展要求，使得新形势下创新农业经营组织方式成为必然。[①] 近 10 年来，党中央为创新农业经营方式以适应不断发展的农村生产力，出台了各类优惠政策，致力于推进新型农业生产组织方式的创建：2008 年针对农民合作社的增值税、印花税优惠政策；2014 年农业部下发的促进农民合作社规范发展的指导意见；2015 年国务院办公厅下发的关于农村专业合作社用地指标的指导意见；2016 年 7 月 1 日《农民专业合作社法》的出台使农民专业合作社已成为农业经营的重要组织方式，从此农业组织化程度不断完善提升。综观我国农业现代化建设历史，现代农业在组织方面的一个显著特征是以合作制为基础的高度组织化产业，这种以市场经济为基础、国家宏观调控为导向、农户家庭经营为基础发育而成的以合作制为显著特征的现代合作经济制度，能将分散的农户经济与社会化服务组织、先进的工业化组织有机结合，最终使传统农业走向高度组织化的现代农业。

综观中华人民共和国成立以来的现代农业生产经营的发展史，凡是农业现代化组织方式适应生产力发展时，都能够促进生产力的加快发展。反之，如果农业现代化组织方式超前或落后于生产力发展水平，均对生产力发展造成阻碍。因此，农业产业化组织方式的选择必须充分考虑所在阶段的生产力发展水平，并与生产力发展适应。[②] 农业现代化组织方式是随着农业生产力发展

---

① 苑鹏. 试论合作社的本质属性及中国农民专业合作经济组织发展的基本条件 [J]. 农村经营管理，2006（8）.

② 秦庆武. 中国农村组织与制度的新变迁——农村新型合作经济发展探索 [M]. 北京：中国城市出版社，2001：27-28.

水平的不断提高而相应升级的，因此，农业现代化组织要随着生产力发展水平的提升不断升级以适应持续发展的需要。农业专业化组织的发展是实现农业现代化的一种新型组织形式，也是我国农业发展水平到达一定阶段的产物。从国外来看，农业专业化组织也是发达国家现代农业发展的重要组织形式，我国也必将在新时期新形势下不断发展完善新型农业专业化组织，进一步优化农业产业链与分工合作体系，加快农村土地进一步流转与适度规模经营，并通过公司＋农户等方式培养新世纪的"新农人"。①

1.2.4 土地经营权流转、适度规模经营是新时期农业生产力提升对生产关系的创新需求

中共十八届五中全会《中共中央关于制定国民经济和社会发展第十三个五年规划的建议》强调："农业是全面建成小康社会、实现现代化的基础。加快转变农业发展方式，发展多种形式适度规模经营，发挥其在现代农业建设中的引领作用。"习近平总书记指出，土地流转和多种形式规模经营，是发展现代农业的必由之路，也是农村改革的基本方向。新常态下发展农业适度规模经营，是加快构建新型农业经营体系，发展多种形式规模经营的必然举措，也是农业生产力提高对农业生产关系创新的现实需求。2014年中共中央办公厅、国务院办公厅通过的《关于引导农村土地经营权有序流转发展农业适度规模经营的意见》（以下简称《意见》），是今后一个时期指导我国农村土地制度和农业经营制度改革的重要文件。《意见》指出，"坚持农村土地集体所有权，稳定农户承包权，放活土地经营权，以家庭承包经营为基础，推

---

① 姚鸿健. 后双层经营体制——中国农村经营制度设计 [M]. 济南：山东大学出版社，2010：11-14.

进家庭经营、集体经营、合作经营、企业经营等多种经营方式共同发展"，同时指出"坚持经营规模适度，既要注重提升土地经营规模，又要防止土地过度集中，兼顾效率与公平，不断提高劳动生产率、土地产出率和资源利用率"。引导土地经营权规范流转，就是要完善农村土地权益关系，破解农民承包土地权属和权益不清问题。长期以来，土地承包经营权主要靠合同管理，没有严格规范的国家登记。带来的突出问题就是承包地块四至界限不清晰、面积不准确，现在一些地方流转中的纠纷多是由此引发。正因为如此，要把推进经营权的登记颁证作为一项基础性工作，明确提出要健全土地承包经营权登记制度，并用5年左右时间基本完成土地承包经营权确权登记颁证工作。完善登记制度，加快登记颁证，彻底解决承包地块面积不准、四至不清的问题，这将为土地流转健康发展提供法律基础，也为进一步深化农村土地制度改革提供条件。创新土地流转形式，说明中央对农民利益的高度重视，要探索和推广更多、更科学的土地流转模式，让农民分享现代农业发展成果。由于农业比较效益偏低，随着土地撂荒等现象的大量存在，加速土地流转集中实行规模化经营已是必然趋势。可鼓励承包农户依法采取转包、出租、互换、转让及入股等方式流转承包地。让农民以土地承包经营权入股，参与农业企业、农民合作社和家庭农场等主体经营，参与农业产业化经营等，农民可以实现多环节的利益分享。针对当前农村土地流转中出现的片面追求"大规模、高比例"现象，确定各地的土地规模经营标准要充分考虑当地的自然经济条件、农村劳动力转移情况、农业机械化水平等因素。农业相关部门要抓紧制定规模经营发展的具体指导意见，细化农业生产结构与农业生产布局，条件成熟的地区要向农业园区和专业化龙头企业的方向发展，条件不成熟的地区鼓励向农业大户、种田能手流转，避免出现不切实际、片面求大的单一规模倾向。

在土地经过规范流转规模化聚集之后，接下来是如何进一步培育壮大新型经营主体的问题。根据我国尤其是西部丘陵地区实际，应发挥家庭经营的基础作用，加大对新型农业经营主体的扶持，加强对工商企业租赁农户承包地的监管显得尤为重要。当前，农业生产力发展对生产关系提出了深化调整的需要，具体来说，就是要回答"谁来种地"的问题。必须发挥家庭经营的基础作用，这也是基于我国尤其是西部丘陵地区农情做出的科学论断。在今后相当长时期内，普通农户仍占大多数，需要重点培育以家庭成员为主要劳动力，以农业为主要收入来源，从事专业化、集约化农业生产的家庭农场，使之成为引领适度规模经营、发展现代农业的有生力量。当前的农业经营体制更多时候是适应农业生产"分"的需要，面对快速发展的"统"，需要深化改革。要探索和丰富集体经营的实现形式，加快发展农户间的合作经营，鼓励发展适合企业化经营的现代种养业，这将进一步推进农业经营主体组织形式和联合合作经营方式创新，加快构建立体式复合型农业经营体系。

1.3 新型农业生产经营组织模式——产联式合作社产生的理论依据

1.3.1 产联式合作社是家庭联产承包责任制下农业适度规模经营模式的创新

产联式合作社是在坚持完善家庭联产承包责任制（农村基本经营制度）的基础上对农业生产经营组织的一大创新。从建立家庭联产承包责任制、坚持适度规模经营的发展历程来看，其主要经历了以下几个阶段。第一阶段：1978—1987 年。在家庭联产承包责任制确立的基础上，不能到户或农户不要的农田采用统一经营，但规模不大。不适宜采取承包形式分田到户或农户不要的农田被村集体保留和集中起来，发包给有能力、愿意承包的农户经营。这是农地规模经营的雏形，属于自发起步时期。第二阶段：1988—1997年。农村经济得到快速发展，以解决粮食问题为背景，农业规模经营进入加速发展阶段。1992年邓小平同志南方谈话后，农村劳动力加速转移。同时，全国实行粮食生产行政首长负责制，国务院提出发展"一优两高"农业。在这一背景下，全国上下以粮田规模经营为重点，加大土地流转推进力度。这一时期，土地流转逐步扩大，从人均耕地少的浙南、浙东地区向人均耕地相对较多的浙北发展，还引发温州、台州等地倒贴转包和宁波等地招募外来农户从事粮食生产等现象，粮食生产成为流转土地和发展规模经营的主推手。第三阶段：1998年至今。在效益农业和高效生态农业发展的基础上，以经济效益和政策激励为引导，农业规模经营进入稳步发展阶段。1998年10月，《中共中央关于农业和农村工作若干重大问题的决定》强调稳定完善双层经营体制，提出"少数确实具备条件的地方，可以在提高农业集约化程度和群众自愿的基础上，发展多种形式的土地适度规模经营"。这一时期，土地经营制度创新不断深化，土地承包经营权权能逐步拓展，流转政策更为系统，农业规模经营方式不断创新。由于农业效益提高和政策激励，土地流转率逐年提高，农业规模经营伴随农业结构调整，呈现高效经济作物渐趋主导、多样化发展的格局。

从以上分析可以看出，进一步发展农业适度规模经营，要引导新型农业生产经营组织按经营能力加以适度规模发展。从本质上看，农业适度规模经营是在一定的环境和社会经济条件下，各生产要素的最优组合和有效运行，取得最佳的经济效益。从现阶段看，农业规模经营主要有土地集中的规模经营、农业产业专业合作的规模经营和服务集约的规模经营这三种实现形式。无论采用何种实现形式，均需要注意农业规模经营并非越大越好。发展适度规模的农业经营，必须坚持走中国特色的规模适度、多类型规模经营之路。所谓"适度"，就是要根据新型农业经营主体的经营能力决定经营规模，使生产关系与生产力相适应，对不同的经营形式要有不同的适当标准；"多类型"就是要与区域特点、资源禀赋、作（动）物特性等相适应，不能搞"一刀切"。进一步发展农业适度规模经营，要围绕全产业链的各个环节，在积极培育各类新型农业规模经营主体的基础上，更多地引导其通过产权纽带、利益联结形成合作机制，发展农业产业化生产经营合作组织，走符合四川省省情的农业规模经营之路。而产联式合作社生产经营组织的创新正好是在坚持家庭联产承包责任制、适度规模经营的基础上诞生的。

1.3.2　农村劳动力转移的"返乡返土"现象及其根据

根据官方数据，2015 年全国流动人口首次出现减少，流动人口数量从 2014 年的 2.52 亿降至 2015 年的 2.47 亿，减少了约 500 万人；2016 年进一步减少 200 多万人，至 2.45 亿。

流动人口数量的减少，可以分为两种情况：一种是户口迁移至居住地；另一种是户籍不变，人员又回到了户籍所在地，即返乡。估计第一种情况较少，第二种情况较多，因为我国的户籍管理制度比较严格，虽然流动人口大部分流向一二线城市，但一二线城市很难落户，最终使得大部分老龄外出劳动力不得不选择叶落归根。

分地区看，伴随着我国经济进入新常态及沿海产业向内地转移，与人口从中西部地区向东部地区迁徙的传统趋势不同，近期我国人口迁徙出现了新的特征：不少人口开始向中西部地区回流，中西部地区净流出人口明显减少，东部地区人口集聚的速度明显放缓。2011—2015年，除天津和福建外，其他东部地区人口年均增速较2001—2010年均有不同程度的下滑；而重庆、广西、安徽、湖南、湖北、四川、贵州等中西部地区人口年均增速显著提高；东北地区人口增速下降严重，黑龙江于2014年、辽宁于2015年开始负增长。此外，少数民族地区人口增速较高，主要在于少数民族的自然增长率较高。分城市看，人口向大都市区和区域中心城市集聚速度整体放缓，且分化明显，但趋势未改。2011—2015年，除天津、重庆（主城9区）、石家庄、南宁和福州外，其他城市常住人口年均增量较2001—2010年均有不同程度的减少。其中，天津、重庆（主城9区）常住人口年均增量较之前明显增加，石家庄、南宁有所增加，福州略有增加。

以上海和安徽人口变化的情况进行比较：2000—2010年，安徽的常住人口为负增长，上海则增长了40%；2010年至今，上海人口仅增长了4.9%，而安徽人口的增速也达到4%，尤其是2014年之后，安徽人口增速大大超过上海。这表明，最近三年以来，人口流向已悄然改变，长期以来作为人口净流入地区的上海，出现了人口净流出现象。除安徽省外，其他一些在2010年之前人口净流出的省份，也明显出现了人口净流入的现象，如2007—2010年，四川常住人口年均减少0.34%，2014—2015年则年均增长0.78%。若观察直辖市和省会城市人口变化的情况，发现上海和北京的人口增速在2011年以后都出现了明显下降，这主要是源于国家对超大城市人口流入进行严格限制，不仅采取苛刻的入户政策，而且还通过整治民办的农民工学校和整治群租房等手段来限制低端人口流入。又如最近设立的雄安新区，作为北京的副中心，实际就是要分流北京的人口和产业，这对于北京高昂的房价显然有一定的打压作用，同时对北京减轻交通及人口等压力是有利的。从客观上讲，由于生活成本和经营成本的大幅上升，中低端制造业撤离超大城市是其人口增速放缓或负增长的重要原因。而中部地区的省会城市如武汉、合肥等，其人口在经历了 2011—2013 年增速大幅放缓之后，2014 年以后增速再度加快。此外，杭州、广州等省会城市的人口增速也非常快，与其经济高增长有密切关系。因此，当前中国正在经历以省会城市人口快速增长为主要特征的大城市化过程。不过，也有少数省会城市的人口增速在不断下降，如南京、西安及东北的省会城市。2011年是中国经济经历了两年四万亿强刺激后开始下行的第一年，伴随着大宗商品价格的下跌与民间投资增速的不断下滑，中国新增外出农民工数量也出现下降。时至 2016 年（第一季度数据），外出农民工数量居然负增长，这意味着劳动力薪酬在不同区域间的差距缩小了。除此之外，农民工老龄化现象和农业可转移人口的减少也是外出农民工数量减少的原因。

综上所述，随着中国人口流动性的下降，以农业人口转移为特性的城镇化进程已进入后期（外出农民工数量接近零增长），但以二线城市人口流入为主要特征的大城市化进程仍在持续，同时，外出人口的回流（如部分农民工的告老还乡）现象还在继续加速，这使得改革开放以来人口"孔雀东南飞"的趋势发生了部分逆转。实际上，农民工"回流"基本上是一种积极的、良性的发展态势，推动这一现象产生的深层原因是来自国家经济社会发展领域多个层面的因素。东部地区产业结构持续升级对劳动用工要求逐步提升、东部地区劳动密集型产业向低梯度的中西部地区转移等，都是导致这种变化的重要影响因素。这些农民工回乡后，当地政府部门在用地需求、金融贷款、就业辅导和用工培训等方面给予他们应有的支持，扶持各地有条件、有能力的农民工返乡创业，在用地、收费、信息、工商登记、纳税服务等方面降低门槛，搞好金融服务，落实小额担保贷款，符合规定的给予财政贴息，鼓励返乡农民工参加农业和农村基础设施建设。这些在城市越来越无法获得预期收益的农民工"返乡返土"创业，利用他们在外打工多年学到的技能、知识和积累的经验，自己创业，很多成功的人既增加了收入，又带动了当地农民的就业。

在经济新常态下，东部向西部地区的产业转移进程缓慢，尚未发生大规模的产业转移，且短期内产业转移加速的可能性不高。未来随着西部大开发战略的进一步深入实施，四川经济发展水平将持续提高，四川农村基础设施建设及就业环境的明显改善将吸纳大量农村人口回流来结束"异地城镇化"现象。目前四川农村人口回流明显，西部农业转移人口流出的进程已经开始放缓。这意味着，这些此前背井离乡的农民工们，将重新在离自己家乡不远的城市中生活、就业，甚至一些农民工开始"返乡返土"自主创业，这将为农村第一产业的发展注入大量新鲜血液，同时也为产联式合作社的建立和发展提供大量的劳动力资源。

1.3.3 创新农业生产经营组织体系，促进生产力、生产关系的进一步整合

党的十八大报告明确提出，要坚持和完善农村基本经营制度，依法维护农民土地承包经营权、宅基地使用权、集体收益分配权，壮大集体经济实力，发展农民专业合作和股份合作，培育新型经营主体，发展多种形式规模经营，构建集约化、专业化、组织化、社会化相结合的新型农业经营体系。这为坚持和完善农村基本经营制度、创新农业经营组织指明了方向和提出了新的要求。2017 年，中央"一号文件"指出，"吸引龙头企业和科研机构建设运营产业园，发展设施农业、精准农业、精深加工、现代营销，带动新型农业经营主体和农户专业化、标准化、集约化生产，推动农业全环节升级、全链条增值。鼓励农户和返乡下乡人员通过订单农业、股份合作、入园创业就业等多种方式，参与建

设，分享收益"。党的十九大报告进一步明确提出，"发展多种形式适度规模经营，培育新型农业经营主体，健全农业社会化服务体系，实现小农户和现代农业发展有机衔接"。可见，创新农业生产经营组织体系是调整农业生产关系以适应农业生产力发展的迫切需要。通过创新农业生产经营组织加强对农户的带动作用已上升到国家政策层面，而产联式合作社组织包括农户在内的五大利益主体的联结和合作正好契合这一政策导向。

首先，新型农业生产经营组织体系是对农村基本经营制度的丰富发展。以家庭承包经营为基础、统分结合的双层经营体制，是我国农村改革取得的重大历史性成果，是广大农民在党的领导下的伟大创造，符合国情，适应社会主义市场经济体制，符合农业生产特点，能极大调动农民积极性和解放发展农村生产力，为改革开放以来我国农业农村历史性变化提供了坚实的制度基础，是中国特色社会主义制度的重要组成部分，必须毫不动摇长期坚持。这种基本经营制度，是在农村改革的伟大实践中形成的，并在农村改革的深化中不断丰富、完善、发展。构建集约化、专业化、组织化、社会化相结合的新型农业经营体系，就是适应发展现代农业需要，着力在"统"和"分"两个层次推进农业经营体制机制创新，加快农业经营方式实现"两个转变"。

其次，新型农业生产经营组织体系充分体现了发展现代农业的客观要求。国际经验表明，现代农业需要相适应的经营方式，集约化、规模化、组织化、社会化是现代农业对经营方式的内在要求。合作社在传递市场信息、普及生产技术、提供社会服务、组织引导农民按照市场需求进行生产和销售等方面发挥着重要作用，是组织和服务农民的重要组织形式，发达国家农民普遍参加合作社。发展现代农业、实现农业现代化，是我国农业发展的重要目标。构建集约化、专业化、组织化、社会化相结合的新型农业生产经营体系，使农业经营方式更好体现集约化、规模化、组织化、社会化要求，有利于加快我国现代农业发展，推动农业更好更快实现现代化。

最后，新型农业生产经营组织体系的构建是应对当前农业经营方式面临新挑战的有效举措。当前我国农村正发生深刻变化，农业经营方式面临诸多新挑战，经营规模小、方式粗放、劳动力老龄化、组织化程度低、服务体系不健全是突出表现。构建集约化、专业化、组织化、社会化相结合的新型农业经营体系，大力培育专业大户、家庭农场、专业合作社等新型农业经营主体，发展多种形式的农业规模经营和社会化服务，有利于有效化解这些新问题和新挑战，保障我国农业健康发展。

2 产联式合作社产生的基础、创新的现实需求、发展条件及发展路径

"十三五"时期，特别是党的十九大以来，我国农业现代化的发展面临着许多新的形势和条件，为了配合全面建成小康社会的奋斗目标，我国农业现代化的发展必将进行新的政策设计和调整，从而进入一个新的阶段。在新的历史背景条件下，农业现代化的发展迎来了新的发展机遇，就其外部环境而言，全党、全社会对农业现代化建设的关心，让农业现代化的建设有了一个良好的社会环境氛围；城镇化、工业化、信息化的牵引标示着农业现代化的新导向。农村的改革，进一步解放了农村的生产关系，给农业现代化的发展带来了新的生机。这些新的社会环境给新时期现代农业新型生产经营组织即产联式合作社的发展带来了新的历史机遇和条件。

2.1 产联式合作社产生的基础

2.1.1 全球粮食供求格局变化催生农业生产方式的转变

世纪之交，随着农业产量的持续增长，我国农产品供求格局开始发生逆转，由长期短缺转变为总量平衡、丰年有余。但进入

21世纪后，粮食生产开始出现滑坡迹象，2000年全国粮食总产量比上年减少了462亿千克，减幅高达9.1%。2003年的情况更为严重，粮食总产量下降到20世纪90年代以来最低水平，粮食人均占有量下降到20年来最低水平。基于此，中共中央清醒地作出判断，农业仍是国民经济的薄弱环节，粮食增产的长效机制并未建立。在这一时期，确保国家粮食安全，保障主要农产品有效供给，仍然是农业现代化的重要目标。党的十六大以来，党中央着力加强农业基础地位。2004年、2006年和2007年中央"一号文件"连续聚焦"三农"问题，始终强调粮食安全的重要性。在党中央的高度重视下，粮食减产的趋势得到有效遏制。从2004年开始，我国粮食生产实现"九连增"，年均增产1765万吨，增产幅度创下历史新高（图2-1）。同时，随着经济社会的发展和广大人民需求层次的提高，粮食安全的内涵有所拓展，由注重数量安全转变为数量、质量安全并重。

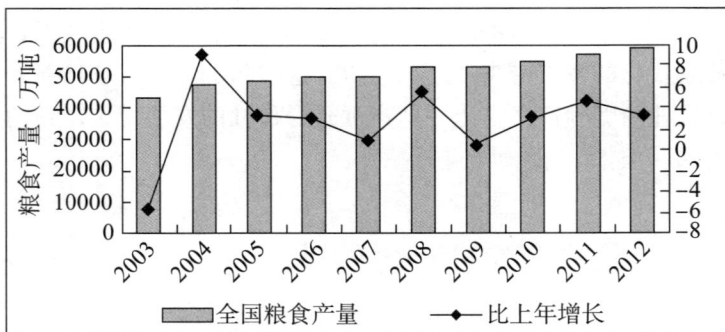

图2-1　2003—2012年全国粮食产量及其增长速度

数据来源：相关年份《中国统计年鉴》。

农产品供求格局的转变，使得粮食短缺问题得到彻底解决。但与此相伴的另一负面现象也开始显现，那就是农民收入增长放缓，城乡居民收入差距被迅速拉开。进入1996年后，我国农民收入增幅连续下降。到 2000 年更是降至 2.1%，创下 1991 年以来最低水平。为及时、有效缓解这一状况，实现农民收入的持续快速增长，党的十六大以来，在"以城带乡、以工促农"方针的推动下，中共中央将农民增收列为农业现代化政策的核心目标。2004 年、2008 年和 2009 年的中央"一号文件"都重点关注农民增收问题，致力于形成农业增效、农民增收的良性互动格局。在这一目标导向下，中央制定和实施了一系列支农惠农强农政策，促进了农民收入的快速增长（图 2-2）。特别是从 2004 年开始，农民人均纯收入的增量连续八年超过 300 元，是中华人民共和国成立以来增长幅度最大的时期。中华人民共和国成立后，尤其是改革开放以来，虽然我国农业发展取得了令人欣喜的进步，但也面临着日益严峻的资源环境问题。其中，人多地少的基本国情使农业资源约束趋紧，石油农业"高投入、高产出"的生产方式使农业生态系统退化，工业化和城镇化的快速推进使农业环境污染严重。

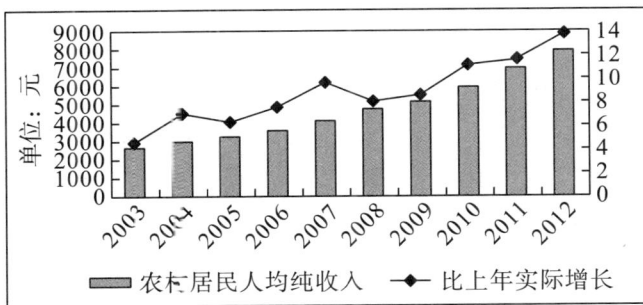

图 2-2   2003—2012 年农村居民人均纯收入及实际增长速度

数据来源：相关年份《中国统计年鉴》。

要应对以上挑战，就必须探索发展农业的新思路，转变农业发展方式，构建新的生产经营组织模式以实现农业的可持续发展。可持续农业发展模式是一种能够实现经济、社会、技术与环境协调发展的模式，并已经被确定为 21 世纪农业发展的理想模式和可行模式。党的十六大以来，中共中央高度重视农业资源节约和农业环境保护，将农业可持续发展列入与农业增产和农民增收同一层次的目标。党的十九大指出，加快建立绿色生产和消费的法律制度和政策导向，建立健全绿色低碳循环发展的经济体系，强化土壤污染管控和修复，加强农业资源污染防治。围绕这一要求，要提高农业可持续发展能力，积极探索生态农业、循环农业和低碳农业。而产联式合作社的建立就是要在优化配置农业各种资源要素的基础上，实现人、地、资金、技术等农业生产要素的集约化利用，在适度规模经营的基础上，实现农业的绿色低碳和可持续发展。

2.1.2 农业技术发展为新型农业生产经营组织关系的建立打下基础

科学技术是第一生产力，农业技术的变革为农业现代化提供了强大动力。我国现代农业技术大致分为农业机械技术、农业生物技术和农业生态技术，这三种技术交错进行，共同发展。2016 年底，农业科技进步贡献率超过 57%，这些技术的发展、推广和普及，为改造传统农业、转变农业发展方式、发展现代农业构建新型生产经营组织关系提供了坚强的技术保障。

简言之，农业机械技术，主要是指在农业生产过程中以各种机械代替手工工具进行生产。新时期以来，我国的机械技术发展很快，例如栽培管理中灌溉、施肥以及环境温度、湿度的自动化、智能化、信息化，均是现代农业机械化技术的新领域，而且国家继续实施农机具购置补贴政策，推动农业机械化发展，2016 年农作物耕种收的综合机械化水平达到 65%。农业生物技术，主要是指运用基因工程、发酵工程、细胞工程、酶工程以及分子育种等的生物技术。例如，当前转基因育种和转基因食品商品化都具有很大的市场。农业生态技术，是指根据生态学、生物学和农学等学科的基本原理及生产实践经验而发展起来的有关生态农业的各种方法和技能。目前，我国生态农业技术发展很快，已经形成了多种形式的技术和方法，例如节水技术、微生物技术、立体生产技术等，这些技术的发展使农田水利设施条件显著改善，2016 年底，全国有效灌溉面积超过 53%[①]。这些农业技术的进步和变革是农业现代化进程发展过程中新型生产经营组织模式建立的催化剂，是农业现代化不可忽视的重要因素，给农业产业化经营和发展提供了新的技术机遇。技术变革对农业现代化的促进作用主要体现在以下几个方面：一是有利于提高劳动生产率，促进生产力的发展。依靠农业技术的变革和发展，以机械化的生产方式代替人的手工生产，进而促进农业规模化、组织化、集约化的生产，解放了农村的生产力。二是有利于转变农业发展方式，促进农业可持续发展。由于农民对现有资源的利用在很大程度上取决于技术进步，依靠农业科技，可以开发利用资源，使未利用的资源得到利用，已利用或利用不充分的资源在利用上得到延伸，从而实现资源的系列开发和综合利用，促进农业资源向广度和深度开发利用，缓解农业资源的压力，促进农业的可持续发展。三是有利于更新农业生产经营主体的生产观念，促进新型农业生产经营组织关系的培育。随着新技术的发展和变革，必然伴随着新技术的推广和普及，农业经营主体需要学习和培训新的农业技术，因此就给农业生产经营主体提供了学习农业技术知识，交流技术信息的平台，促进其观念的更新，为新型农业生产经营组织模式的建立打下基础。

---

① 数据来自相关年份的《农业发展报告》.

2.1.3 "三化互动"助推农业现代化发展

中共十八大基于中国当前的具体国情，提出了具有中国特色的"四化"目标——实现中国发展的工业化、信息化、城镇化和农业现代化。其中实现农业现代化是中国的基本国策之一，也是中国当前的主要任务。"四化"目标是一个统一的整体，是相互促进、协调统一的，信息化、工业化、城镇化的发展必然会促进农业现代化的发展。

第一，信息化是农业现代化发展的重要动力。信息化是"四化"的核心，党的十八大报告明确把信息化水平的大幅度提升纳入全面建成小康社会的目标之一，对信息化提出了新的要求，更加重视信息化对工业化、城镇化和农业现代化的支撑服务作用，为社会和经济的发展做出突出的贡献。当前信息化已经渗透到社会生产和生活的各个方面，信息技术取得了重要的进步和发展[①]，成为农业现代化发展新的引擎，特别是农业信息技术和"互联网＋农业"。新时期以来，在农村中，农业信息基础设施和农业信息服务平台有了一定的发展和完善，而且农业信息资源日趋丰富，农业信息的服务体系日益健全，信息技术在农业生产中的集成作用也有所体现，整体而言，农业的信息化水平有所提高。农业信息技术作为重要的生产要素贯穿于生产前、生产中和生产后，对于农业信息的对称和科学的决策以及现代农业的生产经营有重要作用；"互联网＋农业"是信息技术与农业的深度融合，是现代农业发展的重要依托形式。在生产前环节，农户可以依据信息大数据，分析市场形势，科学地决策生产什么，优化自己的生产结构；在生产中环节，充分发展信息的技术服务作用，

---

① 十八大以来重要文献选编（上）[M].北京：中央文献出版社，2014：16.

提升农业的劳动生产率；在生产后环节，农产品依托电商进入流通领域，形成新的农产品交易方式。因此，信息化与农业现代化的全面深度融合是转变农业发展方式的重要技术助力，是发展现代农业的必由之路。

第二，工业化是农业现代化发展的经济支撑。中共十九大召开之后，明确了我国当前的主要任务是走新型工业化道路，促进工业的结构转型和升级。我国的工业化已经有了高水平的发展，工业化在结构的调整升级、区域的协调统筹、资源利用率的提高上都有了进步，对农业现代化的发展发挥着重要的支撑作用。工业和农业是相互依赖、相互补充的关系，农业现代化为工业化的发展提供高品质的原料，工业化提升了农业现代化水平，是农业现代化的前提和基础。现代农业发展的题中之意就是要发展规模化和专业化的农业，而工业化的发展可以吸纳农村剩余劳动力，为农村劳动力的转移提供就业机会，让土地集中在种田能手的手里，提高劳动生产率，实现规模经营。工业部门越来越多，工业的分工越来越细，因此促进了为其提供原材料的农业专业化分工，优化了农业生产结构，从而促进农业专业化发展。特别是按照走新型工业化道路的要求来发展现代农业，能够促进企业特别是乡镇企业、涉农企业做大做强。

第三，城镇化是农业现代化发展的空间依托。中共十八大以来，我国对城镇化的发展进行了战略部署，把城镇化导入科学之轨，重视在城镇化的质量上下功夫，坚持走低碳、绿色、集约的新型城镇化道路。城镇化是进一步转移农村剩余劳动力、推进农业适度规模经营的必要条件，同时也是拉动农产品需求增长的有效路径。因此，农业现代化和新型城镇化是紧密联系的，谁也离不开谁，没有新型城镇化创造条件、辐射带动，农业现代化就没有发展空间，难以推进。没有农业现代化提供农产品等保障，新型城镇化就没有发展的物质基础，也难以持续。随着户籍制度的改革和完善、城市群的科学布局以及城市常住人口的公共服务全覆盖的奋斗目标的制定，城镇化进程不断推进。城镇化的产业化引领、规模化带动效应以及在吸引资金、更新技术装备和提升劳动者综合素质等方面都具有积极作用。具体来讲，城镇化能够促进城乡一体化发展，进而促进农业资源的自由流动和合理配置；城镇化可以让更多农民进城定居，从而为农村剩余劳动力转移提供广阔的空间，能够实现农业规模化经营。

2.1.4 农业现代化发展面临新的挑战，迫切需要农业生产经营组织创新

"十三五"时期，农业现代化发展面临的主要挑战发生了深刻变化。这一方面是由于前一阶段农业发展面临的主要任务得到解决使得长期被忽略的问题日益凸显出来，如农业经营方式粗放、食品安全堪忧、污染严重等；另一方面则是不合理的制度导致新的问题产生并逐渐积累，如最低收购价和临时收储制度导致农产品供给结构性失衡等。"十三五"时期，农业现代化发展面临的主要挑战主要体现在以下四个方面：一是部分农产品供求结构性失衡的问题日益凸显；二是我国农业大而不强、多而不优的问题更加突出；三是农业发展方式粗放，农业面源污染问题严重；四是农民持续增收难度加大的问题日益凸显。针对新的挑战，农业部提出了四个发展要点：①深化供给侧结构性改革，提高全要素生产率；②促进产业融合，发展新型业态，提高国际竞争力，鼓励国际合作，加强进出口贸易管理；③推进农业发展绿色化，污染防治提上新高度；④产业扶贫，促进特殊区域农业发展。

首先，部分农产品供求结构性失衡的问题日益凸显。农业"十二五"规划对于供求平衡的表述为"农产品市场需求刚性增

长，保障主要农产品供求平衡难度加大"，可见当时面临的问题仍然是主要农产品生产不足导致供不应求，确保粮食安全是农业政策的主要方向。"十二五"期间，在粮食安全问题基本解决的大背景下，国家针对部分农产品的最低收购价和临时收储制度导致结构性失衡问题日益严重，如大豆供需缺口扩大，玉米则供大于求且库存高企。

其次，我国农业大而不强、多而不优的问题更加突出。"十三五"规划中就明确指出了这一点。随着国内外农产品市场的深度融合，行业竞争更加激烈，我国农业的竞争实力不强、生产成本攀升等问题，影响了国内农业的发展，加大了出口难度。随着经济全球化和贸易自由化程度的进一步加深，国内外农产品市场一体化趋势加快，部分农产品进口价格低于国内价格的现象反映出我国农业企业竞争力与发达国家相比仍存在较大差距。

再次，农业发展方式粗放，农业面源污染问题加重。对于环境问题，农业"十二五"规划仅简略提到"资源环境约束加剧"，农业"十三五"规划的表述则更加具体完整：随着资源环境约束机制的进一步发展和完善，粗放式的农业发展问题日益严重，引发了社会各界的关注。工业三废、城市生活垃圾逐渐从城市扩散到农村，影响了农村的耕地数量和质量，造成了农业环境污染，不利于实现绿色发展。在资源环境约束压力加重的背景下，农业"十三五"规划更加强调环境保护和可持续发展。

最后，农民持续增收难度加大的问题日益凸显。农业"十三五"规划认为，"受到宏观经济的影响，依靠转移就业促进农民收入增长的空间收窄，家庭经营收入和工资性收入增速放缓"。随着我国经济进入新常态叠加、刘易斯拐点来临，过去主要依靠人口红利支撑经济高速增长的单一模式已经走到历史尽头，通过劳动力流动转移就业对缩小城乡贫富差距的作用逐渐降低。农业供给侧结构性改革是当前农业改革的必然趋势。第一，要确保国家粮食安全；第二，要围绕市场需求变化进行改革；第三，要保障增加农民收入目标的实现，提高农业的供给质量。通过不断创新，推动农业产业和生产体系的优化，提高农业的产出和生产效率，实现农业资源的最优配置，实现绿色生态可持续发展的目标。供给侧结构性改革的本质是提高全要素生产率。全要素生产率的提高有三大重要源泉：一是依靠技术进步，二是依靠要素优化配置，三是依靠提升组织化水平。改革开放以来，我国农业劳动生产率水平迅速提高，一方面得益于农业科技的推广与应用，另一方面则是农村剩余劳动力流动使得劳动投入要素得以优化配置的结果。随着刘易斯拐点到来，农村剩余劳动力转移速度明显减缓，对提高全要素生产率的贡献下降，未来农业劳动生产率的提高将主要依靠土地要素优化配置、技术进步和提升农业生产经营的组织化水平。

2.1.5 农村三产融合发展推动农业生产经营的合作模式创新

产业融合是新时期农业企业提升竞争力以应对内外双重挑战的主要途径。"十三五"规划明确提出产业融合，主要是为了应对行业内部变革和国外农产品竞争带来的双重挑战。一方面，在经济增速下降和消费萎靡的大背景下，农业主要细分行业先后进入结构调整期，只有具有成本优势的企业才能打败竞争对手存活下来，而消费升级也对食品安全和食品质量提出了更加严苛的要求；另一方面，随着国内外农产品市场一体化进程加速，国外低价农产品进口对国内农产品生产和销售形成巨大冲击，国内外农产品价格倒挂的现象凸显出我国农业生产成本高、竞争力差的事实。受资源环境的限制，依靠生产要素大量扩张的粗放型增长以提高竞争力的路径已经不再适用，而产业融合不仅可以有效把控产品质量，也能够降低生产成本和交易费用，从而提高竞争力水平。产业融合有利于提升竞争力，这在经济学理论和现实实践中均已得到验证：从经济学理论来看，著名的学者科斯提出的新制度经济学认为，企业存在的根本在于市场中的交易费用。科斯在《企业的性质》中指出：无数的资源在市场上运行，是想要付出一定成本，某个权威组织会对此进行控制，实现运行的最优化，同时有效地控制成本。而当市场交易的边际成本大于企业内部的管理协调成本时，企业就具有不断扩张的动力。农业领域的上下游产业链整合以及产业间融合本质上都是农业企业边界的不断扩张，并且通过生产要素优化配置和内部转移价格等方式有效降低生产成本和交易费用。从实践中来看，全球范围内最顶尖的农业企业基本上均是产业融合的开拓者与先行者。例如，在粮食生产领域，国际四大粮食巨头都致力于在全球范围内开展生产、流通、加工和销售等上下游业务；在饲料工业领域，全球前五大饲料生产商既是饲料产业下游的食品提供商，也是饲料企业上游的种植业经营商。此外，知名农业巨头通过农业与生物医疗、信息技术等产业融合，提升竞争优势甚至形成垄断地位。在经济发展速度放缓的大背景下，依靠转移就业促进农民收入增长的空间收窄，城乡收入差距进一步拉大。我们需要将目光重新投向"三农"领域，开拓农业产业发展的新动能，推进产业精准扶贫的政策应运而生。

相比于上一个五年规划，农业"十三五"规划首次提出产业精准扶贫，强调因地制宜发展特色产业，要求大力发展农村的特色产业，帮助贫困户实现脱贫。产业融合发展仅靠农户、家庭农场等单个的力量是远远不够的，除了农户、家庭农场自身所具有的生产优势之外，农产品加工、农业旅游等产业链离不开龙头企业、工商资本等各大新型经营主体的联合与合作，必须创新农业生产经营合作模式。而产联式合作社正好集合了龙头企业、村集体、工商资本、农户等各大主体在产业链上所能发挥的各自优势，实现农业产业链价值的提升。

2.2 产联式合作社创新的现实需求

2.2.1 新时期党对农业发展的高度重视对农业生产经营组织创新提出需求

新时期以来，"三农"问题一直是党和国家工作的重心，党和国家不断加大了支持和引导力度，为农业现代化的发展提供了强大支持。十八大之后的五年，党和国家提出了要实现四化，其中农业现代化是四化内容之一。四化互动、同步发展，加快发展现代农业，确保粮食安全，是目前党和国家工作的核心，从政策上明确了农业现代化发展的具体路径。党的十八届三中全会对农业全面深化改革做出了系统部署，从加快构建新型农业经营体系、构建新型职业农民到落实土地确权赋予农民更多财产权利，提出了许多突破性的改革措施，必将进一步破除农业农村经济发展的制度制约，不断解放农村的生产关系，增强农业现代化发展的活力。党的十八届五中全会提出了"十三五"规划，明确了五大发展理念，对大力推进农业现代化提出新的发展要求，这是从我国经济社会发展全局出发，着眼实现全面建成小康社会的伟大目标做出的重要战略部署。

十八大以来，国家在农业现代化发展的具体路径、增强农业现代化发展的活力以及农业现代化的指导思想上做出了顶层设计和宏观布局，同时在农业现代化战略地位不断提升的基础上，2013 年到 2016 年的中央"一号文件"都聚焦在"三农"这个国家当前需要重点和亟须解决的问题，根据农业现代化发展的时代条件变化和客观需求，每一年的"一号文件"都有其各自的亮点和侧重点。如 2015 年中央"一号文件"围绕现代农业，侧重的是农业发展方式的转变；2016 年中央"一号文件"首次提出农业供给侧结构性改革，重视农业现代化过程中的种植结构的调整等。国家每年都会在文件中提出一系列关于促进农业现代化进程的相关具体的政策和措施，在农业工作中以纲领性的地位指导我国的农业现代化进程。同时，随着我国综合国力和财政实力不断增强，国家具备了支持现代农业建设的雄厚的物质基础，强农惠农富农政策力度不断加大，增加了农业政策支持和资金投入力度。2008 年，中央财政专门设立现代农业生产发展资金，支持粮食等优势主导产业发展，当时资金主要是用于调整粮食的生产结构和保障粮食的生产安全。2008—2012 年，中央财政累计安排拨付现代农业生产发展资金共 381 亿元。十八大以来，国家经济的发展和对农业现代化发展的不断探索，保障现代农业生产发展资金每年的投入不断增加，用途也更加科学合理。2013—2015 年，中央财政累计安排拨付现代农业生产发展资金共 404.4 亿元，较 2007—2012 年的总额增长率为 6.1％。具体而言，2013 年，中央财政用于现代农业生产发展资金为 69.3 亿元，2014 年中央财政用于现代农业生产发展资金为 131.5 亿元，2015 年中央财政用于现代农业生产发展资金为 203.6 亿元，2013—2015 年的年平均增长率为 25.36％。这一阶段，这些现代农业生产发展资金主要用于转变农业经济发展方式等，确保财力集中用于农业现代化的关键环节，对农业现代化提供了强有力的物质条件与保障。

此外，我国农业现代化的战略地位提升到了新的高度，农业现代化的建设不仅受到党和国家的高度重视，同时也受到社会各方人士的关注，全社会关注农业现代化建设的氛围越来越浓厚。学术界兴起了对农业现代化的研究热潮，越来越多的专家、学者积极申报关于农业现代化建设的相关课题，重视对农业发展情况进行实地考察和研究，为农业现代化的建设提供理论支撑；农村中的村民、村干部等，他们有丰富的农业实践经验，了解当地农业的发展情况，通过各种途径向党和国家建言献策，从实践层面上推动农业现代化的发展；由于国家政策的引导，各界企业家、资本，如金融资本、工商企业资本和其他社会各类资本参与热情高涨，开辟了新的资金、信息、技术等支持途径，为农业现代化的发展提供了多种模式，创造了良好的外部环境。

2.2.2 农业经营方式转变对农业经营组织创新提出现实需求

农业基础薄弱阻碍四化同步发展，亟须全面深化改革，转变农业经营方式以进行经营组织创新。实现农业现代化是我国农业发展的根本方向，新时期不仅是全面建成小康社会，而且是推进社会主义现代化的关键时期。一方面，近年来，我国工业化已进入中后期阶段，城镇化、工业化快速发展，信息化融合于工业化、城镇化的能力不断增强，与此同时农业现代化也取得了长足进展，但若将农业现代化所取得的成就与工业化、信息化和城镇化纵向对比将发现我国农业现代化仍呈现滞后状态。由于自然条件和资源禀赋的缺陷，城乡倾斜的"二元"经济结构导致工业抽吸农业，城市吸吮农村，长久以来我国对农业投入不足。农民受传统农业根深蒂固的影响采取粗放经营的模式这一系列问题造成我国农业在面对自然灾害时抵抗能力低、农业科技含量低、技术装备水平相对落后、农业生产单位产量不高、农业生产效率低下、资源约束趋紧等方面存在着弱势，严重影响了四化同步发展的进程。另一方面，农业本身就是一项弱质性产业，且呈现比较效益日益下降的趋势，在市场经济的大环境下，人们更倾向于发展其他产业来获得丰厚收益，由此农民生产积极性长期处于波动状态。种种效应叠加累积，农业在我国的现代化进程中逐渐形成了一个不得不补齐的"短板"。基于这样的现实国情，党和国家政府从政策体系入手改变农业基础薄弱问题，十八大报告强调了中国的四化同步，其中重点内容之一就是实现农业现代化。而农业现代化则是四化的短板，因此，只有加快农业现代化的发展，才能实现四化同步。在农业发展三个导向的作用下，抓住问题的关键，破除农业现代化的短板现象，全面实现国家现代化。

农业资源偏紧和农产品供需矛盾的制约作用日趋突出，亟须全面深化改革，转变农业经营方式以进行经营组织创新。近年来，我国农业现代化持续推进，但中华人民共和国成立以来，我国农业发展主要依靠资源要素投入，长久以来我国农业形成的"三高"，即高投入、高消耗、高污染发展模式依然存在。依据这种发展模式，我国农业在前期取得了快速发展，相反在经济新常态这个大背景下，这种粗放的生产经营模式导致我国农业的发展出现了瓶颈期。一方面，农业资源偏紧对农业发展造成硬性约束。据第二次全国土地调查结果显示，我国耕地面积共达 20.3 亿亩，仅次于美国、俄罗斯以及印度，排位为世界第四，但若从人均占有来看，我国人均占有耕地面积仅 1.38 亩，只有世界平均水平的1/3，且每年呈不断减少的趋势。除此之外，据最新数据显示，我国的水资源总量达 27266.90 亿立方米，人均水资源量为 1998.64 立方米，只有世界平均水平的 1/4，其中我国农业用水量占全社会用水量的 70% 以上，而有效利用率只有 40% 多。因此，确保农业可持续发展尤为重要，中央农村工作会议指出应"严格地落实耕地、环境、水资源等保护制度，启动重金属污染耕地修复试点。抓紧划定生态保护红线"。另一方面，农产品需求对粮食供给提出刚性要求。我国人口总量达 136782 万人，且以每年增长 700 万左右的速度呈上升态势，截至 2015 年，我国的粮食总量为 60702.61 万吨，成功实现了"十二连增"，但是研究表明，该年我国粮食消费需求达 64782.00 万吨，这其中供需缺口近 4100 万吨。可见，中国粮食供给增长的速度落后于需求的增长速度，粮食供需呈现紧平衡状态。为解决供需矛盾，应不断增强粮食生产能力，"进一步完善和落实粮食省长负责制。强化对粮食主产省和主产县的政策倾斜，保障产粮大县重农抓粮得实惠、有发展。粮食主销区要切实承担起自身的粮食生产责任"。坚持以市场为导向，"深入推进农业结构调整，科学确定主要农产品自给水平，合理安排农业产业发展优先顺序"，提升农产品质量，"严格农业投入品管理，大力推进农业标准化生产"。除此之外，长久以来，我国农作物主要依靠投入化肥、农药来实现增产，这导致农业面源污染、耕地质量下降问题日益凸显。而且随着工业化、城镇化的发展，资源环境对我国农业发展的约束力将进一步增强，应依靠全面深化改革，扭转依靠土地资源、人口红利、劳动红利的发展方式，坚持走农业可持续发展道路，提高资源利用率、降低污染，实现粮食供给侧的改革，才能有效解决上述矛盾，实现农业现代化的总目标。

2.2.3 农业生产方式转变对农业生产组织的创新提出现实需求

一是农业经营规模小、效率低，难以发展多种形式规模经营，亟须全面深化改革，转变农业生产方式以进行生产组织创新。经过不断总结经验，探索创新农业生产经营方式。目前，我国农业规模经营取得了巨大的发展成就，但总体来说，家庭小规模生产仍占据主导地位，这种分散经营的方式难以形成规模经济效益，难以进行技术改造，难以克服单个农户在商品生产过程中的盲目性、滞后性，与市场经济的大环境相悖逆。1978 年，家庭联产承包责任制迈出了我国农村经济体制改革的第一步，土地的所有权与使用权相分离，打破了"一大二公""大锅饭"的旧体制。但同时也造成了土地碎片化的问题，我国乡村户数约为26802.32万人，户均耕地面积不足8亩，分为几个小块后，土地更呈碎片化。小规模的家庭经营、土地的碎片化不利于资本进入农村，使大规模的机械化生产失去前提条件。这既捆住了农民、阻碍了农业的现代化，也让土地资源的规模效益无法充分发挥出来，农民无法立农而富。除此之外，土地分散经营导致农村劳动生产率难以提高，通过农业技术手段来增加农民收入的难度加大，农村难以抵御市场经济的冲击。因此，必须实现适度规模经营，在此引导之下，全面推进新型农业经营可持续发展，在农户家庭经营的基础上，实现多种形式的适度规模经营，提高经营效率。

二是农业经营主体乏力，积极性低，迫切要求依靠全面深化改革，转变农业生产方式以进行生产组织创新。由于我国长久以来实行双层经营的农村基本经营制度，导致我国农户平均经营规模过小，农村人口大量流向城市，成为新一代农民工。新时期，随着工业化、城镇化的快速发展，农业比较收益低愈发明显，农民经营土地的收入较少，大量农民选择流入城市造成农村人力资源缺乏，出现"农民荒"问题，导致农村土地荒置浪费的现象严重。据调查显示，载至2014年，我国乡村人口61866万人，同2004年统计乡村人口75705万人相比，十年间我国乡村人口减少近14000万人，乡村人口年均减少1400万人。据《中国统计年鉴2014》数据显示，到2013年底，主要从事农林牧渔业的乡村人口294.8万人，其他均转向从事工业、建筑业、餐饮业等。同时随着市场经济的发展，农业本身作为弱质产业，很容易失去其竞争力，许多新生代青年劳动力、家庭主要劳动力往往选择主动放弃从事农业生产而流向城市，农村普遍出现"留守"现象。

据第二次农业普查统计，我国农业从业人员中，年龄超过 50 岁的占 32.5%，女性比例为 53.2%，可见我国农业从业人员具有老龄化和女性化的特点。除此之外，由于农业生产具有季节性，农业从业人员还伴随有兼业化的特点。农业从业人员整体呈现"'70 后'不愿种地，'80 后'不会种地，'90 后'不提种地"的局面。农村人口开始倾向"空心化""老龄化"的发展趋势，农业从业人员结构发生变化。因此，如何破解"谁来种地"这一难题亟待解决，以全面深化农村改革。将财政支持向农村倾斜，为农村的发展提供更大的空间，在农业农村投入方面，国家财政应优先保障，并把此作为重点投入领域，投资总量持续增加。完善农产品价格形成机制，包括收储制度等，能够保障重要农产品的价格，保护农民的切身利益，增加农民收益，不仅留住乡村人，还可以吸引外来人，使农业生产"后继有人"。大力培育新型农业经营主体，实现规模化经营，"提高对农民的教育培训力度，并把此纳入到国家教育培训规划中，出台各种培训制度，形成完善的培训体系，以打造现代农业主导力量作为培训的根本目标"。优化财政支农资金使用，把一部分资金用于培养职业农民，使农民成为一个体面的职业，让广大农民的钱袋更鼓，底气更足。转变农业生产经营方式，"鼓励土地经营权的有序流转，推动流转市场的进一步发展和完善，更好地为土地流转提供服务。结合工商企业流转相关情况，建立起完善的农业用地风险保证金制度，保障土地仍然用于农业生产，严禁用于非农领域"。完善农村基础设施，增强农村发展的后劲。

我国要实现上述农业生产方式的转变，根本点在于农业生产经营组织方式的创新。只有创新了农业生产经营组织方式，对农业生产关系进行调整，才能在适度规模经营的基础上调动各个经营主体的能动性。

2.3 产联式合作社的发展条件

党的十九大以来，国家以市场化的改革方向为指导，坚持发挥市场在资源配置中的决定性作用，更好地发挥政府的作用，按照现代农业发展要求，以深化农村土地制度、坚持和完善农村的基本经营制度、培育新型职业农民、调整农业供给侧为改革重点，全面深化农村农业的改革。这些改革都是针对农村生产关系的进一步调整，生产关系的合理调整必将促进生产力的发展，只有进行改革和创新才能促进农村生产力的发展，为农业产业化过程中新型农业生产经营组织——产联式合作社的建设和发展注入新的活力。

2.3.1 农村土地产权关系的进一步明晰

农村土地产权关系的明晰是充分发挥市场在资源配置中起决定作用的前提，同时也是落实好"三权分置"思想的重要环节。随着城镇化进程的加快，农村中的土地出现了闲置和撂荒现象，为了让土地能够流转起来，实现规模化经营，必须对土地进行确权，同时土地确权也是对进城农民的保障，让他们敢于把土地流转出来。2013 年中央"一号文件"提出："全面开展农村土地确权登记颁证工作，健全农村土地承包经营权登记制度，强化对农村耕地、林地等各类土地承包经营权的物权保护。"① 因此，为了把"落实集体所有权，稳定农户承包权，放活土地经营权"的要求落到实处，对土地进行三权分置的管理方式，各省各级政府

---

① 十八大以来重要文献选编（上）[M].北京：中央文献出版社，2014.

开展了土地承包经营权确权登记颁证试点工作，国家依法引导农民通过各种形式流转自己所承包的土地。土地的确权有利于解决土地承包关系的纠纷和农民的后顾之忧，从而有利于促进土地有序流转，让承包地的经营权真正活起来，促进农业的规模化经营，解放农村的生产关系，发展农村生产力，给农业产业化带来新的生机，促进现代农业的发展，为产联式合作社的建立创造良好条件。

2.3.2 农村基本经营制度的坚持与发展

党的十八大报告明确指出，要建立起完善的农村基本经营制度，维护农民的合法权益，鼓励农民实现各种形式的合作，全面培育新型的经济主体，利用规模经济的形式实现自身利益的最大化，提高农民收入，实现农业的快速发展。新型农业经营体系主要体现在以下几点：在"分"的层面上，主要是指家庭经营，促进家庭经营采用先进的生产技术和现代的经营观念；在"统"的层面上，主要是指新型经营主体，促进经营主体规模化、组织化、社会化、市场化的经营。新型农业经营体系对农村基本经营制度的发展是发展现代农业的必然要求之一，也是解决当前农村生产经营规模小、发展方式粗放、组织化程度低的重要途径。在新型经营制度构建的同时着力培育新型经营主体，促进其掌握现代的生产技术和经营观念。新型农业经营主体已逐步成为农业现代化建设的主力军，是农业现代化建设和发展的重要力量。

2.3.3 新型职业农民的重点培育和发展

伴随着城镇化进程的加快发展，越来越多的农村年轻劳动力离开农村，奔向城镇，农村的"空心化""老龄化"现象日趋严重。那么，农村的土地就面临着谁来种、如何种、怎样才能种得好的问题，农业的发展面临着严峻的形势。农业要稳定、要发展，必须依靠农民；农业现代化的发展关键是人的现代化，新型职业农民成为社会发展的一支重要力量。因此，实现农业现代化的关键因素是生产经营者主体及劳动者素质的提高，大力培育新型职业农民对于加快农业发展方式转变，促进传统农业向现代农业转型具有重要作用。在这样一个背景下，2012 年中央"一号文件"首次提出"培育新型职业农民"，而党的十八大以来，党中央越来越重视新型职业农民的培育，给新型职业农民的培育创造了良好的政策环境和社会环境。就当前新型职业农民的发展情况看来，已经有越来越多的农业院校毕业生、农民工和相关农技人员等各类群体开始返乡从事农业生产经营活动，他们给农业发展带来了现代生产观念和新的经营思想。他们利用 QQ、微信、微博等社交媒体和淘宝、京东等电商平台，创新性地销售各类特色农产品，并将各种流行文化运用到农业生产经营组织中，为产联式合作社的发展注入新鲜的血液，带来新的活力。

2.4　产联式合作社的发展路径

当前我国在农业现代化的发展进程中面临着诸多的问题和挑战，特别是国内粮食生产结构矛盾突出，出现了生产量、进口量、库存量"三量齐增"的现象，供给不能有效地满足需求，农业资源得不到合理的配置和使用。在这样的背景下，2015 年 12 月，中央农村工作会议首次提出了农业供给侧结构性改革，2016 年中央"一号文件"再一次深化和发展了农业供给侧结构性改革的思想。农业供给侧结构性改革的方向是"去库存、降成本、补短板"，由过去的片面强调农产品的产量转向数量、质量、效益并重，强调三者的协调发展。农业供给侧结构性改革有利于加快消化粮食等农产品的库存量，发展粮食加工产业，促进农业与二、三产业的融合，增加农业生产的附加值；促进农业发展适度规模经营，集中采用社会化服务，减少农业生产资料的不合理使用，从而降低农业生产成本；让农业的种植结构由市场需求来决定，控制好种植规模并增加有效需求供给，提升农业的经济效益，同时加强农业生产经营中薄弱的基础设施的供给，从而促使农业内部结构在现代化进程中保持一个健康合理的状态，促进农业现代化的发展。

2.4.1 农产品供给结构性改革推动农业生产经营组织体系创新

我国一直以来实行的是增产导向的政策体系，这是由我国巨大的人口压力和稀缺的土地资源的现实基础决定的。在这套体系下，我们用不到世界 1/10 的耕地生产了世界 1/4 的粮食，养活了占世界近 1/5 的人口，取得了粮食产量"十二连增"这一世界和历史罕见的伟大成就。但在保证"十二连增"的背后也积累了许多结构性问题，叠加消费升级引发的需求侧改变也使得农业供给侧改革的需求愈发迫切，这也意味着未来的农业政策导向必须由"保量"转变为"增质"，花更大力气去解决农业发展中存在的结构性问题。首先，部分农产品供求结构性失衡的问题日益凸显。农业"十二五"规划对于供求平衡的表述为"农产品市场需求刚性增长，保障主要农产品供求平衡难度加大"，可见当时面临的问题仍然是主要农产品生产不足导致供不应求，确保粮食安全是农业政策的主要方向。"十二五"期间，在粮食安全问题基本解决的大背景下，对部分农产品的最低收购价和临时收储制度致使结构性问题日益严重，如大豆供需缺口扩大，玉米则供大于求且库存高企。伴随着粮食产量的提高，国内粮食库存、进口规模也在不断提升，呈现出三高矛盾：生产量高、进口量高、库存量高。其次，结构性矛盾突出，具体体现在农产品供给数量和质量方面。再次，供给结构不合理。最后，农村劳动力持续转移对农产品的有效供给提出了新挑战。其中，三高矛盾最为突出，其次是价格倒挂问题。

三高矛盾：多年以来，我国一直受到粮食产量不足的影响，但是改革开放之后，这一影响已经消失，2004 年、2008 年我国分别制定了粮食最低收购价制度和临时收储制度，这两项制度的实施，造成了农业市场价格的扭曲。国家出台上述制度是为了保障农民的收入，使农民每年产出的农产品都能够获得较高的收益。对仓库来说，为国家敞开收储，可以赚取其中的管理费；对农民来说，国家的收购价格高，他们就乐于种植国家鼓励的农产品。但是其不利因素也是显而易见的，国家收购价格高的品种种植面积广，而那些收购价格不高的品种，种植面积连年萎缩。比如大豆价格持续低迷，黑龙江省的大豆种植面积直接减少了3000 多万亩。下游的加工厂要付出更高的成本才能够获得原材料，因为当年生产的新的农产品已被收购进国家仓库中。因此，下游加工厂会极力寻求替代产品，或者通过进口获得原材料，造成了粮食的进口量持续攀升，会直接影响到国家的粮食安全。每年农产品都会不断生产，源源不断进入仓库，而仓库储存的粮食成本加大，影响了销售，库存量不断增加，甚至会出现仓库中的粮食大量变质，国家将会为此买单。

价格倒挂问题：我国的这一问题非常严重，据相关数据显示，2017 年 1 月 11 日，国内大豆现货均价、国际现货均价分别为 3140 元/吨、2555 元/吨，国内溢价高达 23%，而小麦的价格更为夸张，和国内价格相比，国际价格只有它的 50%。粮食价格倒挂会直接影响我国的粮食安全。造成这种现象的原因有二：第一，2008 年，国内粮食价格上涨速度非常快。因为劳动力价格、土地价格等因素的上涨，带动了农产品价格的快速上涨，为了保障农民能够实现增产增收，避免物贱伤农等现象，国家出台了临时收储制度，并且制定一系列调高农产品价格的政策，造成国内粮食价格急剧上扬。第二，2012年之后，国际粮食价格快速下跌。全球大宗商品价格随着世界经济的不景气迅速下滑，粮食价格也是如此。再加上人民币不断升值、海运运价大幅度缩水，粮食进口成本越来越低。

为走出上述困境，供给侧改革是破解之道。"三农"问题是我国当前急需解决的重要问题，虽然国家出台了一系列的政策和制度，但是推行过程中仍然存在着不足，比如农业竞争力不强、农民收入低等。随着我国农业的快速发展，结构性矛盾日益突出，供给侧改革刻不容缓，只有清晰地认识到我国农业发展中存在的结构性矛盾，然后制定出具体的解决策略，推动农业供给侧改革的进一步深入，才能提高农业生产效率。国家针对当前农业发展问题，着眼于可持续发展，以提高农业质量效益和竞争力为发展目标，着力理顺农产品市场化定价机制和提高农业效率，大力推行农业供给侧结构性改革，推动农业发展现代化。由此，我们认为农业供给侧结构性改革将集中在以下几个领域：①农产品价格机制调整：向市场化定价过渡。②生产要素改革：土地改革加速推进，推动适度规模经营。③生产经营组织培育：推动新经营主体，构建多元化组织模式。④技术改革：推动转基因等现代科技与农业融合。⑤资本：推动资本与农业融合，支持农业发展。为加速实现以上五个领域（尤其是②③⑤）的改革目标，推行新型农业生产经营组织——产联式合作社创新实属必然之举。

2.4.2 农业产业结构调整推动农业生产经营组织体系创新

结构方面的矛盾是我国当前农业发展中的主要矛盾，集中体现在供给侧方面。与工业产业情况完全不同，农业供给侧改革不会沿袭着工业改革的路径，只有从提高供给体系质量和效率的视角出发，实现创新，才能够推动供给侧结构性改革的进一步深入。农业供给侧结构性改革作为十八大以来党中央提出的农业领域的重大战略思想，是破解"三农"难题的关键举措，是促进农业持续稳定发展、加快农业现代化的必然要求。根据中央供给侧结构性改革的战略部署，推进农业供给侧结构性改革，应坚持五大发展新理念，紧紧围绕增强供给结构的适应性和灵活性，以夯实现代农业基础、加强资源保护和生态修复、推进农村产业融合、推动城乡协调发展为重点任务，充分发挥农业资源的优势，推动农产品市场改革的持续深入，实现农业顺利转型，推动中国特色的农业现代化早日实现。

2015 年底，中共中央首次提出了供给侧改革的策略，并为此出台了一系列政策。2017 年，中国农业改革集中在供给侧改革方面，中央"一号文件"明确指出，中国农业的核心矛盾已经转化为有效供给不足的矛盾，因此，提高有效供给能力，是我国农业产业化发展的必然趋势（表 2-1）。

表 2-1　农业供给侧改革下优化农产品供给结构被提升至新高度

时间	政策	要点
2016 年 12 月 16 日	中央经济工作会议	①增加绿色优质农产品供给；②改革粮食等重要农产品价格形成机制和收储制度，特别提到玉米收储制度和去库存；③细化和落实承包土地"三权分置"

续表

时间	政策	要点
2016 年 12 月 20 日	中央经济 工作会议	①适应市场需求，优化产品结构；②提高农产品质量；③发展适度规模经营；④加快科技创新；⑤绿色生产，农业节水
2017 年 2 月 5 日	"一号文件"	重点聚焦农业供给侧改革：①优化产品产业结构，着力推进农业提质增效；②推行绿色生产方式，增强农业可持续发展能力；③壮大新产业新生态，拓展农业产业链、价值链；④强化科技创新驱动，引领现代农业加快发展；⑤补齐农业农村短板，夯实农业共享发展基础；⑥加大农村改革力度，激活农业农村内生发展动力

当前我国农业的核心矛盾为资源约束压力增加的背景下的有效供给不足。

资源约束压力增加主要体现在：城镇化推进过程中，对农业生产资源的压力明显增大（耕地面积下滑、农村劳动力减少）；劳动力、环保等成本持续增加。有效供给不足主要包括结构失衡和效率不足两方面。

（1）农业产业结构失衡，"三高"问题突出。

高产量：我国粮食、肉类、蔬菜、水果人均消费量均高于世界平均水平，粮食产量"十二连增"。

高库存：玉米库存问题突出，2015 年玉米库存占消费量比重达到历史最高值 176%。

高进口：大豆最依赖进口，2016 年我国大豆消费中 86.5% 来自进口。

（2）农业生产效率不足：维系当前总量供应充足局面的成本过高。

种植成本显著高于美国：中国的种植成本远远高于美国，小麦种植成本相比美国超过 203％，玉米种植成本超过 53％，大豆种植成本超过 80％。

我国土地、人工成本过高：土地和人工成本均超出美国若干倍。

其他成本：比如国家的政策所引发的成本。

产业趋势：提升农产品的有效供给能力，推动供给侧改革不断深入。

相比于发达国家，我国农业生产效率较为低下主要体现在以下三个方面：

（1）机械化、基因技术、互联网等现代科技的运用落后于发达国家。美国农民使用互联网人数高达 51％以上，众多的农业企业、专业协会和农场都普遍使用计算机和网络技术及时、准确地获得市场信息。目前美国有 20％左右的农场使用直升机作业，大量中等规模农场以及所有大型农场已安装 GPS 定位系统，数字化、自动化、智能化的农业生产过程提高了农业生产效率，科学驱动、科学经营、数字化管理极大地降低了农业生产成本，提高了农产品的质量。而我国农业由于存在生产规模小，机械化、智能化程度不高，以及管理不善等问题，导致生产效率和盈利低下，急需改革促进稳定发展。

（2）经营主体仍以小农经营为主。我国人均耕地面积远落后于现代农业发达国家，农业从业人口仍较为庞大。

（3）农村土地产权制度仍不完善，农用地"三权分离"仍在探索中。中央推进"三权分离"，但目前制度建设仍不完善。稳定土地承包经营权方面，目前仍存在以下问题：承包期短、抵押没有得到法律许可；继承在法律上没有得到明确的表述，农村土地登记体系不完善；面积不准、四至不清。放活土地经营权方面，目前仍存在以下问题：工商企业租赁农户承包地的准入门槛不清，土地经营权流转合同管理规范、土地经营权的期限不明，等等。

结构性矛盾成为我国当前农业的主要矛盾形式，为了解决这一矛盾，我国出台了一系列多元化、多目标的农业政策。以政策目标作为分类标准，这些政策可以分为四大类：一是粮食安全方面的政策，二是粮食价格稳定方面的政策，三是农民增收方面的政策，四是库存合理方面的政策。上述四大战略目标可以促进我国农业的可持续发展，保障国家的粮食安全，维护社会的稳定。

上述四大战略目标在执行过程中，存在着相互制约的现象，比如为了实现第一个目标，会保持较高的粮食库存，采取限制粮食进口的政策，因此，就要实施粮食产量高、价格低的策略。但是该策略不利于农民增收。农民希望能够付出较低的成本，拥有较高的粮价，而且能够实现较高的收益，所以国家就要投入巨大的补贴，保障实现农民增收的目标。多目标之间相互牵制和影响，造成了农业政策进退两难。但是，党和国家基于社会整体发展情况出发，当前的政策目标主要体现在：在保障上述四个目标实现的基础上，全面推动农业现代化的实现。根据我国的整体政策目标，结合当前农业面临的各种问题，就能够准确地预测我国农业政策今后的走向：首先，保障粮食价格稳定，不会出现价格大幅度下跌，仍需实现去库存；其次，在保障粮食价格不会大幅度上涨的情况下，拓宽农民的收入渠道，实现农民增收；再次，在遵守世贸规则的情况下，限制粮食进口。我国农业发展过程中，当前正面临着结构性矛盾，限制了农业的快速发展，因此，只有通过深层次的供给侧改革，才能优化农业产业结构，构建适合我国当前国情的价格形成机制、农业补贴机制，进一步降低农业生产成本，提高生产效率，实现农民增收，保障粮食价格和国际价格在同等水平，或者在更低的水平，这样才能真正地保障粮食安全，才能实现一个国家的稳定和发展。

首先，农业供给侧改革并非工业供给侧改革的简单重复。2016年，工业领域率先开展供给侧改革，特别是煤炭和钢铁领域，中共中央为此出台了具体的政策。工业领域供给侧改革取得了良好的成效。工业领域改革的成功，为农业领域的改革树立了信心，提供了一些实践经验。但是当前学术界对农业领域的供给侧改革抱有不同的观点，很多学者认为，农业和工业是两种截然不同的产业，不能够沿袭工业领域供给侧改革的方法，应该结合农业领域的具体特征，制定出切实可行的改革思路，采取有效的改革手段，才能推动农业领域供给侧改革成功。对工业供给侧改革来说，供大于求的现状造成国际竞争力低下、价格低迷、盈利能力差，因此，改革的重点在于淘汰落后产能。而农业所面临的状况是价格倒挂严重、行业主体分散、WTO规定、粮食安全红线、竞争力低下等问题，因此，必须实现改革措施的创新，才能解决当前这些问题。

其次，农业供给侧改革怎么改？"结构优化"是当务之急。2016年12月，中共中央召开了农村工作会议，会议中明确了农业供给侧改革的思路框架，改革必须建立在保障国家粮食安全的基础上，其目标就是实现农民增收，提高国家粮食的有效供给能力，其主要手段是体制改革和机制创新，实现绿色生态可持续发展，实现农业增质增值。上述思路框架可以将农业供给侧改革总结为两点：一是实现结构优化，二是实现机制改革。中国农业经过多年的发展，已经彻底解决了总量短缺的问题，当前的主要矛盾就是结构性问题，因此，实现农业结构性改革是农业供给侧改革的重点。具体包括产品结构改革、经营结构改革、区域结构改革、产业结构改革、技术结构改革、资源结构改革。下面对经营结构改革和产业结构改革进行详细分析。

经营结构改革：农业部曾经对我国的农业经营结构进行过调查，相关数据显示，载至2014年底，中国共有96.1%的农户耕地规模在 30 亩以下，农户数量高达 2.55 亿户。这说明了我国农业经营结构仍然以家庭经营为主，具有小规模分散经营的特征。近年来，30 亩以下农户数量不断缩小，30 亩以上、50 亩以上经营农户数量不断增加，和 2013 年相比，50 亩以上农户数量增长了 7.5%。家庭承包耕地流转成为我国当前农地改革的一种主要方式，2015 年已经有 35% 的家庭承包耕地实现了流转，近年来这一数据呈现出持续上升的趋势。随着经营结构的进一步发展、优化，国家精准扶贫政策准确投注，能够实现一般农户的增收增产，而产联式合作社正好符合这一要求。

产业结构改革：融合发展将会是我国农村一、二、三产业发展的必由之路。根据全国农业现代化规划，国家未来几年将会在以下几方面实现农业的快速发展：①实现农产品生产和加工业的协同发展。国家会根据农产品的生产状况，在全国范围内统筹布局生产基地，综合利用农副产品初加工和深加工。②形成完善的农产品市场流通体系，特别是冷链运输。③大力发展农业新型业态，比如电子商务。④拓宽农业的多种功能，比如通过休闲农业充分发挥农业资源的优势。⑤创新一、二、三产业融合机制，可以通过经营权入股等方式，增加农民的收入，实现产业化经营。实现农业产业结构的调整，需要促进农业经营模式的创新，推动以产业链融合为目标的新型经营主体的联合与合作，由此加速产联式合作社的建立与发展。

3　农业生产经营组织演进的历史变迁与剖析

针对农业生产经营方式方面的探索，我国先实行的是小农个体生产经营方式，之后经过不断发展并结合国情实际推行农业合作化生产模式，随着该模式所具有的局限性日益凸显，最终逐渐为家庭联产承包经营所替代，而在目前则发展成为农业产业化生产经营模式。可以说，该过程并非一帆风顺，而是充满曲折的。本章主要在上一章论述的基础上着重对我国自中华人民共和国成立起，农业生产经营组织的发展轨迹与发展现状进行探究，便于为后文提出相应对策建议提供有力支持。

3.1　农业生产经营组织演进的历史变迁

3.1.1　土地私有制下的小农个体经营

人类历史上，农业生产经营组织的最早形式实际上就是原始社会所推行的氏族公社。在当时的条件下，原始人面对的自然环境非常凶险，他们想要生存下去，只能选择组织起来共同应对各种灾害与风险，并逢过这样的方式来获取食物。由此可见，最早形成的农业生产经营组织的目的非常简单，即实现生存。之后，生产工具实现更新替代，与之相应的社会分工也获得不断发展，这就使得农业生产经营组织出现变化，即发展成为各种庄园，其中除包括奴隶主庄园与农奴主庄园外，也包括封建地主庄园等。需要承认的是，这些庄园在社会性质、相应的生产经营内容与采取的方式等均存在巨大变化，不过在相应的经济特征上则未出现变化，即仍体现为以农业生产经营为主要形式。在该时期，开始出现佃农和自耕农等农业经济组织形式，这些组织形式以家庭为单位。家庭被认为是社会的重要细胞。在家庭出现之后，就具有诸多方面的相应职能，具体包括生产方面的职能、交换方面的职能、分配方面的职能以及消费方面的职能等。早在古代，就开始出现家庭分散经营模式。而家庭经过漫长的演变之后也出现重大变化，事实上，家庭经营在不同的历史阶段，相应的经营内容往往也不同，与之相应的，其特点也不同。农民经济是一种个体经济，并立足于土地小私有制基础，在力量上非常单薄且极为落后，与之对应的经济力量也较为薄弱，不具有使用新型农具的能力，在面对自然灾害方面也存在抵御能力不足问题，无法做到合理使用土地。显然各种家庭经营方式在推动发展生产方面的作用并不是很大，无法扩大再生产并成为农业生产实现健康发展的制约因素。农业生产发展无法获得有效推进，必定会对社会主义工业化实现发展产生不良影响。同时，社会主义工业化建立在小农经济基础上也不太现实。在我国实施土地改革政策之后，这些矛盾点与存在的问题就开始逐步凸显。

3.1.2　土地公有制下的农民合作化和集体化经营

就农业生产经营组织而言，其演变过程实际上就是农业现代化得以实现的过程。从中华人民共和国成立开始，农业生产经营组织归纳起来历经了三个发展阶段：一是从互助组发展至初级社阶段，二是从高级社发展至人民公社阶段，三是家庭联产承包责任制阶段。在中华人民共和国成立之后，随着土地改革的成功推进，小农经济成为农村的主要经营形式，其在促进农业生产发展的同时，弊端也日益显露出来：①其自身特点不适合扩大再生产的需要；②容易引起农村的"两极分化"；③无法为我国实现工业化提供足够的原材料、市场和资金支持。因此，中央基于促使社会再生产实现扩大化与确保走社会主义道路等相应需要，逐步发起了农业合作化运动。该时期的农业合作化运动可以分为两个阶段：1952—1955 年为初步推行阶段，1955—1958 年为加速推进阶段。其中第一阶段以农民的自愿合作为主，发展速度平稳，主要形式为临时互助组和初级社；第二阶段以政府的强制推行为主，发展速度较快，主要形式为高级社。

3.1.2.1 从互助组发展至初级社阶段（1949—1955 年）

农业互助组主要体现为各个体农户之间基于自愿互利原则需要组合起来的一种初级互助合作组织，该组织具有农业社会主义萌芽性质。这些农户基本上为独立的，即未参加相应组织等，且采取的是分散经营模式，这是农户在劳动作业中相互帮助形成的一种组织。互助组在规模上并不固定，一般是几人到几十人，总体规模不大。互助组根据互助时间的不同可分为两种类型：临时互助组和常年互助组。临时互助组主要在农忙季节出现，当农忙结束后就会解散；常年互助组则较为固定，在分工方面也较为固定，存在的时间非常长，且在这个过程中还积累有一些公共财产，如牲畜以及相应的农具等。互助组具有自身的典型特征，归结起来就是付出的劳动数量与获得的报酬等价。

（1）互助组。

在中华人民共和国成立后，就开始进行大规模土地改革运动。为了有效激发农民的生产积极性，选择把土地分给农民由其进行生产。然而，在当时由于存在农具缺少等问题，还未能实现机械化，这就为生产互助组的产生创设条件。农业互助组被认为是一种初级互助合作组织，农户在进行互助时遵循的是自愿互利原则，并具有农业社会主义萌芽性质的特点。在具体互助内容上，主要体现为代耕与代水等方面。对产权结构而言，在互助组这种组织下，农民对土地与生产工具以及劳动力等，均仍拥有私有权，且由此带来的收益权也在法律的保护范围之内。在这个基础上采取一定程度的联合劳动方式，而不是仅仅采取个体劳动方式。由于互助劳动时间普遍不长，为此在计算报酬时，直接根据付出的劳动量来支付相应的等价报酬。在初期阶段，从总体上来说，互助组在规模上并不大，同时由政务院专门开设中央合作事业管理局。在 1950 年 7 月，全国合作社工作者第一次代表会议顺利召开，在本次大会上，决定成立中华全国合作社联合社，该联合社被界定为全国合作社的领导机关。党中央在 1951 年底更是颁布重要文件《关于农业生产互助合作的决议（草案）》，这是互助合作获得国家层面上的认可并成为一种制度的标志。在此推动下，互助组发展速度不断加快，其中在 1952 年，互助组已经达到 802.6 万个，很多农户也积极加入互助组之中，具体占比提升至 39.9%。

（2）初级社。

《关于发展农业生产合作社的决议》在 1953 年 12 月的发布，标志着互助合作运动正式出现转化，具体转化为以初级社作为中心的合作运动。初级社实际上是初级农业生产合作社的简称，这种组织形式与互助组存在的区别较大。初级社具有自身的特点，体现为要求社员使用土地来入股，而入社的土地与生产资料，以及相应的所有权与收益权均归属社员，不过，由初级社享有这些土地与生产资料的使用权。一般而言，初级社在扣除相应费用如税费等之后，剩余部分则根据按劳分配、按资分配来进行分红。由此可见，从初级社的层面上来说，其具有半社会主义的性质特点。该组织形式先在陕西等 7 个省进行试点，之后获得较大范围的推广。初级社在 1954 年时就增加到 11.4 万个，而在 1955 年，数量更是翻了 5 倍之多，达到了 63.3 万个。参与初级社的农户更是达到 1688 万户，在总农户中所占的比重高达 14.16%。这一时期，由互助组发展到以土地入股分红为特征的初级农业生产合作社。我国农业生产在该时期处于恢复期，把土地分给农民能有效激发农民的生产积极性，互助组与初级社的出现与发展，为农产品实现生产提供有效保障。从总体上来说，初级社取得较大成绩，在推动当时农业生产发展方面发挥了重大作用。然而，这一时期的农业还只是处于现代化的初始时期，农业发展水平并不高，可以说非常落后。为此，不管是互助组的发展，还是初级社的发展，均无法使农业现代化需求获得满足。从互助组发展到初级社，这是诱致性制度出现变迁与强制性制度出现变迁结合起来的产物，在激发农户生产积极性等方面的作用较大，还能使得交易费用可以控制在较低层面上，且它还能体现国家发展合作运动的初衷，这也是更为重要的一面。

3.1.2.2 从高级社发展至人民公社阶段（1955—1978 年）

《关于农业合作化问题的决议》在 1955 年获得通过，同年，我国出版《中国农村的社会主义高潮》，这就使得农业生产经营组织方式出现变化，没有停留在初级社这个层面上，而是向高级社和人民公社进行过渡。

（1）高级社。

1956 年 6 月 30 日，在顺利召开的全国人民代表大会第一届三次会议上通过了《高级农业合作社示范章程》。高级农业生产合作社简称为高级社，在性质上为社会主义集体经济组织，在具体运行模式上根据需要对高级社成员进行分组，如可以分为若干个田间生产小组或副业生产队等，对这些小组实施的是定额管理方式，其报酬计算单位是劳动日。这种模式下的田间生产队的人员规模与原初级社基本没有差异，换言之基本相同，不过，它不具有独立核算权，同时也没有相应的分配权。在关于如何对产权进行界定这个问题上，高级社拥有的产权较多，具体包括生产资料的所有权、生产资料的使用权、生产资料的收益权、生产资料的转让权，社员想要获得相应的报酬，就需要付出与之对等的劳动量。与此同时，还允许社员拥有占比约为5％的自留地，便于用来经营自己家庭的各个副业，社员生活资料则不入社，此外还有零星树木、家禽家畜等也属于社员所有。高级社与之前两种组织形式即互助组和初级社存在的最大区别体现在其社员不拥有入社土地与主要生产资料的私有权，也不拥有收益权，这些权益归属于高级社，且在分配制度上采取的是完全按劳动日平均分配制度进行安排。

截至1957年底的数据统计显示，大部分的农户均加入到合作社之中，在全国农户总数中所占的比重高达97.5％，而参与高级社的农户在该比重上则为96.2％。1956年之后，高级社发展速度高达1020倍，由于发展速度非常快，根据原先的计划，实现农业合作化需要用18年时间，但实际上只用了7年的时间，时间缩短幅度非常大。

（2）人民公社。

1958年3月召开的成都会议上，通过了重要文件《中共中央关于把小型的农业合作社适当地合并为大社的意见》（以下简称《意见》）。《意见》提出"人民公社好"这个口号，对与之相应的人民公社体制也持肯定态度。公社具有自身明显的特点，归结起来就是一曰大，二曰公。同年8月，召开了影响较大的北戴河会议，会议上再次对人民公社持肯定态度，这就使得人民公社化运动高潮正式被掀开。1958年8月，党中央结合我国当时实际出台《中共中央关于在农村建立人民公社的决议》。在这之后的两个多月时间，全国范围内共有74万多个农业生产合作社出现被改组现象,改组之后成为人民公社,数量压缩至 2.6 万多个,有 1.2 亿农户选择加入公社,该农户总数在全国农户总数中所占的比重超过 99⅓。1962 年之后,国家再次对农村人民公社进行调整,并最终确定采取三级所有制,该组织形式的基础是生产队所有制,而三级所有制除了包括公社与大队之外,还包括生产队所有制。该制度存在时间非常长,一直延续到农村改革初期这个阶段。人民公社采取的分配模式,主要推行的是"平均主义",即通俗意义上的"吃大锅饭"。在该时期建设农村合作经济组织,在形式上体现为"三大合作",具体包括农业合作社、供销合作社和信用合作社。不过,建设这些合作组织的社会基础是集体化与计划经济,对于商品经济以及个人产权则持否定态度,体现为强制性特点,对农民的意愿和权利不尊重。截至 1978 年的数据统计显示,全国范围内共有 5.28 万个人民公社,入社的农户达到 1.73 亿人,每个公社的农户平均有 3000 人。

人民公社时期所具有的特征非常明显,归结起来主要体现在以下几个方面:第一,在产权结构方面,根据规定,财产所有权为生产队所拥有,不过允许农户从事一些家庭生产;第二,在分配制度方面,推行的主要模式是按劳分配制度,且开始兴办学校与敬老院等公共福利设施,依据工资制与供给制相应规定进行利益分配;第三,在管理方式方面,基本上由政府方面强制推行,相应的政治色彩非常浓厚。农村经营管理部门为了适应公社管理体制的要求,其主要职能也在逐渐调整,即先推行计划管理模式,之后转为推行劳动管理模式,再到推行财务管理模式,最后则发展成为物资管理以及收益分配模式等。1958 年,人民公社化之后,入社农户人数逐渐增多,具体占比高达 99%。尽管人民公社化发展速度非常快能带来一些积极影响,但是在这个过程中也引发诸多问题,如未处理好很多生产关系问题,进而导致农业生产力频频被破坏,加上还存在自然灾害等因素,使得我国国民经济发展更是遭遇三年困难时期这个困境。1958—1962 年，农业总产值出现 4.3％的下降幅度。中央方面意识到人民公社化运动存在"左"这个错误之后就开始进行纠正，调查研究之风在这个时期正式被掀起。1962 年，中共八届十中全会如期召开，在会议通过《农村人民公社工作条例修正草案》，并推行"三级所有以队为基础"这一体制，把核算单位改为生产队，生产队规模为 20～30 户。进行该调整之后，队与队之间存在的"平均主义"获得一定程度的遏制，进而促使农业生产得以恢复并获得发展。1963—1965 年，尽管农业总产值在平均增长速度方面出现提升，具体提升幅度为 11％，但是社员之间存在的"平均主义"问题仍未获得有效解决。1966—1976 年，农业总产值在增长速度上放缓，只有 3.8％。人民公社制度在 1978 年之前一直获得推行。由于人民公社存在自身的局限性问题，体现在未重视社会组织与个人之间相互作用并引发的结果，没有注重发挥政府功能作用，没有尊重农民的自愿选择，没有赋予农户享有"退出权"，直接依靠政府与法律来强制进行推进。它还采取平均分配模式，存在激励机制缺失问题，导致经济发展速度非常缓慢。基于此，人民公社被代替并退出历史舞台成为必然。不过，需要承认的是，在当时的社会背景下，人民公社依托于强大的行政力量确实取得了一定的成效。通过对人民公社进行梳理得知，其带来的教训主要有五个方面：一是未根据生产力发展要求与农民意愿来生产商品，强调要坚决执行农业为工业与农村为城市实现发展提供服务的发展战略，直接损害"三农"利益，导致农业长期无法获得发展；二是不管是集体资源的配置权还是经营权，均由党政组织进行控制，由此引发资源掠夺式经营模式出现；三是在运行经济方面，主要依靠行政手段与政治工作来进行推动，同时还存在集体产权主体不全的现象，而在进行收益分配方面，则采取"吃大锅饭"模式，且未构建相应的监督机制；四是直接拉平贫与富，不利于经济发展；五是推行政社合一模式，所推行的政治与经济体制存在封闭性、自给性很强的特点。

纵观人民公社的整个发展历程得知，在其发展的 20 年，我国主要农产品在产量增长方面出现的波动非常大，当然，其中有自然灾害方面引发的影响，同时也存在人为因素方面的干扰。不过，从总体上来说，在人民公社发展至后期阶段，农产品产量在增长方面较为稳定。若从农业现代化指标这个层面而言，尽管劳均耕地面积呈缩小态势，不过单位耕地面积劳均农机总动力与劳动生产率等指标的增长速度非常快。由此说明，高级社与人民公社在促使我国农业实现发展上确实能发挥积极作用，被认为是农业现代化的起步阶段，不过并非为实现农业现代化的有效途径。

从客观上来说，在当时的历史条件下，不管是最先问世的互助组，还是后来出现的初级社，或是再之后出现的高级社以及人民公社等，均具有积极性的一面。如集体化的农业生产能提供物质层面上的有力保障，为国家工业化道路实现健康发展提供物质方面的支撑，同时还为农田水利基本设施建设与农业机械化得以发展等注入动力支持。然而，这些类型的组织形式的发展速度之快与规模之大，远在当时的社会发展水平之上，与那个时期的社会发展要求并不符合。其更多的是体现为政府方面的主观愿望，该过程并没有获得劳动主体即农民的认可，为此，它们最终走向失败之路也就成为必然。

3.1.3　家庭承包经营

经营制度随着社会的发展而出现相应变革，该变革为组织制度出现变迁奠定坚实基础。从 1978 年开始，农村主要推行以家庭承包为主的生产责任制，使得人民公社体制受到极大冲击和影响。20 世纪 80 年代初，安徽省凤阳县小岗村村干部以"秘密协议"方式将村里的土地搞大包干生产方式，成为家庭联产承包责任制得以问世的助推器。该时期率先实行分田到户这种承包责任制，取得显著成效，且获得农民的认可与拥护。在这之后逐渐推行包产到组与包产到户责任制，至此，农户家庭成为农业生产的基本形式，而人民公社则踏上逐步退出历史舞台的进程。家庭联产承包责任制让农民取得了土地承包经营权，获得了生产经营自主权，成为独立的财产主体和市场主体。人民公社在1985年解体，这也意味着在全国范围内基本确立家庭联产承包责任制。该双层经营体制能有效解放农村生产力，促进农村经济发展，被邓小平称为"农民的伟大创举"。家庭联产承包责任制正式实施后，先后经历了三个阶段：第一阶段是包工，第二阶段是包产，第三阶段是包干。与此同时，每个阶段均体现为从包到组，再到户的发展过程，并逐渐形成以家庭承包制作为基础，采取统分结合方式的双层经营体制。该方式具有诸多方面的优势，且获得农民的赞成与认可，在激发农民劳动积极性方面具有非常重大的作用，进而能有效促使劳动效率实现提升，仅用两年时间就在全国范围内获得推广。1983年10月，党中央发布重要文件《关于实行政社分开建立乡政府的通知》。该文件认定国家的基层政权组织为乡政府，同时，还启动筹建村民委员会方面的相应工作，由其作为农村居民自身的自治组织。1984年发布的中共中央"一号文件"明确要求，是否取消原公社一级与非基本核算单位的大队，以及是否把它们作为一种经济联合组织并进行保留，应在群众自愿这个基础上根据具体情况来设定，且可以采取多种形式。出于对统一经营与分散经营相结合体制进行完善的需要，可设置地区性合作经济组织，该组织的基础为土地公有制。该组织还具有其他称谓，如农业合作社等，可在村的范围内进行设置，也能以生产队作为单位进行设置，还能与村民委员会进行分立，等等。人民公社解体之后留下的这些集体资产，部分进行变卖，也就是变卖给个人，部分则可以留下来作为集体组织资产，并在此基础上构建双层经营体制。受经济体制改革逐步推进的影响，乡、村集体经营组织制度再次出现变化，如有的集体经营项目通过承包方式成为个人经营项目等。在关于农产品的销售以及农业技术的推广方面，各地结合自身情况不断进行探索，有的建立合作社，有的建立专业协会。这就使得乡、村集体经营组织开始成为多种经济成分之间相互交叉、融合的关系。建乡工作在 1985 年春获得全部完成，全国范围内共有 5.6 万多个人民公社（镇）进行改建，改建之后成为 9.2 万多个乡（镇）人民政府。根据宪法规定，原生产大队与生产小队均被取消，并在此基础上完成 82 万多个村民委员会的建立工作（具体见《人民日报》1985 年 6 月 5日所载）。在家庭联产承包责任制方面，根据需要实行"统分结合"双层经营机制。此处的"统"是指进行集体经营，而"分"则为家庭经营，集体根据社区人口总数情况平均分配土地；在农户方面，从事各项农业生产经营活动并在完成税费交付之后享有剩余全部收益。

2003 年，我国取消"皇粮国税"，农户不仅不需要缴税，反而能够获得国家给予的农业补贴。在这个时期，关于集体与农户之间的关系，实际上为进行土地分配与发放补贴，以及从事生产经营且从中获得相应的收益。家庭分散经营在适应性方面非常强，除了可以与封建社会制度相适应外，还能与资本主义制度、社会主义制度相适应。可以说，就农民家庭经营方式而言，其在生产关系上体现为中性，能和各种经营规模存在关联。在实施家庭联产承包责任制之后，我国各地农户基本上以家庭分散经营作为主体。由此说明，家庭经营并非静态发展模式，而是动态且处于发展中的一种农业生产方式。

家庭联产承包责任制是社会发展的产物，是我国在特定历史条件下所进行的选择。事实上，在国家实施改革开放初期，家庭联产承包责任制体现出来的积极作用非常明显，其中包括能有效激发农民的生产积极性等，为农业现代化得以实现提供有力支持。然而，经过长达 30 多年时间的积累与发展，该组织方式在这个过程中也引发了诸多问题，其中就包括出现地权分散化问题、耕地细碎化问题，以及规模细小化问题等。同时在市场经济条件下，尽管各农产品开始能自由进入市场中，但是土地因受到制度等方面的束缚仍无法实现自由流转，这显然非常不利于劳动生产率的提升。家庭承包经营制度来源于实践，是典型诱致性制度变迁的产物，而在促使这场变迁实现发展方面，主体就是农户。本次诱致性制度能有效激发农民进行农业生产的积极性，进而使得农业农村体现为新景象、新风貌。

3.1.4 农业产业化经营

农业产业化以及农业生产力等方面的不断提升，为各种农业生产经营组织得以问世创设了条件。这些组织除了能为家庭经营提供产前服务外，还可以提供产中与产后服务。农业产业化经营模式来源于实践，即在实践中经过不断摸索与总结才得以形成。在国家实施改革政策之后，我国大量农产品开始进入市场，各地为农产品顺利走向市场提供各种帮助，使得农民尽可能避免遭受市场风险的侵害，其中就包括给予农业发展各个环节信息方面的帮助，且在技术与加工服务等环节上也提供诸多帮助。20 世纪90 年代中后期，大城市部分企事业单位选择对农业领域进行投资，并在农村建立各种副食品基地等，即形成最初期的农工商一体化经营模式。1993 年，山东省在对农业与农村发展方面进行总结时，最先提出农业产业化这一概念。山东省推行农业产业化并取得重大成效。潍坊市非常注重发展农业，并为此制定相应的农业发展战略，即"确立本市的主导产业，推行区域布局方式，借助龙头企业带动作用，在此基础上进行规模经营"。第八届全国人民代表大会第四次会议通过了《中华人民共和国国民经济和社会发展"九五"计划和 2010 年远景目标纲要》，该文件明确要求"注重积极发展与推进农业产业化经营模式"。党的十五届三中全会对农村改革以及发展经验进行了总结，认为在家庭承包经营模式这个基础上，推行农业产业化经营方式具有可行性，并且是我国实现农业现代化非常有效的一个途径。关于这些方面，在之后公布的党的十六大报告中再次进行了强调与明确。由此可见，党中央一直非常注重推行农业产业化经营，且在政策层面上进行支持。就我国农业经营方式而言，在实践过程中并非只是简单地从个体向合作，再向个体，接着再进行合作的过程，并非是简单层面上的历史重复，而是在每次变革中均体现质的飞跃。综合来说，推行农村土地集体所有制以及农业合作化经营模式，是肯定社会主义集体经济的具体体现。

3.1.5　农业供销合作组织

我国农业供销合作组织可分为三类：第一类是农村供销合作社，第二类是"公司＋农户"组织，第三类是农民专业合作经济组织。

3.1.5.1　农村供销合作社

在中华人民共和国成立初期阶段，我国合作组织就包括供销合作社这种主要形式。华北供销合作委员会在 1949 年 1 月 26 日更是明确了供销合作社工作方针，同时还制定了相应的具体办法，使得我国供销合作社进入新的发展时期。1950 年，中华全国合作社联合总社成立，并在 1954 年更名为中华全国供销合作总社。1954 年 7 月召开的中华全国合作社第一次代表大会，对供销合作社新历史任务进行确定。国营商业与合作社商业在这一阶段共开展了三次分工活动。在第一次分工中，对国营商业的领导地位进行明确，也就是由国营商业负责对供销社商业实施的业务进行领导；在第二次分工中，明确了国营商业负责领导城市市场与公私经营、改造等活动；在第三次分工中，对商业分工与地区分工相结合原则，以及采取的办法等进行了明确。1958 年，根据规定由人民公社享有以下权利，即农村基层供销合作社的资金管理权、商品管理权、经营管理权以及人事管理权，这就使得民办转变为官办，并且实现了"两放、三统与一包"政策。同年爆发"大购大销"运动，以此作为主要标志的商业工作"大跃进"出现，导致供销合作社正常进行的经营活动遭到破坏。

1962 年，供销合作社在组织上获得恢复并肯定其所具有的民办性质，由此掀开"三清"工作序幕，使得自营业务获得逐渐发展。1966 年之后，供销合作社再次陷入被批判困境之中，在整体上体现为混乱状态。1978 年，我国开始对农村进行改革，再次极大地冲击了供销合作社的发展，促使供销合作社出现调整：一是服务主体从集体转变为个人，服务内容转为引导农民进入市场，帮助农民提升收入；二是个体户开始出现，使得供销社一统天下的格局被打破，很多产品的经营份额出现大幅度下降态势；三是供销社职工经营观念遭受重大冲击。1982 年出台的《全国农村工作会议纪要》（中发〔1982〕1 号）明确指出："需要发挥农村供销合作社在组织农村经济生活中的重大作用。"1983 年颁布的《当前农村经济政策的若干问题》（中发〔1983〕11 号）则明确提出，应"逐步恢复基层供销合作社的合作商业性质"。实施这些举措，实际上是进行第一次全国性清股分红活动。截至 1983 年底的相应统计数据显示，大部分基层供销合作社均召开社员代表大会，具体占比高达 95％，而县级供销合作社召开社员代表大会的占比也达到 80％，且通过民主方式组建领导班子，并构建相应的民主管理制度，开展各种灵活化的购销业务。出于推进改革的需要，国发〔1984〕96 号文件明确指出，

"供销合作社核心要把官办调整为民办"。从 1984 年 1 月 1 日开始，供销合作社开始推行自负盈亏模式，正式参与到市场竞争之中。供销合作社在 1985 年底结合自身实际提出"六个发展"：其一是发展为商品生产所提供的系列化服务，其二是发展横向经济联合，其三是加大发展农副产品加工工业，其四是发展多种经营方式，其五是发展农村商业网点，其六是发展教育与科技事业。中发〔1957〕5 号文件指出，供销社要尽快完善商品生产服务体系。国发〔1987〕55 号文件指出，供销合作社要逐步构建多功能服务体系。供销合作社从 1988 年起所进行的改革活动，均旨在把供销合作社发展成为农村综合服务中心。1995 年 2 月出台的《关于深化供销合作社改革的决定》中，对改革方向与总体思路进行明确，归结起来就是促使供销合作社所具有的农民合作经济组织性质等获得充分体现，能真正为"三农"提供综合服务。1996 年，全国供销合作总社结合当时的社会发展情况印发《基层供销社真正办成农民合作经济组织的基本要求》。在当时的历史发展时期，供销社能有效促使社会经济实现发展，可以说为此做出了巨大贡献。事实上，对供销合作社进行改革，主要与外部经济改革大环境有关，并非是供销社自身内部需要。由于针对其改革存在准备不足的问题，这就使得改革步伐进度很慢。同时，在进行改革的过程中，未建立农民利益共同体，没有注重兼顾农民利益。

　　基于历史因素，供销社国营商业历经三分三合的发展过程，且在当时的市场体制条件下处于"二国营"这个地位，这就使得供销社发展现状与中央设置目标存在非常大的差距。综合来说，供销合作社在之后的发展中，主要存在以下五个方面的问题。

　　第一，存在体制不顺问题。供销合作社体制具有非常浓厚的政府体制色彩，且联社理事会主任并非由社员通过民主选举方式产生，而是直接由主管部门任命相应官员来担任，在官本位思想方面非常明显。该体制存在的问题：一是不具有维持上下关系的经济纽带，且没有直接体现财产经济关系；二是存在的层次过多，这容易使得组织运行成本加大，进而引发经营效率降低；三是未有效区分政企，同时受到政府过多干预。

第二，亏损问题与历史挂账问题较为沉重。就全国范围内的供销合作社系统而言，从 1992 年开始出现连续 8 年亏损现象，尤其从 1995 年起出现的亏损问题更为严重，到 1998 年，亏损额则高达 156.39 亿元之多。与 1998 年相比，1999 年减亏总额为27 亿元，使得亏损连年呈成倍增加势头得到有效遏制。2000 年实现盈利，具体盈利为 13.77 亿元。不过，该扭亏为盈是借助对亏损严重企业实行休克疗法并变现来实现的。

第三，兴办的专业合作社存在规模过小问题，使得其在加工增值能力方面较弱，进而使得相应的产品在市场竞争力方面较为脆弱，经营业绩并不理想，开放办社吸引力明显不足。

第四，存在人才严重缺乏问题。我国供销合作社培养了一大批人才，这些人才懂经营、善管理，不过，由于体系未给职工实施合作教育，加上存在吸引人才机制缺失问题，这就造成合作人才大量流失。

第五，由企业办社会导致离退休人员包袱重。根据 1999 年底的统计数据显示，在整个供销合作总社系统中，共有 490 万名职工，其中 150 万人是离退休职工。这就意味着，2.3 个左右的在职职工，需要负责承担高达 1 个离退休职工的相应费用，可见在这些方面的负担非常重。

3.1.5.2 "公司＋农户"组织

我国提出农业产业化归结起来主要有两种观点：第一种是"正大模式"，该模式在 20 世纪 70 年代由泰国正大饲料公司创建。当时，该公司为了进一步开辟中国内地市场，采取相应措施带动农户发展养鸡业，在具体措施方面除了提供技术服务之外，还提供种鸡饲料等。由于这些措施获得了农户的认可，使得正大饲料公司很快就能在中国市场站稳脚跟，并逐渐获得发展。正大饲料公司是较早在实践中推行"公司＋农户"模式的公司，因此，该模式也被称为"正大模式"。第二种是"公司＋农户"，董雷（1993）在其研究成果"发展农村市场经济的有效途径——公司＋农户"中最先提到这种模式，该研究成果还在《经济日报》上发表。这种模式得以产生的背景条件主要有：①我国在1982—1984年、1989—1992年这两个时间段出现农产品卖难现象，这就使得农民进入市场所具有的必要性更为凸显，急需相应组织来进行引导；②在我国实施家庭联产承包责任制之后，农产品在流通渠道上除了借助国营商业系统之外，还通过供销合作社这一渠道来实现流通，然而，针对国合企业的改革较为滞后，使得其农产品主渠道地位很难恢复，这就为公司大量进入农业领域创造了条件，且与市场需要相符合；③尽管部分地方已经建立专业协会与合作社，但是想要促使市场竞争力实现提升还需要较长时间；④国外涉农大公司诸如泰国正大集团等入驻我国市场，同时带来一些新理念与新方式，成为该模式得以问世的助推器；⑤我国重视发展该模式，并在《人民日报》上发表与该模式有关的文章，且在《国民经济和社会发展"九五"计划和2010年远景目标纲要》中引入该内容，这些均是该模式得以发展的有效推进因素；⑥存在的社会闲散资金较多，投资者出于寻求新投资热点的需要，无形中也促使该模式获得快速发展。由于农业产业化经营体现为诸多方面的优点，在推进我国实现农业现代化方面具有重大作用。在其核心方面，简单来说则是形成产供销链条发展模式；而在基本形式方面，则为"公司＋农户"模式。

目前，农业产业化经营主要以"公司＋农户"作为主要组织形式，其发展速度非常快，在促使农民收入实现增加等方面更是发挥重大作用。然而，随着我国农业的不断发展，这种组织形式所存在的局限性日益凸显，同时在组织形式上体现为多样化态势，如"专业市场＋农户"形式、"协会＋农户"形式与"公司＋大户＋农户"形式等。

3.1.5.3 农民专业合作经济组织

在我国实施改革开放政策之后，改革范围逐渐扩大，其中就涉及针对农产品购销体制方面的改革。在农业与农村领域也引入市场机制，农民可直接参与市场并结合市场需求来生产经营相应的产品。受此影响，农民在需求上体现为多样化态势，具体有三个方面的需求：一是想要拥有新的实用技术，据此来促使农产品产量实现提升；二是想要获得生产各个环节的服务，推进规模效益实现提升，从这些方面进行努力来达到抵御市场风险的目的；三是想要对生产经营结构进行调整，充分利用好各种资源并提升收入。原有组织无法满足农民存在的这些新要求，这就为各类农村专业合作经济组织得以问世创建了条件，这些组织基本上是由农民自身创办的。20 世纪 70 年代末开始出现农民专业技术协会，其中首个农民科学种田技术协会在安徽天长县成立。1980年，四川郫都区结合本地的具体需要设立养蜂协会。建立这些协会在初衷上均非常简单，就是进行技术辅导与交流等。1982 年，在科学技术大会上，党中央鼓励进行技术承包，促使农业科技人员积极到农村并组建农民专业技术协会。山西最早设立农民专业合作社，1994 年，山西在国家的支持下，积极学习与借鉴日本农协模式，在此基础上在包括临汾等在内的四个县实施合作社试验活动。山东在同年也开始推行农民专业合作社。1995 年，王宇敏任照旺庄镇祝家瞳村的党支部书记，他为了有效解决村民所存在的卖菜难问题，带头创办宇敏蔬菜供销合作社。在这之后，该镇办企业宏达食品有限公司出于加强原料收购进而降低运作成本的需要，开始推行"公司＋合作社＋农户"模式，与当地 20个乡镇 100 多个村共 283 户农民联合起来设立莱阳市宏达果蔬加工合作社。之后其他地区如山东的宁津、河北的邯郸、北京郊区的顺义等先后创办农民专业合作社。1995年颁布的《关于深化供销合作社改革的决定》就如何发展专业合作社提出针对性意见。从截至1999年底的数据统计得知，全国范围内的农村共有专业合作社117286个，其中从事种植业所占比重为41.7%，从事养殖业所占比重为2.09%，从事加工与运输业所占比重为20.1%。农民专业合作经济组织是我国农业经济合作组织体系中非常重要的组成部分，进一步发展该组织经济，对促使农民组织化程度提升非常有利，同时对完善农村社会化服务体系也具有重大积极性作用。

3.1.6 农业生产经营组织变迁解析

自中华人民共和国成立后，农业生产经营组织先后经历了互助组、初级社、高级社，再到人民公社，最后则是现在还在推行的家庭承包经营形式。在农业生产经营组织变迁过程中，存在竞争性与合法性的特点，这些特点具有非常重大的作用，特别是后者所具有的作用更是不能忽视。从农户这个层面上来说，对组织形式在态度上出现不断调整，即先是认可，之后到否定，最后则持认可态度。而在组织形式这方面，也先体现为合法，接着则体现为不合法，再到最后的合法。事实上，这其中存在相应的前提即组织均处于特定环境中，环境对组织形式出现的演化具有明显影响，此处所说的环境，并非仅仅包括经济环境，同时还包括社会环境、政治环境、文化环境以及制度环境等。组织在适应环境方面，若反过来进行表述，则是环境认可组织的体现，该适应性由组织的惯性所决定。以人民公社化时期为例，在该时期，农户对组织存在的可靠性与责任感等要求较为弱化，甚至不具有这些方面的需求，这就导致人民公社在组织惯性上并不强，这也注定人民公社最终会走向解体。由此可以得知，就农业生产经营组织而言，其相应获得发展与创新，需要与环境变化相适应，而其本质就是需要获得农户的认可。

3.2 传统农业生产经营组织存在的问题

3.2.1 组织形式单一，组织间缺乏有机的链接与组合

从上文的分析与研究可以得知，在我国存在除了能真正从事农业生产经营活动之外，还能为活动提供服务的组织。简单来说，这类组织非常少，大都存在于农业企业与部分农业生产合作经济组织之中，这显然无法与我国发展存在的需求相匹配。为此，需要结合社会发展实际，设立多种类型的农业生产经营组织，注重使得这些组织的功能获得充分发挥，为促使资源利用率实现提升、农民收入获得切实增加等提供有力支持。除此之外，在各个组织之间还存在组合与链接机制不足的问题，多数农业生产经营组织基本各自为政，相互之间缺少合作。如在农业产业化初期这个阶段，基本都推行"公司＋农户"模式，然而该模式风险较高，具体体现在双方均存在较高的违约率，这就使得不管在农户方面，还是在企业方面，其稳定收益均无法获得有效保障。若推行"公司＋合作社＋农户"模式，则能有效降低风险，使得双方在利益流方面更加稳定。

3.2.2 组织带动能力弱，市场竞争力不强

目前，我国还处在农业生产经营组织化初期阶段，往往会把关注点放在组织数量增加以及农户参与度提升上。相比之下，较

少关注组织内部运作机制的情况，同时也较少关注经营实力，这就引发组织带动能力弱以及市场竞争力较为弱化等问题。具体表现为：第一，从各类农业生产经营组织的层面上来说，大多数都是松散型，较少采取紧密型经济实体方式；第二，大部分合作组织更重视盈利、分配，对于服务与积累则不够重视，是一种短命组织；第三，组织普遍存在业务单一与服务内容狭窄等问题，如在专业合作经济组织方面，根据农业部资料的相应数据可以得知，农民专业合作经济组织多数从事技术信息服务，占比高达79.6%，另外有 15.1% 从事购买服务，23% 从事销售服务，7.9%从事资金服务；第四，不管是在组织的创立方面还是在运作方面，均主要依赖于龙头企业、经营大户与政府支持，较少组织拥有自身的加工销售链条。

3.2.3 农民收益难以保障

从农民的角度来说，不管其加入什么样的农业生产经营组织，主要目的基本相同，即使自身的生活与生产状况能够获得有效改善。然而，部分农业生产经营组织对于维护农民利益并不重视，在利益分配环节也没有实现公平合理分配，使得农户利益无法获得有效维护。如部分经营组织内部本身就并不存在经营收入与积累，没有给予农民二次返利，有的农民甚至不知道自己是组织成员，在这种情况下就谈不上参与收益分配。2007 年，笔者选择到四川省某地进行调研，着重调查该地实施的畜牧业合作社，在调查研究过程中发现，一些猪业合作社出于获得农业财政扶持资金以及贷款资金的需要，存在"帮助农民入股合作社"等现象，有的则是在农民自身不了解的情况下使其加入所谓的合作社等组织之中。显然，这与组织成立的初衷不符，同时与农户参与意愿相违背，自然很难确保农民收益不受损害。

3.2.4 组织治理机制缺乏

组织治理机制完善具有诸多方面的积极性，能为实现组织目标提供保障支持。组织目标可以细化为经济目标与政治目标。需要指出的是，治理机制与管理完善可为农民进行科学种植提供有效指导，其中包括如何应对"绿色壁垒"进而有效拓宽海外市场等。近年来，就如何对合作组织发展进行规范方面，我国在法律法规上逐渐明确，然而，即便如此也很少有合作组织能做到真正践行这些法律法规，这些规定可以说是形同虚设，而各项机制运作的话语权基本上由资本所有者掌控。

农业生产经营组织大多数是孤立的微观组织，存在的区域性联盟组织并不多，这就导致完整化组织体系未能获得构建。此外，在组织内部还存在规章制度不完善与治理机制不健全等问题。具体体现在组织成员在管理上具有明显的随意性，甚至基本的准入及退出手续都没有设立，对成员加入组织进行身份证明仅仅依靠一本花名册。在产权划分上，各组织也存在产权划分不清的问题。而在关于财务的处置方面，部分组织未实现财务独立化，且没有注重公开账目，有的甚至没有财务账目。涉及民主管理方面，部分农业生产经营组织尽管也制定了章程，并根据规定设立监事会以及理事会等相应机构，但这些机构却形同虚设。此外，还存在农业生产经营组织过于依赖地方政府的现象，由此受制于政府，即会被政府方面过度干预。在一般情况下，当政府管理越具体、涉及的方面越多时，组织在自我管理主动性方面就会越弱化，这就非常不利于组织治理机制的完善与发展。

3.2.5　市场机制不健全

建立完善的市场机制非常重要，健全的市场机制能为农业产业化组织实现健康发展提供保证和支持。从改革开放开始，经济体制改革就获得逐步推进，其定会延伸至农业经济领域。很多剩余农产品在这期间开始出现，这对农业经济发展影响极大。目前，尽管我国也积极推进市场化，但是市场化程度还不是很高，在农业领域也是一样，这或多或少会成为农业产业化发展的制约因素，不利于农业产业化组织发展获得预期效果。农业产业化的本质就是需要实现农业市场化，帮助农民在市场交易中具有更多话语权，且能使得交易费用获得一定程度的控制。我国目前已经进入体制转型的关键时期，而与之相应的社会主义市场经济体制需要完善的空间还较大。推进农业产业化经营实现发展，突破体制障碍成为必然。过去，在计划经济体制条件下，如何进行农产品的生产、具体生产多少等，均已经计划好，不需要农户直接面对市场，在这种情况下，自然就不存在农业产业化的必要与价值。我国对经济体制进行改革，并开始推行市场经济体制，使得农业商品化程度日益提升，越来越多的农产品参与到市场交易之中。然而，由于农户的规模非常小，与大市场之间实现对接的难度较大，加上无法有效抵御存在的各类市场风险，与市场经济发展需求不匹配，这就为农业产业化获得问世创设了条件。我国目前经济主体相对较为独立，在农业产业化组织中也存在诸多参与主体。我国推行城乡二元结构体制政策之后，引发城乡市场出现分割问题，这就使得很多区域的产业结构雷同，进而使得农业产业化经营所需的市场纽带被割裂。在农业产业化组织形式下发展相应市场主要有三个方面的作用：第一，在龙头企业带动性组织形式中，基于市场机制需要完善的空间仍较大，这容易引发市场信号出现扭曲以及失真问题，区域分工无法实现合理化，无法成功打造优势较为明显的龙头企业，且缺乏开发新产业群的动力。第二，在专业市场带动型中关键是建设专业基地。然而，市场交易存在不确定特点，这必定会导致专业市场开拓能力出现弱化。第三，以合作组织为主的中介组织带动还存在管理与治理均相对滞后的问题，出现该现象主要与市场中介组织发育不健全有关。

3.2.6　利益联结机制不健全

采取的激励与约束机制不同，对组织的诱导效果往往也不同。换句话来说，要想实现组织目标，离不开良好的利益机制作为前提支撑。在市场经济体制下，农业产业组织各个主体均注重追求自身利益的最大化，而实现农业产业化，则倾向于要求成员之间形成利益联合体形式，这是组织和参与主体利益能实现最大化非常重要的保障。形成相应的利益机制，能对各参与主体形成有效的制约与调控作用。在龙头企业的带动下，公司的优势较为明显，体现在其不仅掌握着技术资源与生产资料资源等，还在产品分配权与选择权方面占据优势，为此，在与农户进行利益分配上很难实现真正意义上的平等，自然也就很难形成真正意义上的利益共同体。此外，企业与农户之间的经营目标本身就存在差异，若引发利益纠纷问题，企业会把风险转嫁到这些分散的小农群体身上。从企业的层面上来说，其面对的是数量非常庞大的农户，在这种情况下设立监督机制难度自然就会非常大，即便设立有这种类型的机制，也需要支付非常高的监督成本，有可能因此得不偿失。在该组织形式下，企业与农户之间进行的博弈，基本上是一次性博弈，在这个过程中若出现市场价格变化，就容易出现违约事件。在专业市场带动型下，各个利益主体基本上是一种隐性契约，当市场价格出现变化时就会出现农民很难进入交易市场等相应问题。而在以合作组织为主的中介组织带动型中，尽管合作组织的目的并不是盈利，但是如何处理合作组织的盈余也非常关键，这关系到其能否实现可持续发展。这类组织的形成需要的时间本身就较长，农户是生产者，同时也是组织的财产所有者，当出现市场供求变化时，一方面要做到高价出售农产品，另一方面则要做到有效分配，这其中的难度本身就非常大。

3.3　农业产业化经营组织比较分析

需要明确的是，在对农业产业化经营主体进行定位时，应将其认定为企业和农户。倘若主体不明确，就会引发主次颠倒，最终会对真正的主体（即企业和农户）积极性得以有效发挥产生不利影响。实际上，我国目前的农业产业化并未形成一个有效的组织体系。这些不足，在很大程度上要通过农业产业化经营组织的不断创新来解决。

3.3.1　农户

在过去推行的传统人民公社体制下，尽管农民也具有一定的生产经营自主权，但是拥有的权利却非常有限，这就使得农民的个体利益没有受到相应重视，且经常被生产队的整体利益掩盖。在实施家庭联产承包责任制之后，农民流动性开始增强，与之相应的个体利益也迅速膨胀，在很多时候，农民更多的是考虑自身利益，并力争实现自身利益最大化，对于整体利益则较为淡化，这就使得农民的原子化态势越来越明显。与此同时，在该体制下，农民中的很多人直接蜕变为"全能型"经营者，从生产到销售的各个环节均由他们来负责，这就使得农民的原子化态势更为凸显。一方面，市场范围呈不断扩大态势；另一方面，农民原子化程度越来越明显，这必然会引发原子化小农与大市场之间的矛盾问题。通过对该矛盾进行梳理，归纳其主要表现为：小农无法及时收取相应的市场信息，不能及时掌握市场情况，容易出现盲目生产问题，并因此引发生产无序与难买难卖问题。一般来说，小农主要采取的是家庭经营模式，其规模普遍较小，存在平等竞争能力弱的问题，使其非常容易受中间商的盘剥，导致自身利益受损。在单家独户生产模式下，农户的经济实力相对较小，能承受风险的能力不大，小农不太敢投入较大成本购买新技术，这就使得农产品在品质与农药残留等方面无法获得有效改善，无法实现农业增收。为了改善自身在市场中的不利地位，农户需要通过联合方式来确保自身经济利益不受损害。关于小农的行为方式，学者曹锦清也进行过相应研究，具体选择河南省作为调查对象，并在调查研究之后得出结论，即"农民善分，但是却不善合"。

3.3.2 专业大户

我国积极推进农业市场化改革力度，而随着改革进程的不断延伸，除粮食与棉花等这些大宗农产品还没有全部放开经营外，其他领域如水果与蔬菜，以及养殖等基本已经放开经营。与此同时，从中央到地方也结合实际需要出台一系列相应措施。受此积极推动影响，开始出现一批生产与运销大户群体，他们的活动空间也获得较大程度的拓展。在初期阶段，他们的活动领域主要局限于产地范围，只能在产地开展相应的购销业务活动。这主要有三个方面的原因：一是农产品还处于供不应求阶段，当进入收获季节时，直接有购销商上门进行收购，不存在产品销售的问题；二是农民还不具备出门做生意的能力；三是由于存在地区封锁以及各路关卡等现象，使得农民无法走出去。而在农产品生产规模不断扩大之后，出现"卖难"现象是必然的，在这种情况下，原有销售模式所具有的不适应性就非常明显。在这期间，部分大户自身已经积累相应经验，且掌握了相应的商品流通知识，加上获得国家营销政策上的支持，这就使得很多生产和运销大户开始直接参与市场，而不再局限于家门或者产地范围之内。对此，张晓山在其研究中指出，在农村出现各类专业种植户、养殖户以及营销户等，这是农产品生产市场化的产物。这些生产与运销大户之间尽管存在差异，但也具有共同之处，具体体现为：大部分要么是技术能人，要么是专业生产大户，要么是购销大户，他们具有的销售渠道较为稳定，且本身就存在扩大规模与加快发展的需要。与普通农户相比，他们在诸多方面的优势均较为明显，其中包括生产规模方面、资金方面以及信息方面的优势等。不过，从总体上来说，他们也存在资金不足、信息支撑不到位与人力缺少等方面的问题。此外，在交易过程中也存在安全感缺失等问题。为此，他们想要联合起来统一行动的愿望就非常明显。需要承认的是，这些大户在推进农村商品经济发展与促使产销实现衔接方面具有积极作用，但也存在一些问题，如存在坑农害农、欺行霸市行为等，即在逐利性与自私性方面非常明显。

3.3.3　农民专业合作社

尽管现有的农业专业合作社在内部制度的安排上并不相同，但也存在一些共同特征：一是农民社员是独立的生产者，可自由入社或者退社；二是他们均为专业农户，在专业化以及生产水平方面相对较高，合作社与社员之间是联盟关系；三是多数专业合作社普遍根据交易额来返还利润，和农民之间形成紧密的利益结合关系。因此，对于农民而言，专业合作社的吸引力还是非常大的：①产权结构方面，部分专业合作社是农民股和法人股各占一部分的形式。②利润分配方面，普遍规定为可提取一定比例的公积金，而法人股占大头的合作社，所规定的公积金比例一般较高。在这种利润分配模式下，社员入股与在银行存款差异不大。③合作社管理方面，多数合作社建立有社员代表大会与理事会，此外还有监事会制度。然而，在法人股占大头的这些合作社中，法人单位一般会对合作社的决策权与经营权进行控制。由农民专业技术协会与农民创建的合作社则能较好地实行民主管理制度。该组织形式目前主要存在以下四个方面的问题：

（1）管理人员存在激励缺失问题。关于这方面，勒普克在其研究中就指出，由于合作社未针对社员及其管理者制定有效的经济激励机制，在这种情况下就无法激活其创新积极性。德姆塞茨对该领域问题进行了深入研究，并在研究中指出，管理者不享有剩余索取权，这就导致其为了获得更多的利益回报，往往会实施投机取巧等行为，由此可见，赋予管理者一定比例的经济剩余权利非常重要。然而，这与合作社组织的目标存在差异，基于此，合作社需设立相应的组织制度，便于据此来全面监督管理者。

（2）需要支付的监督成本存在过高问题。监督包括诸多方面，其中有社员对社务工作所进行的监督，以及借助监事会来开展相应的直接监督，此外还包括定期由专职审计机构所实施的强制监督。这些监督行为均需要有相应的成本作为支撑，这就使得组织效率出现被降低现象。

（3）存在决策效率过低问题。合作社需要完成哪些方面的重大事务，均由全体社员或者社员代表共同商量，并在此基础上做出相应决策，这显然不利于提升效率，且还需要支付较多的交易成本。

（4）存在资本筹措能力较为弱化的问题。其主要表现为：①合作社成员入社受到限制，即在相应区域内才能成为合作社成员，使得股金来源必定也会受到限制；②合作社严格限制剩余分配权利，使得投资激励机制明显不到位；③由于合作社对社员自由入社与退社持允许态度，使得其稳定发展受到影响，也使其资信实力受到影响，不利于其进行有效融资；④在所采取的社员分配决策方面，社员希望尽量把剩余利润归到自身名下，这必定会对合作社实现经济积累产生不利影响。

3.3.4　供销合作社

早在中华人民共和国成立初期，我国就开始出现供销社体制，而在早期阶段的供销社，也具有相应的合作性质。在我国进行土地改革早期，出于有效弥补国有商业系统存在不足问题的需要，部分地区的农民就已经自发组建购销联合组织，事实上，这类组织就是农村供销合作社的雏形。在全国性购销合作社组织会议上，通过了关于合作社制度的草案。从草案的阐述与规定可以得知，合作社是在农民自愿的基础上形成的一种商业组织，目的是为成员提供与低价相应的产品服务。合作社对入社的成员要求较为严格，即须为具有正式村民身份的农民。合作社的主要业务有两部分：其一，把社员生产的农产品以初级产品形式直接销售给工业部门，同时还以最终消费品形式卖给城市的居民；其二，结合农民的实际需要，向农民低价销售他们所需的加工品，此外还有生活所需的日用品，把农民和城市居民连接在一起。在 20世纪初期，农村供销合作社的建立为农户创建了一个有效的销售渠道，促使农业实现发展。

而从 20 世纪后期起，合作化运动获得快速发展，这就使得供销合作社原有的性质慢慢消失。供销合作社在人民公社体制下，其主要作用体现在垄断农产品经营并成为国家控制"三农"非常重要的工具。而在 1979 年到 1982 年期间，政府更是全方位参与供销合作社的各项重要事务安排，其中就包括产权转换等，从而使得供销社演变为真正意义上的国有商业企业。

为此，供销合作社也就不再是由农民来进行控制的合作组织。我国对农村进行改革之后，供销合作社仍发挥相应的作用，在性质上体现为半官方组织，但在这个时期更多的是追求盈利，较少顾及为农服务。然而，在开展的农村改革运动中，已经完成农业生产微观主体的构建工作，农民获得了一定程度的生产自主权，同时还享有相应的独立财产权利，由此可见，农村经济格局已经发生巨变，这必定会极大地冲击供销合作社。供销合作社为了有效缓解外部环境压力，开始推行从上而下的改革活动。综合来说，改革总思路是由"官办"转向"民办"，同时还开展经营管理体制方面的改革，具体是以市场化作为导向。在进行以"民办"为方向的改革活动中，需要解决的难题为：其一，如何对产权结构进行调整，如何确保社员权利及其相应的地位；其二，如何对现有政治体制进行有效调整，由社员自己来选出供销合作社的领导人。在解决该问题时遇到的压力非常大。在重重压力之下，使得向"民办"方向进行的改革进展非常缓慢，基本上没有获得有效突破。关于供销合作社特征及其行为方式，将在下文进行阐述。

历经计划经济体制的沉淀之后，供销合作社在过去所形成的合作性质已经不复存在，转变为具有半官方性质的商业组织，与农民之间也不再是经济利益共同体的关系。供销合作社存在制度惯性特征，为此，它所提倡的"为农服务"主要体现在向政府进行讨价还价。针对供销合作社进行企业化改革，随着该项改革的不断推进，使得供销合作社剩下的正式职工非常少，基本演变成为商业企业组织，在与农民打交道的过程中，旨在追求更多的经济利益，并非出于"为农服务"的需要。供销合作社经过多年的积累与发展，具有丰富的组织网络与人力资源，此外还有物质资产等，这些对于农民与个体营销户而言均不具备。从供销合作社的层面上来说，其本身的历史包袱就非常沉重，加上进行经营管理体制改革存在滞后性问题，就使得它在市场竞争力方面出现下降成为必然。

3.3.5　农村基层组织

实施农村家庭联产承包责任制，使得人民公社体制受到极大的冲击与影响，根据"统分结合双层经营体制"的要求得知，其不能仅仅体现为家庭经营层面上的"分"，还要体现为集体经营层面上的"统"。1983 年的中央"一号文件"《当前农村经济政策的若干问题》，就对关于人民公社体制的改革，以及实行政社分设方面提出了相应建议，即要建立地区性合作经济组织。1984 年的中央"一号文件"《1984 年农村工作的通知》，对此再次进行明确，且就如何开展地区性合作经济组织重点工作进行明确。1987 年的中央"一号文件"《把农村改革引向深入》，则对乡村合作组织的功能进行明确，具体为提供生产服务、落实好管理协调以及负责资产积累方面的相应工作。1991 年底召开中央农村工作会议，在《关于 1991 年农业和农村工作的通知》中明确提出要完善合作经济组织内部的各项服务等。1991 年，国务院结合我国当时的具体国情发布《关于加强农业社会化服务体系建设的通知》，更是对乡村两级组织所具有的作用进行明确。其中在村级集体经济组织上，主要负责落实五个方面的服务工作：一是负责统一机耕，二是负责排灌，三是负责植保，四是负责收割，五是负责运输等。在乡级农技站、农机站与气象服务网等地，则负责提供相应的各项技术性服务等。在随后召开的中央农村工作会议上，对进一步完善集体统一经营方面进行明确，归结起来主要是促使生产服务质量实现提升，落实协调管理方面的相应工作，注重进行资产积累等。根据出台的系列政策得知，基本是从加强对双层经营体制进行完善，以及发展农业社会化服务体系这

121

个角度来实施相应的引导工作。基本定位方面较为明确，也就是在设定为农服务基础方面，规定为乡村基层组织与农技部门服务。在村级组织方面，则是以提供生产环节的服务为主要内容，在乡级组织方面，主要是以提供生产技术与信息服务等为主要内容。从制度设计上看，乡村基层组织与农技部门得以存在，与其功能的设置有关，它是从人民公社体制遗留下来的制度遗产，若从完善双层经营体制这个角度进行考虑，其具有合理性。不过，由于还存在传统的人民公社体制的影子，这就使得以农民为主体及为农民服务的农业社会化服务体系并没有出现。这些基层组织多数还停留在机构"挂牌子"层面上，未能提供真正意义上的实质性服务。

综合而言，在深入理解农村基层组织方面，需要注意：农村基层组织是计划经济体制下所进行的制度安排，它们被赋予诸多方面的职能，其中就包括协调生产、负责提供技术指导、提供市场信息、进行资金筹措和调配、落实好协调管理等方面的各项工作。客观层面上，它们具有一般农户所不具备的优势，比如在资金方面的优势、在设备方面的优势、在信息方面的优势、在技术方面的优势以及在组织动员能力方面的优势等。然而，随着家庭自主经营权规模的不断扩大，它们在影响力方面逐渐减弱，并被界定为准管理部门。与此同时，就农村基层组织自身而言，其还具有相应的政治经济利益追求，在追求这些利益的过程中，往往会选择采取为农服务这个非常重要的手段，且在一定时期内借助该手段取得的效果较好。

3.3.6 龙头企业公司

农业产业化经营模式并不是一直就存在的，而是在 20 世纪 90 年代之后才逐渐兴起，并在促使我国农业发展中发挥较大作用，其具体形式包括"公司＋农户"等。客观上，"公司＋农户"
经营模式的提出，并在实践中获得运用，能或多或少地缓解小农
户与大市场之间所存在的矛盾问题，同时在引领农户进入市场方
面也具有一定的优势作用。在该模式中，处于核心地位的是公
司，农户实际上处在外围位置。具体来说，在开展农业产业化经
营活动时，公司扮演着协调者以及组织者的角色，而农户更多的
是扮演着原料生产车间的角色，双方在地位上存在明显的不平等
问题，加上农户对参与市场的诉求非常强烈，同时还存在信息不
对称等情况，就使得农户的部分权益未能得到有效保护。当然，
也应意识到在农业产业化经营初期这个阶段，该模式确实发挥了
一定的积极性作用，在解决农户与市场之间实现对接问题上发挥
了不可忽视的作用。然而，随着农业产业化的不断发展，该模式
所具有的弊端越来越凸显，体现在"订单农业"履约率不高、技
术监督不到位、农民在谈判中处于不平等地位等。对此，周立
群、曹利群就进行过较为深入的研究，他们指出，由于"公司农
户"这种组织形式存在的缺陷较为明显，这就注定其生存的时间
不会很久，该组织形式具有明显的缺陷问题，具体体现在契约约
束存在脆弱性问题以及协调难度大等，此外还有来自于外部的压
力，这些均会成为该组织形式最终退出历史舞台的原因。为此，
"公司＋农户"这种模式只是小农户在某个时期选择的一种方式，
不是可用来依赖且非常有效的模式。在农业产业化过程中，关于
龙头企业公司实施的行为认识，归结如下：公司存在利润追求，
且以追求利润最大化作为经营目的，基于此，它注定具有绝对
"自私"的一面；在进行收益分配时，它遵循的是资本增值最大
化原则，当存在利润时，没有承担返还利润给农户的义务，即便
部分公司实施返还利润给农户的策略，也是为了达到稳定原料供
应这个目的，或者是出于迎合相应政策的需要；多数龙头企业不
仅在实力上有限，车规模上也较为有限，这就使得其在抵抗市场

风险方面的能力较弱，为此，它们实施机会主义行为屡见不鲜，这对它们本身来说也是一种正常行为。尤其在市场环境较为恶化的情况下，与农户相比，龙头企业在进行信息处理、开拓市场、技术创新、资金融通、资产组合等方面，所具有的优势均较为明显。发展中的龙头企业，总是想方设法获得政府推行的各项优惠政策的扶持。

3.4　制约农业生产经营组织化发展的因素

3.4.1　立法有待完善

在现行法律框架下，对于农业生产经营组织化实现发展而言，并没有较为宽松的制度环境。法律实际上是对社会所有经济主体行为进行硬性约束与规范，其在任务上归结为"尽其可能为所有社会利益提供保护，且维持这些利益主体之间实现某种平衡或者协调等"。法律由政府负责制定，便于形成均衡化的市场竞争格局。在过去很长一段时间内，针对农业生产经营组织来讲，我国均没有制定专门的法律，这显然不利于农业生产经营组织健康发展，即在发展过程中存在法律保护缺失方面的问题。2007年7月1日，随着《中华人民共和国农民专业合作社法》（以下简称《农民专业合作社法》）的出台与实施，使得该领域存在的法律空白得到弥补。该法涉及领域规定的内容范围较广，包括如何设立农民专业合作社、如何进行组织登记工作、如何设置组织机构、如何开展财务管理、如何进行合并、如何进行分立，以及成员主要具有哪些权利与义务等。在该法出台之后，合作社不管在发展方面，还是在治理方面，均具有相应的法律作为支撑，不过，还没有专门法律来规范其他农业生产经营组织。相对而言，欧盟国家在这方面显然要进步很多。以德国为例，早在 1955 年，其就出台《农业法》，并规定国家需在农业参与国民经济现代化过程中发挥重要作用。进入 20 世纪 60 年代中期之后，丹麦政府也出台相应的法律法规，并规定开展为期 4 年的"绿色证书"培训活动，且在这个过程中非常注重融入合作思想教育内容，接受培训的年轻人均能掌握合作社方面的基本知识。而在我国，关于这些方面显然要落后很多，有关立法还需进一步完善。

3.4.2　资金支持短缺

农业生产经营组织在发展过程中，也存在资金短缺的问题，该问题的存在是当前该组织发展所遇到的瓶颈。对于各农业经济组织而言，在进行资金的获取上，主要依赖的途径有：一是组织成员自筹，二是来源于外部股金，三是主要借助自我资本积累等。由此可见，农业生产经营组织基本上没有获得政府以及金融机构方面提供的资金支持。国家积极鼓励农业产业化，且在政策上给予相应扶持，但在资金支持方面则较为有限，这与国家本身就存在资金积累不足有关。随着农业产业化经营规模的不断扩大，其对获得资金支持的需求更加强烈。关于这些方面，在上文中就曾提到广东省惠东县四季鲜荔枝专业合作社发展存在资金瓶颈问题，事实上，该合作社遇到的资金困难问题也是我国合作组织大都存在的问题。农业生产经营组织由于存在资金不足问题，使得组织很难实现发展，产业链的延伸更是无法实现。龙头企业带动的产业化经营企业，在融资渠道方面也极为有限，基本上是依据相应政策从农业发展银行或者农信社处获取一定金额的资金支持；而在农户方面，获得的资金支持极少。

第一，政府支农体制需要完善的空间还较大。2000—2006 年，我国财政支农年均增长幅度约为 17.09%，财政支农在财政总支出中占比约为 7%，这显然不符合我国列居农业大国的身份。我国财政支农结构也存在不合理问题，如在农业基本建设支出的占比较低，且还体现为下降态势，2006 年与 2000 年相比，就下降了 17.7%。此外，在农业科技支出占比上也非常低。在支持农村生产支出方面，以及支持农林水利气象方面，两者合计起来的占比则较大，后者部门人员工资上涨幅度较大，这就使得支出占比方面还会加大。此外，用于扶持龙头企业的这些资金基本上为企业所有，很少返还给农民。

第二，农民金融合作权存在严重缺失。我国正式实施《农民专业合作社法》之后，认为农民开展金融合作行为就是违法，这也是合作社实现发展壮大的制约因素。从 20 世纪 90 年代开始，各大商业银行先后从农村撤离，县域以下机构被大量撤并，有些幸存下来的部分网点也采取收缩放贷权限的措施，这就使得农村发展可获取的金融支持越来越少。一直以来，在农民的潜意识里，认为一旦自身存在资金短缺的问题，就可以从农村信用社获得相应的资金支持，不过，由于农村信用社受到体制因素、产权因素以及管理因素等的制约影响，使得其能提供的金融服务与农村经济发展的实际需要还存在距离。再者，上述这些金融机构本身就存在经济利益等诉求，而在这些利益的驱动下，当从农村吸存到大量的资金之后，它们会把这些资金进行转移，即转移到城市中便于获取更多的经济回报，这必然会导致农村金融市场出现"真空"现象，对农村经济健康发展极为不利。尽管近几年来，村镇银行获得较快发展，且在农村中实现渗透，并结合农户实际需要为其提供微短等类型的贷款，然而，由于这种金融模式还处于试点阶段，加上推行时间非常短，因此相应效果也不是很明显。农民金融合作权出现缺失，使得农业组织化建设所需的财政基础出现被弱化现象，这对组织化程度实现提升非常不利。

第三，农业生产经营组织存在成本控制难度较大的问题。这

126

是由于不管是在组织的成立方面，还是在组织运营方面，均会出现各种费用开支，进而使得农业生产成本出现增加。此外，我国实施《农民专业合作社法》的时间还不是很久，在诸多方面还存在缺陷，这也是很难降低组织运行成本的一个重要原因。

3.4.3 农业人才缺乏

首先，农村劳动力受教育程度普遍不高。从 2005 年开始，我国在全国范围内推行九年制义务教育政策，然而截至目前，在我国农村很多贫困地区，仍无法实现全面普及九年制义务教育，学生辍学现象并不少见。此外，在全国范围内，每年有 130 万以上的农村少年只读完小学就直接踏入社会，并参与到劳动力大军之中，成为其中的"劳动力"成员。有些农村青年尽管也读了中专，但仍无法找到工作。这些现实问题的存在，使得农村青少年在初中毕业之后，选择就读高中的比例持续降低，如 1985 年，该比例为 22.3%，但是到 1999 年时，该比例就下降到 18.6%。根据相应数据统计显示，2005 年，全国农村劳动力文盲率较高，具体为 6.9%，其中小学文化占比为 34.5%，而具有初中文化的占比则高达 45.0%。由此可见，农村人口平均受教育程度较低，即与初中二年级水平相当。与此同时，从所进行的调查还可以得知，根据截至 2005 年的数据统计显示，我国大部分劳动力没有接受过职业培训活动，这部分劳动力在总劳动力中的占比高达 76.4%。由于农民在整体素质上较低，因此非常不利于组织化实现健康发展，会成为组织化发展的制约因素。

其次，农村优秀人才出现严重流失现象。农业生产经营组织化得以发展，需要有广大农民的积极参与，同时更需要具有组织能力的"带头人"在其中发挥重要作用。然而从相应调查数据得知，很多农村优秀人才均选择到城市务工，即便部分优秀人才选择留在农村，他们所从事的工作也基本上不是农业，而是与农业没有关系的职业。农业组织化事业还处于起步阶段，在效益方面还不是很理想，为此，农村优秀人才积极性不高，不愿意选择从事农业活动。受到这些方面因素的影响，农村农业人才出现流失在所难免。事实上，农村除了优秀人才流失之外，还存在大量农业劳动力流失的现象，进而引发严重的农村"空心化"问题。在这种情况下，想要发展组织化事业，其中的难度可想认知。

3.4.4 小农意识、"人情"观盛行

首先，农民普遍存在非常严重的小农意识，且这种意识根深蒂固，合作意识较为淡薄，与农业生产经营组织化发展需求不吻合。农耕文明史已经走过几千年的历程，在这个基础上形成的小农经济模式具有明显的特征，即体现为封闭性、愚昧性等特点，且对于外来的事物存在排斥心理。受此影响，我国农民在人本理念上存在不足，相互之间存在不信任等问题，在这种情形下成立组织并进行运营，需要支出的成本相对也会较高，无法与市场经济发展要求相适应，同时在服务能力与协调能力方面也还不是很强。其次，农村可以说是一个熟人之间进行交往的社会，大家互相都较为熟悉，办理很多事时很难做到不顾及"面子"，即存在较为严重的面子问题。而组织具有一定的权威性，需行使其相应的权力，并对其成员进行约束。由此可见，农村浓厚的乡土文化对于组织落实好相应的管理工作非常不利。把人情看得过重，必定会对管理权力与管理行为产生重要影响，使得本来非常简单的管理变得非常复杂。组织在各种"人情"的围剿下容易失去权威，并最终失去存在价值。

3.5 一般合作社发展的困境分析

3.5.1 农民科学文化素质不高，存在经济与社会资源缺失问题

相比之下，我国教育基础较为薄弱，加上我国推行城乡二元结构体制，受此影响，农村教育特别是偏远山村教育条件往往非常差，这就使得农民上学难或者上不起学问题不仅存在，且还较为严重。而当代在家务农的这些农民群体，基本上是中年人或老年人，他们大部分出生在 20 世纪 50 年代或者 60 年代，我国经济在此期间发展水平不高，与之相应的人民生活水平也较低，相应的教育基础也较为薄弱，在当时的社会环境下，很多人连温饱都有问题，更谈不上能上学读书。在这些因素共同作用下，农民科学文化素质自然无法提升，这从我们所进行的调研结果中可以得到印证。农民文化程度较低，加之计划经济存在缺陷，使得农民的收入无法获得有效保障，即总体水平较低。农民经济地位较低，使得其社会地位也较低，自然也就无法拥有广泛的社会资源。在农民专业合作社发展过程中，农民处于弱势地位，不具有组建农民专业合作社的能力，这就为出现异化农民专业合作社现象创设了条件。

3.5.2 农村贫富分化较为严重

我国结合本国实际开展经济体制改革活动，同时也积极推进农村经济改革等。随着改革的不断推进，使得很多农民开始从土地上获得解放，并出现较多的剩余劳动力。在这种特殊的历史条

件下，部分思维较为活跃且具有一定能力的农民开始选择南下打工，经过十几年的积累，有的农民闯出了属于自己的事业，有的则过上非常富足的生活。经过激烈的竞争，农民之间在收入方面出现的差距逐渐增大，贫富差距日益提升。

3.5.3 工商资本下乡极大冲击着农村原有生产方式和组织方式

工商资本进入农业领域属于合法范围，这些资本参与开发农业资源与进行农产品生产也获得法律认可，同时还获得了政府支持与鼓励。事实上，早在 21 世纪初，很多地方在进行农业开发时就采取鼓励"三资"策略，该三资具体包括工商资本、民间资本和外资。由此，工商资本开发农业热潮被掀起。

近年来，城市经济竞争逐渐加剧，加上农业生产领域商机逐渐增多，这就更激发了工商资本参与农业开发的积极性。而随着工商资本也参与农业发展，必定会对农民发展产生重大影响，导致农民发展空间被挤压，而农民本身就处于弱势地位，其在受到挤压之后，发展空间会更少，能把握的机会也更少。有些人非常反对工商资本在农业领域渗透，认为这是培养"新地主"的体现，并会损害农民的利益。部分工商资本直接以建设观光休闲农业作为幌子进行圈地，之后则大搞房地产开发或建私家别墅等；有的工商资本则借助农民掌握信息不及时来进行压价收购，简单来说就是用低价格来收取农民的土地经营权，这必然会导致农民的利益出现受损问题。当前，农民专业合作社发展较快，工商资本出于套取国家政策补贴的需要，在进行商业开发时更是借助农民专业合作社的名义来进行开发，并因此引发农民专业合作社出现异化问题。

3.5.4 政府在引导、监督农民专业合作社组建与发展方面还存在不足

农民组建专业合作组织，是以法人身份到政府相关部门进行登记，而相关部门在审核农民专业合作社提交的相应资料时，存在审批不严问题，这也是引发农民专业合作社出现异化的原因所在。在具体审批过程中，出于政府政绩方面的考虑，加之上级下发指令所带来的压力，使得审批存在过于松散问题，把工作重心放在组建农民专业合作社上，对于管理方面则不够重视。再者，部分大投资商借助自身经济实力等方面的优势向相应部门施压，力求实现经济寻租，使得相关部门对大投资商存在监督不到位等问题。

3.6 新型农业生产经营组织模式发展的必要性

农业生产经营组织和经济发展特征相适应，随着经济的不断发展，农业生产经营组织在结构和功能方面，会发生调整和转换。这种动力主要来自内、外部环境：首先，来自外部环境压力，包括市场竞争状况、新技术和新发明的出现，甚至也受到国家制度变迁的影响。组织的外部压力会倒逼生产经营组织的改变，使其尽可能适应外部环境需求。其次，来自组织内部的矛盾。利益分配、分工模式等都会出现各种各样的内部矛盾，影响着内部主体利益，因此生产经营组织只有通过调整和变更，才能适应当前经济发展的新形势和新变化。之所以说"新型"，主要是因为它与我国 20 世纪五六十年代兴起的社会组织有着天壤之别，特别是在发育动因、制度、运作模式、利益等方面完全不同。新型农业经济合作组织顺应时代发展的需求，是当前社会分

工演化的结果。农民选择合作方式，能够充分发挥农业资源作用，提高农业资源的经营效率，实现农业资源配置的最优化。新型农业经济合作组织能够有效地节约成本，充分发挥农民的主体地位，推动中国农业的快速发展。本节主要对新型农业生产经营合作组织进行研究。

农业现代化内容非常丰富，包括农业生产手段、生产知识体系、生产经营组织等方面的现代化。发达国家在这些方面已经有成功经验，只有建立起现代农业生产经营组织，才能够推动农业现代化的早日实现，才能够让农业价值得到充分发挥。新型农业生产经营组织在农业现代化、农业技术发展等方面起着重要的作用。中共十八届五中全会上，党和国家明确提出，要在"十三五"期间全面实现农业现代化。随后国家制定了一系列的方针政策，鼓励现代农业生产经营组织的发展，充分发挥组织功能，构建多元化的农业生产经营格局，发挥农民的主体地位，巩固中国农业强国的地位。我国自古以来就是一个农业大国，当前正处于社会经济快速发展时期，受到地域资源禀赋、经济发展等因素的影响，农村地区的经济呈现出不均衡发展的态势。构建现代农业，推动农业现代化的早日实现，离不开现代农业生产经营组织，只有结合当地的经济发展水平，构建切实可行的现代农业生产经营组织，才能让农业资源得到充分利用，推动农业现代化快速发展。构建现代农业生产经营组织必须遵循两个原则：一是坚持我国农村土地家庭联产承包责任制、坚定不移地坚持农民家庭经营主体地位；二是结合农村土地的具体情况，采取多种适度规模经营的方式，实现农村土地的有序流转，提高农业服务能力，提升农村经营主体市场竞争力。结合我国当前农业发展的具体情况，应该鼓励适度家庭农场的发展，农业主体之间可以通过各种形式的合作，实现农业资源的最优化，提高农业服务的领域和范围。在龙头企业的带领下，带动当地农业产业化发展，农民可以通过入股合作的方式，和龙头企业之间建立起合作关系，大力发展现代种植业、养殖业，推动农产品深加工，实现农业社会化服务。农户凭借着自己的土地经营权，能够在规模经营中获得更多的利益，有利于推动农业现代化的早日实现。当前，我国已经取得成功的农业经济组织形式多种多样，包括各种社区合作经济组织、农民专业合作社、家庭农场、农民专业协会等，这些农业经济组织在多方面的支持下，实现了快速发展，形成了多元化的经营格局，农业生产经营组织的独立性、规模性优势得到了充分发挥，共同参与合作的农户实现了优势互补、利益共享，让中国农业经济充满了活力。

3.6.1　农业经营体制改革的迫切需要

中华人民共和国成立之初，国民经济的主要成分就是农业，工业和其他产业几乎为零，因此大力发展农业是促进国民经济发展的关键。党和国家制定了一系列的土地改革政策，在全国范围内掀起了一场轰轰烈烈的土地改革运动。从 1952 年下半年开始，全国基本完成了土地改革，千百万农民获得了土地，生产积极性得到了充分调动，他们以极大的热情投入到土地生产中。

随后，为了实现对个体农业的社会主义改造，早日实现共产主义的宏伟目标，在党的号召下，我国开展了合作化的道路。从最初的互助组，到初级社和高级社，再到后来的人民公社，合作的程度不断加深。土地改革让农民获得了部分土地权利，但随着合作程度的不断加深，农民手中对土地的占用权和支配权逐步丧失。到了人民公社后期，人民公社几乎控制了农民的一切，包括衣食住行。人民公社把农民编成小组，然后对若干小组进行直接领导和控制。国家会下达生产任务指标，然后生产任务指标会分解到每一个人民公社，人民公社把生产任务指标细分，逐层下达到每一个小组。农民们在每个小时都会根据国家的生产任务指标去生产和劳动，收获的成果由国家统一收购。国家把生产资料集中之后，根据农民的需求重新对生产资料进行分配，这就是"统购统销"制度。在该制度下，集体统一支配所有的生产过程，包括劳动成果的分配过程，农民个人彻底失去了自由权。农民根据自己工分的高低，获得生产生活资料。在计划经济时代，农民完全没有自主权，生产内容和生产过程完全由集体决定，严格按照计划任务进行，农民只是集体组织中的一颗螺丝钉，被动地参与到生产中，没有任何自主的权利。20 世纪 80 年代，改革开放之后，《中华人民共和国宪法修正案》《农村土地承包法》陆续出台，明确了家庭联产承包责任制的法律地位，首次通过宪法和基本法的形式确定了中国土地承包责任制，并且明确规定，在承包期间实施增人不增地、减人不减地的策略，要把土地家庭经营权赋予农民，并把农民获得的土地加成经营权通过法律的方式长期地确定下来。宪法和法律法规的进一步出台和完善，让家庭联产承包责任制在全国范围内普遍推广开来，从法律的视角强调了承包权的功能，赋予了承包制的物权性质。随着社会的快速发展，家庭联产承包责任制得到了进一步的巩固，并且逐渐向市场经济体制的方向发展。农业生产离不开市场机制的调节，在市场作用下，农业生产功能才能得到全面发展。改革开放之后，中国农业逐渐走向正轨，并得到了快速发展，实现了向现代农业转变的目标。随着一个又一个巨大成就的取得，农业现代化、社会化程度不断提高。

3.6.2　推进农业结构战略性调整需要

进入 21 世纪，中国农业已经取得了巨大的成就，正在开展农业结构战略性调整。相关部门对中国农业发展态势进行调查，相关数据显示，从 1996 年开始，中国的农产品数量已经达到了极为丰富的程度，实现了供需平衡，彻底改变了农产品短缺的现状，并且在丰年时，农产品资源丰富。中国农业近年来虽然得到了快速发展，但是发展过程中仍然面临着一些新问题：第一，农产品质量和当前多样化的消费需求之间存在矛盾。随着社会经济的快速发展，消费者对物质生活消费提出了更高的要求，并且呈现出多样化的特征，而我国当前的多数农产品则无法满足这一特点。第二，农产品市场进入渠道不畅，影响了农产品的销售、农产品价格的提升，影响了农民的获利能力。第三，农产品附加值不高，加工转化力度不足，造成农产品效益低下。第四，农业资源没有得到充分利用，生态环境被破坏的现象比较严重。第五，第三产业发展缓慢，无法为农民带来更多的收益。随着市场体制的不断深入，买方市场已经占据主要地位，只有实施农业产业结构性调整，满足消费者的多样化需求，才能适应市场发展的需求，才能让农业实现再次发展。我国农业当前呈现出小规模、分散经营的特点，传统的生产方式和种植结构根本无法实现农业规模化生产，另外，也没有建立起有效的农业产业化经营组织，不利于农业产业结构的调整，也不利于农民利益的维护。只有建立起一个农业产业化组织，代表农民的切身利益，带领农民走产业化发展道路，以市场需求为核心，开展订单式生产，满足市场的多元化需求，集中分散农户的力量，若干股力量聚集在一起，形成一股强大的发展动力，才能推动农业现代化的早日实现。另外，通过农业产业化组织，能够根据市场的需求，种植针对性强的产品，就能够满足市场的需求，又能够让农民获得更高的收益。如果仍然沿袭着小规模经营，则很难产生农业生产的动力，国家无论是采取何种优惠政策，比如高补贴、高投入、发展农场等方式，都无法发挥农业生产的潜能，无法实现农业现代化。只有在承包经营的基础上，改变小规模的经营方式，全力推进农业结构战略性调整，才能够让中国的农业实现更广阔的发展，才能建立起符合中国国情的现代化农业发展策略。所以，创新农业产业化经营组织是实现农业现代化的关键。受宏观经济影响，农业产业结构调整过程中会遇到很多困难，会影响到农民的预期收益。因此，要制定切实可行的宏观调控政策，调整农业结构，探索符合我国国情、适合我国农业发展的经营机制，优化农业结构，实现农业的快速发展。

3.6.3　市场化农业发展的客观要求

农业市场化改革是农业经营制度改革的必然趋势，也是未来农业产业发展的必然方向，其核心就是遵循市场规律，改革农产品购销和价格体制，让农产品逐步适应市场发展规律，迎合市场发展需求，在市场上体现出其自身的价值。随着农村改革的启动，中央开始放松统购统销政策。根据中共十一届三中全会的决定，国家于 1979—1980 年重新限定了农产品统购派购的范围和数量，并确定了统购派购基数几年不变的政策。同时，明确规定三类产品和完成统购派购任务的二类产品，可以实行议购议销和市场自由购销。1982 年中央"一号文件"在强调"粮棉油等产品仍须坚持统购统销的政策"的基础上，根据派购农产品的不同类别，制定了不同的放活政策。另外，文件提出要通过逐步推行合同制，更好地协调国家计划任务和农民的生产安排。在此基础上，1983 年和 1984 年中央"一号文件"相继提出要调整统购统销政策，逐步缩小统购派购范围，减少征购比例。根据文件精神，国家于 1983—1984 年分品种、分步骤地陆续调减派购品种的范围，将商业部系统主管的一、二类农产品从 46 种调减为 12 种，将二类中药材从 54 种调减为 24 种，将淡水鱼和二类海产品全部退出派购。据相关数据显示，截至 1988 年，国家统购派购的农产品减少了 76.6％，从原有的一百多种减少到 38 种。

随着农村改革的逐步展开，我国农业生产力得到了极大的解放，农业产量实现了连续快速增长。到 1984 年，全国主要农产品供应紧张的状况有了明显好转，粮棉等大宗农产品甚至形成了低水平相对过剩。由于国家收购粮食企业的仓储设备有限，加上国家财政能力不足，部分地区陆续出现了"卖粮难"和"卖棉难"的现象。基于以上背景，中央迅速开启了农产品统购派购制度的全面改革。1985 年，中共中央明确指出，农产品价格要严格实施合同订购和市场收购，国家不再下达任何派购任务，个别品种除外，并提出了具体实施办法。文件还作出规定，"任何单位都不得再向农民下达指令性生产计划"。根据改革实践中的现实要求，中央又在 1986 年和 1987 年相继出台文件，对农产品统购派购制度的改革作出了一系列具体的规定，形成了一套分品种的渐进式改革方案。对于需求弹性大的水产品、畜产品、水果和蔬菜等，完全放开经营，实行自由购销；对于需求弹性小且关系国计民生的粮棉等少数重要农产品，则实行合同定购和市场收购；对于烟草，实行国家专卖制度。至此，持续了 30 余年的农产品统购派购制度正式宣告终结，政府对农业生产的指令性计划管理被打破。农产品统购派购制度的改革，使农民不仅获得了自主权，能够自由地实现农产品交换，同时也使他们成为独立的商品生产者，增强了农产品市场的活力，推动了农村经济市场化进程。

购销体制在我国由来已久，该机制在我国的改革历经了三个阶段：第一，在遵守农产品统购统销制的基础上，可以通过提高价格的方式，扩大农产品的收入。另外，还可以适当放开小宗农副产品市场，让小宗农副产品能够按照市场规律实行运作。这一阶段国家共调整了多种农产品的市场运作机制，收购价格持续上升，和最初相比，累计提高了将近 50％。第二，实施价格双轨制，对第一阶段的农产品购销体制进行深入改革，逐步建立起双轨制的模式，既有国家的订购价格，又有市场调节价格，两种价格并行，让农产品市场价格机制更为灵活，流通体系更加完善。第三，以市场为主的农产品价格流通机制打破了双轨制的限制，建立起了市场经济体制。1992 年 2 月，国务院根据我国发展的具体情况，出台了相关政策，要求全面开放粮食购销价格，在全国范围内实施销售同价。到 1993 年底，全部农副产品交易基本上实现了市场定价，国家定价所占比例非常低。1998 年之后，除了粮食、棉花和石油等大宗农产品之外，其他农副产品全部实现了市场定价，遵循市场规律进行交易。从 1999 年开始，棉花的购销价格彻底放开，可以通过市场价格实现棉花的自由交易。农产品市场经过一系列的改革和调整，建立了基本的市场经济体制，市场化程度不断提升。在市场机制的运作下，资源实现了最优配置，农民获得了更高的收益。计划经济时代的限制逐渐摆脱，农副产品的生产者直接在市场上进行交易，享有市场带来的经济效益，同时也承担市场产生的风险，无论是生产还是销售都可以自行决策，提高了农民自主经营的能力和权利。随着农业市场化程度的不断提升，农村经济更加活跃，农业生产率水平不断提升，市场的供需短缺状况得到了有效改善，无论是生活消费资料，还是工业原料，基本上能够实现供需平衡、丰年有余，中国的农产品市场逐渐呈现出买方市场的特性。

我国当前正处于社会转型期，农业产业发展也是如此，转型和发展并重，产业化发展将成为未来发展的必然趋势，但是同时又面临着资源紧缺的状况。农业的转型和发展主要包含两方面：一是转型，转变原有的计划经济模式，向市场经济体制方向转变，以实现农业市场化为转型目标；二是发展，向农业现代化方向发展。20 世纪 80 年代初，我国开启了改革开放之路，农业转型和发展拉开了帷幕，建立市场经济体制成为我国农业转型的根本目标。从此确立了家庭联产承包责任制。到了 90 年代中期，我国农业进入了转型和发展阶段，农业已经开启了产业化之路，随后我国的农业产业化转型速度越来越快，但是受到产业组织资源匮乏的约束，无去实现质的飞跃。因为我国农业是建立在家庭联产承包经营的基础上，经营规模比较分散、规模小，无法适应市场快速变化的需求，进入市场的成本过高，影响了农业产业化发展。另外，受到区域性经济体制的影响，我国已经成立了相关的机构，偏重于社会公共管理，具有内向性特点，这种机构虽然在一定程度上适应了家庭联产承包经营的需求，但无利于农户开拓市场，无法适应市场组织化要求，因此限制了中国农业产业化的快速发展。时至今日，我国农业仍然具有劳动力多、生产效率低下、收入不高的现状，影响了农业的可持续发展，也是国民经济深层次的矛盾。随着市场化改革的不断深入，农业产业化发展将会是未来发展的方向。在组织形式上，农业产业化只有不断实现创新，才能适应当前市场竞争的需求。也就是说，农业产业化经营组织要想适应当前农业产业化的需求，必须通过创新才能弥补组织资源不足的问题。农业现代化和集约化发展，是实现农业现代化的必要手段，农民专业合作社已经清楚地认识到了这一点，并通过各种方式进行探索和尝试，目的就是实现组织形式的创新。当前，我国小规模的农场已经无法适应大市场的需求，和市场需求之间的矛盾越来越激化。市场需求大规模的生产，需要农民提升自身的竞争能力，才能够在市场上拥有话语权，因为必须走扩大生产和规模经营的道路，才能够提升农业的社会地位，推动农业实现市场化运作。只有将农民有效地组织起来，才能改变小规模经营的模式，凝聚农民群体的力量，形成一股巨大的合力，参与到市场竞争中，提升自身竞争的能力。通过有组织和有规模的生产，能够实现规模经济效应，降低生产成本，提升利润空间，提高农民的收入。扩大生产和经营规模，首要的策略就是扩大家庭土地经营面积，但是受到我国土地制度、内产规模等因素的影响，这显然是不可能的。实现规模经济效应，只有保持家庭联产承包责任制性质不变，由农民组成专业合作社，聚集自身的力量，形成一股合力，才能共同对抗大市场风险，实现共同的盈利和发展。

3.6.4　农村生产要素的合理配置需要

专业化和协作化是农业社会化大生产的两大特征。首先，社会分工、专业化程度越来越高；其次，各环节间实现高度协作。随着市场经济体制改革的不断深入，市场竞争更加激烈。在市场上，农业具有弱质性特征，很容易受客观条件的影响，因此在竞争中往往处于不利地位，农业发展过程中处处都能够体现出市场的局限性，影响农民收入的提升。

中国作为一个农业大国，土地资源有限，必须正确认识到中国的具体国情，判定正确的战略措施，大力发展农村经济，拓宽农民的收入渠道，推动农民的幸福富裕。而实现上述目标，必须创新农业组织与制度，吸取国内外的先进经验，结合自身的具体情况，探索出符合当地社会经济发展的战略部署，既能够满足个人利益，又能够实现分工协作，推动生产社会化的进一步发展。只有加强农民之间的合作、协作，才能形成合作经济组织，才能实现资源的最优配置，提高资源的利用效率。在合作组织的引导下，能够将分散独立的个人劳动凝聚起来，形成紧密协作联合关系，在原材料的采购、新技术引进、农业资金筹措、技术信息和人才流动等方面，具有较强的议价能力，有效地降低成本，提高资源的转化率，提高自身在市场上的竞争力，适应社会化大生产的需求。合作组织在资源配置、生产要素优化、资源利用等方面，能够打破传统方式的约束，推动农业专业化和规模化生产的早日实现。

3.6.5 完善统分结合双层经营体制的需要

改革开放之后，我国彻底推翻了原有的土地制度，确定了家庭承包经营、统分结合的双层经营体制。农民通过家庭联产承包的方式，拥有了土地使用权，极大程度地提高了积极性和主动性，一时间农民的生产热情高涨，农业生产得到了快速发展，农业在短时间内取得了巨大的成就，农民生活得到了改善。随着改革开放的不断深入，农民的主体地位进一步确立。随着农副产品价格的开放程度越来越高，农民不仅在农业生产方面实现了主体地位，而且取得了市场交易主体地位。双层经营体制的设置初衷得到了充分彰显。进入 20 世纪 90 年代后期，市场经济进程越来越快，政策的潜力得到了充分释放，农产品价格基本上全部实现商业化。农业生产分工越来越细、合作程度越来越高，市场逐渐成为各种生产要素的决定因素，市场需求高的农产品则成为农民生产种植的对象。农民的私人劳动在市场机制的作用下，通过市场转换，成为一种社会劳动，社会劳动则能创造出更多的价值，提高农民的收入。随着市场化程度的不断加深，我国小农经济思想逐渐衰落。两者之间的矛盾日益严重。市场经济发展不断加深，小规模、分散经营的模式明显不适应当前市场发展的需求。20 世纪中后期以来，市场格局发生了翻天覆地的变化，买方市场已经占据主要地位，市场逐渐成为推动我国农业和农村经济转型和变革的巨大动力，供大于求、农产品供给相对过剩成为当前农产品市场的主要特征，买方具有较强的议价能力。因此，农业发展受到双重因素的影响：一是自然资源因素，二是市场需求因素。两者之间的矛盾影响了农业生产的发展。同时，农业经济中的各种矛盾逐渐爆发，影响着农业经济的可持续发展，甚至影响社会的稳定。怎样才能化解两者之间的矛盾？完善当前的农业生产制度，提高农民收入，是当前领导者必须考虑的问题，也是农村经济未来发展的关键。

当社会进入新的历史时代，经济市场化程度不断提升，对农业产业化要求越来越高，农民分散经营的方式已经严重阻碍了农业的发展，影响了农业机械化、标准化的提升。分散的经营方式根本无法适应市场的需求，农民对市场了解程度不足，盲目地进行生产，生产的内容和市场的需求通常不匹配，影响了农民收入的提升，挫伤了农民进入市场的信心。只有通过合作社，把广大农民组织起来，集合生产资源，实现规模化经营，才能形成一股强大的推动力，推动农业的快速发展。在规模经营的模式下，农民能够掌握更多的信息，能够实现标准化、规模化生产，走品牌化之路，才能在激烈的竞争中占据一席之地。千家万户的小农生产无法适应千变万化的市场需求，只有在合作社的模式之下，才能够实现规模经营，满足大市场的需求，才能够让统分结合的双层经营体制发挥出巨大的作用，创造出更多的价值。农业生产经营的高度商品化和市场化，是现代化农业的重要特征。农业现代化的实现，不仅需要充满活力和多元化的农业市场主体，更需要健全完善的现代农产品市场体系。中共十一届三中全会以来，针对高度集中的计划经济体制的弊端，中央率先在农村和农业领域展开"市场取向"的改革，并将建立农村社会主义市场经济体制作为农业现代化建设的重要目标。农村的市场化改革，改变了农村经济的运行和管理模式，为城市和国民经济各个领域的改革积累了宝贵经验。

4 发达国家农业生产经营组织模式及经验

4.1 国外模式

　　农业现代化的发展受到多种因素的影响，比如资源禀赋、发展水平等，因此，农业现代化发展道路比较曲折，面临着重重困难。通常土地、劳动力和工业化水平，决定着一个国家的农业现代化起步方式。对人少地多的国家，应该是先从生产工具方面进行改革，提高农业机械化程度，这样就能让有限的劳动力实现最大规模的生产。对人多地少的国家，要充分地利用土地资源，提高单位面积内的生产能力和生产水平，这可以通过提高劳动力素质来实现。发达国家在农业现代化方面已经取得了成功的经验，因此，我国可以结合自身的国情，借鉴国外的先进经验，提高我国农业现代化水平，推动新型农业生产经营组织进一步发展和完善。

4.1.1 美国家庭农场模式

　　美国位于北美大陆，南面、北面、东面、西面分别和墨西哥、加拿大、大西洋和太平洋相邻，共有 937 万平方千米的国土面积。美国虽然科学技术非常发达，但是非常重视农业生产。在农业方面，美国拥有丰富的自然资源，农业现代化程度非常高，已经积累了雄厚的农业基础。美国农业人口比重近年来一直呈现出下降的趋势，1870 年、1910 年、2005 年，其农业人口比重从52％下降到 32％、2％，地多人少、劳动力成本高、供给短缺，已经成为美国农业资源结构的主要特征。为了解决农业生产问题，美国大力发展机械化，从此开启了农业现代化之路。个人家庭农场是美国农业生产经营的主要方式，在此基础上，美国形成了一系列的组织体系，比如合伙农场、公司农场等。房主和其家庭成员共同进行劳动和管理的农场，称为家庭农场。一般情况下，家庭农场依赖于家庭成员进行劳动，只有农忙时会雇佣少量的临时工，商品化程度非常高。家庭农场劳动的目的不是为了自给自足，而是为了盈利。农场主具有稳定的土地权利，包括对土地的控制权、收益权，也包括对土地的管理权等。两家或两家以上的家庭农场联合起来，共同从事经营，称为合伙农场。合伙农场通常是建立在自愿的基础上，多个家庭农场相互配合，组成合作社，在生产和农业服务方面提高自身的能力，形成协同效应。比如在同一灌溉区中，具有互补优势的合伙经营者包括农场主、果园主、养蜂场主等。

公司农场通常有两种形式：一是工业企业转型，通过建立农场的方式，直接在农业领域进行投资，通过农业生产或农业活动获得经济利润。二是家庭农场规模不断扩大，之后再生产追加投资，规模达到一定程度后，通过公司组织的形式实施运营。公司农场规模比较大，一般情况下，所有权和经营权分离，所有权者和经营权者均能够在共同合作过程中分享利益。农工商联合经营的模式是公司农场主要的经营模式，比如家禽、水果和蔬菜等领域，通过公司经营的模式，能够扩大其生产能力和销售能力。美国农业生产组织的主要形式就是家庭农场。据相关数据显示，2002 年，美国每个家庭农场、合伙农场、公司农场在南部农场总数中所占比例分别为 89.7％、6.1％和 3.5％，还有 0.8％左

右的其他类型的农场。美国家庭农场模式非常成熟，已经取得了
完善的理论和实践经验，形成了规模化、机械化和专业化。根据
农场实践经验来看，家庭农场将占据主要地位，但是随着时间和
社会经济的发展，其数量会不断减少，规模会进一步扩大。从
1935 年到 2000 年，美国家庭农场的数量锐减了 213 万个，农场
平均用地从之前的 47 英亩增长到 441 英亩，其中大农场的平均
规模为 6308 英亩。美国农场的规模大，适用于机械化生产。从
美国农场机械化水平来看，高新技术已经广泛地应用于农业生产
中。在美国，先进的科学技术大量应用到农业生产部门，特别是
生物科学和信息科学，先进技术的应用，提高了美国农业的劳动
生产率，实现了美国农业生产收入的最大化。比如，原有的谷物
联合收割机改变了传统的收割模式，变成当前的牵引式，劳动效
率大幅度提升。另外，在其他方面也运用了新技术，比如电子监
控、液压传动等。从美国农场建筑和土地市场价值来看，平均每
个农场的价值为 53.8 万美元，其中有 6.66 万美元用于农场机械
和设备购置，美国的农业完全实现了机械化生产。从专业化层面
来看，科学技术的广泛应用，农业资源在大范围内的配置，农产
品市场的不断拓宽，都使美国农业发展水平极高，完全实现了产
业化生产，并形成了不同的农业产业区。在同一个产业区内，劳
动分工非常精细，专业化水平很高，具有优势的农户集中了大量
的生产要素，能够实现规模化生产，取得规模化效益，同时还能
够提高自身的竞争力。

4.1.2　日本小户经营模式

日本历来就是一个人多地少的国家，有将近 30% 的农业人
口，人均耕地面积远低于世界平均水平，不足 0.04 公顷，因此
日本的农业特点是分散、细小、精耕细作。日本在有限的土地

上，只有通过精耕细作，才能提高单位面积上的产量，才能实现自身利益的最大化。为了提高土地的利用效率，日本举国上下修建水利设施，引入先进的生物技术等，目的就是为了解决土地资源不足的问题。从 20 世纪 50 年代开始，日本启动了农业耕地流转，土地流转能够克服土地资源分散的问题，扩大经营规模，尽可能地实现农业生产的规模效应。1961 年之后，日本政府先后颁布了《农业基本法》《土地法》，并多次对上述法律进行修订，鼓励农户实现土地流转，取消原来对农户经营土地面积的限制，同时，放开了农户租赁市场，鼓励农户出租自己拥有的土地资源，并鼓励农户租赁其他农户的土地，扩大生产规模，实现规模效应。另外，政府还鼓励农户之间相互协作，通过协作经营、委托经营等方式，实现农业利益的最大化。日本为了加强对土地资源的有效管理，出台了相关的法律法规和税收优惠政策，鼓励土地资源所有者引入先进的技术，实现规模经营。日本自古以来小农户经营的理念根深蒂固，虽然国家出台了一系列的法规和政策，但是并没有改变这一现状。推行农业土地改革后，取得了一定的效果。据相关数据显示，1980 年，日本全国 48% 的耕地集中在 22.6% 的农户手中。2004 年，日本户均耕地面积已经超过了中国的 200%，达 1.5 公顷；人均耕地面积超过了中国的 470%，达到 0.97 公顷。

日本作为一个人多地少的国家，从本国国情出发，制定了一系列扩大农户经营规模的政策，农业技术、农业机械化程度不断提升，推动了农业现代化的快速发展，全面实现了农业机械化。20 世纪 70 年代之后，日本手扶拖拉机的普及率、农地机耕面积、水稻机耕面积分别达到了 90%、66%、90%。日本在栽培技术、良种选育和水利兴建等方面，取得了显著的成果，推出了一系列适合日本机械化生产的大中型机械，比如联合收割机、烘干机、插秧机等。经过多年的发展，日本的农业机械化程度迅速赶上了发达国家。但是日本一直以来属于小规模农户经营，即便实现了农业现代化，这种小规模农户经营的模式也没有得到彻底改变，所以其农业生产的成本比较高，农产品价格在国际市场上不具备优势，甚至国内农产品价格达到了世界最高水平。日本小麦的价格是美国的 6 倍，大米的价格是美国的 4 倍。因此，日本出台了一系列的法律法规和政策，目的是改变小农户经营规模的模式，实施大农户经营规模。第二次世界大战之后，日本确定了特色农村合作经济组织——日本农协，目的是加快农业现代化，通过多年的运作，已经取得了良好的成效。日本农协是一个服务于农户、农村和农业的综合性服务单位，遍布于日本城乡。其从性质上看是一个非营利性机构，由农民联合组成，在农业生产的各个环节都有日本农协的影子。首先，在生产经营、生活过程中，只要农户解决不好、不能解决的问题，都可以在农协的帮助下得到解决；其次，在流通过程中，日本农协和大市场之间建立起了联系，有益于提升分散农户的市场竞争力和市场话语权，能够克服小规模生产的局限性，实现农户效益的最大化。日本农协之所以能够得到快速发展，关键在于日本政府的支持。日本政府除了在法律和政笔等方面给予日本农协最大的支持外，还在人力、物力、财力等方面大力协助，从而推动了日本农业实现了现代化。政府部门制定了一系列农业政策，通过农协得到了充分落实。

4.1.3 法国的中小农场模式

土地零碎、人多地少、农场规模小是法国农业最显著的特点。虽然法国已经是欧洲农业最发达的国家，但是其进一步这些特征限制了其进一步发展。法国为了克服这些弊端，采取了一系列的政策，并取待了良好的成效。中小农场是法国农业生产经营

组织的主要方式，2002 年，其中小农场数量为 81％。20 世纪 80
年代以来，法国成立了多种组织形式，比如农业资本公司、农业
共同经营组合等，目的就是克服单一家庭农场制的弊端。多种组
织形式在推动家庭农场发展方面，均起到了一定作用。

　　家庭经营是过去法国农场的主要特点，家庭成员作为劳动
力，共同参与到农场的生产和经营中。因为规模比较小，专业化
程度比较高，所以基本上不用雇佣其他工人。在品种方面，个体
农场生产的产品品种比较单一，一般一个农场只生产一种农产
品。在产权结构方面，法国的农场主拥有土地的完整产权。农业
共同经营组织通常是由 2～10 个农业经营者联合起来，按照会员
制的方式，组成一种组织形式，农场经营者及其家庭成员均参与
到农场劳动中。大型农业机械等重要资源在不改变所有权的前提
下，组织内的成员可以共同使用。农业共同经营组织成员有自由
进出的权利。农业资本公司具有法人性质，是一种现代企业组
织，致力于农业的开发经营，目的就是通过农业生产获得投资回
报。20 世纪 70 年代之后，法国个体农场数量急剧下降，从 1988
年到 2000 年，个体农场所占比例从 93％下降到 81％，占用土地
面积从 82％直接下降到 58％。法国的两种农业组织形式得到了
迅速发展，1998 年，农业共同经营组合所占比例已经达到了
6.31％，全国共有 4.3 万个，农业资本公司所占比例达到了
8.3％，共有 5.6 万个。现代农业科技快速推广和应用，是农业
发展的必然，法国的小规模农业阻碍了这种发展趋势，影响了科
技的应用，也影响了生产率的提升，同时限制了农业机械化程
度。为了解决上述问题，法国政府制定了一系列的法律法规、农
业的政策，从宏观层面对此进行调控。比如法国的法律明确规
定，土地所有权具有不可分割性。也就是说，如果农场主有两个
或多个子女，土地不能由多个子女共同继承，只能其中一个继
承。法国成立了土地整治、农村安置公司，鼓励初具规模的农场

主通过贷款的方式购买私人土地，购买的价格比较低廉。经过一系列的法律和政策，20 世纪 50 年代到 70 年代，规模在十公顷以下的农场直接减少了 74 万个；规模在 50 公顷以上的农场，数量直接增加了 4 万多个，全国的农业生产人数从 200 多万减少到 30 万以下，农业从业人口从 40% 降息到 10%。近年来，这一比例持续下降，农业规模化、机械化的程度得到了大幅度提升。

为了推动农业的快速发展，政府部门完善了有关农业的各项公共服务，包括农业基础设施、新技术推广、农业贷款等。法国农业之所以成功，其关键原因还在于法国的农业职业培训、农业教育非常发达，在农业智力投资方面，法国的投入力度非常高，直接提升了农业生产的效率。

4.2 国内模式

4.2.1 生产主体型新型农村合作社

成立生产主体型新型农村合作社的目的是为了解决农户交易费用问题、换工问题等，作为一种新型农村合作社，能够在产前、产中为农户提供各种服务。此类组织的规模通常比较小，灵活程度非常高。其不足之处在于此类组织对其他合作经济组织的依赖程度比较高，特别是流通主体型的合作经济组织，此种高度依赖性影响了该组织规模的扩大和发展，所以发达的市场经济国家很少采用。

20 世纪 50 年代初，中国农业产生的互助组就类似于生产主体型新型农村合作社。这类合作社适用范围比较窄，当前中国的一些偏远地区、生产水平落后的农村还普遍采用，但在其他地方几乎都没有使用此种模式。从性质上看，该模式具有过渡性。

4.2.2 流通服务主体型新型农村合作社

成立流通服务主体型新型农村合作社的目的是解决农户产后农产品和市场交易的问题，是为了纯粹的交易而设立的合作经济组织。在成立之初，社员通常会投入一定的股金，推动合作经济组织的正常运作。当合作经济组织具有一定的知名度之后，可以凭借自己的实力从外部借入资金，成为组织的运作资金，成员可以不用缴纳入股资金。此种经济组织特点是规模大、交易量大，除了能够协同本组织和市场之间的交易外，还将协同本组织和其他经济组织之间的交易，提高本组织成员的交易实力，提升自身的话语权。流通服务型合作社能够提高交易效率，促进交易的开放性，同时合作社能够获得一定的经济效益。这种合作社是我国农民当前所迫切需要的，农民当前面临的最大问题就是农产品的流通问题，让农产品实现有效流通，创造出经济价值，是他们所渴盼的。比如美国和德国等经济发达国家，流通服务型合作经济组织发展非常完善，并处于主导地位。中国当前农业正处于转型期，需要大力发展这种经济组织，使其能够在全国范围内调度农产品，推动农产品的流通，从而有利于中国农业现代化的早日实现。

4.2.3 综合性的新型农村合作社

综合性的新型农村合作社成立的目的是解决农产品交易过程中所出现的一系列问题，包括产前、产中和产后。此种合作社的社员通常来自于农户，这些农户规模比较小、生产同一类农产品，在市场上的影响力不足。因此，他们需要有专门的组织帮助其解决产前生产资料采购问题、产中换工和协作问题，同时还要帮助他们解决农产品的产后流通问题。此类合作社一般规模不大，但是管理的内容比较繁杂，和流通服务主体型新型农村合作社相比，交易效率比较低。中国新型农业合作经济组织正处于起步发展阶段，适合当前的小规模、综合性合作经济组织，这种组织的灵活度和实用性更强。

4.2.4　市场形式（专业市场＋农户）

"专业市场＋农户"模式能够减少中间环节，农户可以根据市场的需求进行生产，能够充分体现出农户的自主经营权。此种形式的不足在于政府干预力度过大，受到农户经济实力的限制，管理不规范，市场基础建设落后。市场是一个能够容纳百川的地方，无法为农户提供有针对性的服务，同时信息渠道受阻，信息传递缓慢，市场调节功能得不到充分发挥，农户不仅会受到自然环境条件的影响，而且承担着市场经济的风险。

4.2.5　"龙头"企业形式（公司＋农户）

"公司＋农户"模式建立在合同契约的基础上，能够减少农户经营的市场风险。公司和农户之间在自愿的基础上签订合同契约，确定两者之间的利益关系，公司可以为农户提供各种市场信息，农户可以及时地调整生产经营，实现自身利润的最大化。另外，公司会对农户的生产经营进行指导。此种方式的不足在于，农户要承担各种风险，比如自然灾害风险、市场风险等。一旦遭遇自然灾害，农户将面临违约风险，自然无力承担，然而公司基于自身利益出发，不会分担农户的风险。

4.2.6 生产基地形式（基地＋农户）

"基地＋农户"模式能够迅速提升区域内农业产业的专业化、社会化程度。其不足之处在于农户和企业之间利益不紧密，农户被动参与，利润分配不均衡。

4.2.7 合作经济组织形式（农业专业协会、合作社＋农户）

"农业专业协会、合作社＋农户"模式是建立在农民自愿的基础上，能够为农业提供一体化服务的各类组织。此类组织以市场和科技服务为导向，通过为农户提供一系列的服务，促进农户之间的联合，从而实现共同的经济效益。合作经济组织能够为用户提供生产技术、信息等方面的服务，同时还能够促进农产品的深加工、储藏和运输，增加农产品的附加价值，实现农产品收益的最大化。

从性质上看，合作经济组织属于非营利性法人，除了为农民提供各种生产流通服务之外，还可以参与到产销活动中，比如通产品的深加工，以提高农产品的附加值，农民就能够获得更多的收益。农业合作经济组织贯穿于农业生产的各个环节，可以在产前为农户提供生产资料和购销等方面的服务，也可以在产后为农户提供销售、深加工等方面的服务，同时能够在产中为农户提供技术指导等全方位的服务。在实践中，龙头企业和农户之间的协同合作，通常是在合作经济组织的协调下进行的，是理想的中介，能够兼顾两者的共同利益。此类组织通常建立在自愿互利的原则之上，组织的利益和农户的利益能够实现高度一致，形成一个利益共同体。在合作经济组织的协调下，不改变农户的经营规模，却能壮大农户的经济实力，提高农户的市场主体地位，提升农户的话语权。

4.3 经验

根据世界各国的实践经验，农业合作社是实现农业现代化、推动农业快速发展必不可少的中介力量，它能够把分散的农业资源有效地整合起来，实现农业生产和农业市场的有效对接。农业合作社能够打破行业的界限，在更广阔的范围内实现生产要素的流通，实现资源的最优配置，同时能够提高农业的专业化、标准化、集约化和社会化程度，能够提升农业的竞争优势。不同的国家在农业合作社建设方面具有不同的特点：①欧洲国家的农业合作社重视自愿入社、一人一票、按交易额分配等原则，在流通和金融领域合作程度非常高。②日本农协是在政府主导下成立的，具有明显的官民一体性质，带有浓郁的政治色彩。其近年来也向市场化方向发展。③美国的新一代合作社成立于第二次世界大战之后，已经积累了丰富的实践经验，产业链、经营链条比较长，能够为农户提供横向和纵向的一体化服务，同时具有封闭性、大规模性。近年来，随着世界经济环境的不断变化，农业合作社也在不断调整和完善，其在发展过程中面临的阻力依然巨大，只有不断创新，才能适应时代发展的变化。从国际经验来看，以美国、日本和欧洲国家为代表的经济发达国家均根据自身资源禀赋的差异和经济水平、历史发展要求选择了各具特色的农业现代化发展道路。总体上看，西方国家农业发展的基本经验可以归纳为"家庭经营＋专业合作＋社会化服务"。他们无论采取何种生产经营组织形式，最后都统一于各类专业合作社。总之，各国农业合作社与国情和发展阶段紧密相关，并在发展过程中不断创新、完善，以适应市场发展的需求。中国农民专业合作社建设也必须结

153

合中国的具体国情，适应市场发展需求，不断调整和创新，建设具有中国特色的合作社，推动中国农业的快速发展。

4.3.1　遵循农民自愿原则，农户参与度高

农业合作社是市场经济的产物，是农民为了实现自身的发展，自发形成的组织，其成立的目的就是为了解决农民遇到的各种困难，提高农民在市场中的竞争力和话语权，帮助农产品实现有效生产和销售。农业合作社是建立在自愿的基础上，这是世界各国农业合作社发展的共同特点。任何一个成功的合作社都遵循自愿的原则，并把其作为首要原则。只有农民自愿参与，才能够发挥农民的潜能，创造出更多的价值。国际合作社联盟明确规定，自愿原则是合作社成立的基本原则之一。世界各国农业合作社在成立和发展过程中，均有政府的影子，政府参与其中是为了提供资金和政策方面的支持，是为了推动合作社的顺利发展，但是自愿原则仍然是首要原则。我国农业合作社已经萌芽并开始发展，进入了一个新的历史时期，未来发展空间不可限量，政府部门可以采取多种扶持政策，提供一系列的优惠措施，让农民处理好自己的事情，做好农业工作，政府部门可以起到引导作用，尊重农民的意愿，切忌强迫农民。只有遵循自愿原则，才能调动起农民的主动性和积极性，才能推动农业合作社的快速发展。美国作为农业比较发达的国家，在对农业组织的管理过程中，并没有设置专门的监管部门，但是制定了完善的法律法规和政策，能够对行业协会进行全面的约束。在法规和政策的指引之下，农民会自觉自愿地组织在一起，形成各类农业组织，实现农业组织和农业的快速发展。在没有政府支持的背景下，农业组织依然取得了显著的成效，其原因就在于农业合作社的领导人素质高，具有一定的领导能力，使农户能够积极响应并参与，农业组织取得了良

好的成效，从而推动美国农业组织快速发展。在日本，加入农协的农户高达百分之百，美国和法国这一比例为 90% 和 80%，农户参与组织的积极性非常高，充分彰显了农业组织的强大吸引力。

4.3.2 完善的法律法规对农业合作社的发展起着重要作用

很多国家和地区均成立了各种各样的农业合作社，并为此出台了相关的法律法规，内容主要集中在合作社的性质、宗旨和组成等方面。从立法的角度来看，相关法律法规主要有两种形式：第一，从专门法的角度制定的合作社法。其适用于所有的合作社，对所有的合作社均具有一定的约束力。比如中国、德国和法国的《农民专业合作社法》《合作社法》《合作社销售法》等，这些法律在发展过程中，经过多次的修订和补充，已经比较完善，成为一个国家的主体法之一。第二，穿插法。没有成立专门法，在其他的法律法规中彰显了相关的内容，比如在民法通则、合同法中做了相关规定。虽然不同的国家针对合作社的立法不同，但其初衷是相同的，均是为了保障合作社的主体地位与合法性，确保农民合作社能够在市场经济运行中发挥其作用，获得相应的回报，推动该行业的健康稳定发展。世界各国的法律法规保障农民合作社的权利，目的就是推动农业生产的快速发展，保障农业市场的合法权益，拓宽农民的收入渠道，让农民获得更高的收益。20世纪40年代，有关农业合作社组织的法律法规并不完善，法国按照农业现代法律对农业合作社进行了规制。之后，法国出台了专门的农业合作社法律，并不断修订和完善，制定了合作社总章程，出台了《农业指导法》《合作社调整法》，明确了农业合作社的法定地位，让农业合作社具有了一定的权力。从立法的角度对农业合作社进行保障，能够确保其合法性，有利于推动农业现代化的实现。法律法规还规定了合作社与非合作社之间可以开展多种形式的业务往来，灵活机动地运用合作社原则，推动了法国农业的快速发展。美国农业部是雇员最多的部门，它能够为农民提供全方位的服务，包括提供技术指导、保险、补贴、农业信息等。

4.3.3　政府在政策上支持农业合作社的发展

政府的引导和支持，是推动农业合作社快速发展的关键，发达国家农业之所以能够取得巨大成就，农业合作社功不可没，而其中政府的引导和支持尤为重要。各国政府针对农业的发展制定了一系列的法律法规和基本制度，同时还设置了各种补贴、优惠贷款、灾难救助等措施，这些措施借助于农村合作社落实到具体的农户。在农村，基础设施和公益项目的建设资金投入大、项目周期长、收益缓慢，如果没有政府的支持，这些项目很难有效开展。

在农业公共服务中，法国各级政府发挥了巨大的作用，从农业生产资料价格制定、规范市场秩序到提供科技信息等，任何一个环节均体现了政府的支持。根据上述发达国家农业组织发展的历程可以看出，日本和法国农业组织发展之所以取得巨大成就，关键在于政府的支持；美国政府推行了一系列优惠政策，营造了一个良好的市场环境，让农业组织和农业得到了快速发展。法国和日本的经验适合我国当前的国情，我国在构建农业组织时可以适当借鉴。根据法国、日本和美国农业组织的发展经验可以看出，任何农业组织都经历了一个从萌芽到发展到再成熟的阶段，这和当时的市场经济发展特征相适应。在发展初期，需要政府部门的有效引导。当发展到一定程度，数量和规模达到一定标准之后，应该采取分类管理的方法。比如，农业生产合作社可以采取政策扶持等手段推动其持续发展；农产品销售合作社要严格地按照市场规律进行运作，遵循优胜劣汰机制，实现合并、重组、市场自然淘汰，让一些具有实力的农业组织得到更广阔的发展空间。农业作为弱势产业，如果离开了政府的扶持，很难做大做强。日本农协就是在政府扶持之下才能得以迅速发展，进而在农业生产中发挥巨大的作用，推动日本农业实现现代化。美国政府在产业政策、市场环境构建方面发挥了推动作用，让农业组织有了更好的发展环境。法国政府出台了一系列的优惠政策、激励措施，鼓励农业组织的发展和完善，比如实施积极的财政政策、税收政策，发挥农业合作组织的功能，推动农业合作组织进一步发展和完善，这些政策体现在：首先，出台了很多补助政策，发放各种津贴，解决农业合作组织成立初期资金困难的问题，还为此类组织提供低息贷款。其次，针对合作社的需求，出台了一系列的免税和税收优惠政策，鼓励合作组织积极与政府部门合作，接受政府部门的引导和监督，充分发挥自身的功能。

4.3.4 运行管理机制完善，促进农业合作社自身的健康发展

农业合作社发展到一定的程度，必然会面临规模扩大和复杂性提高。依照当代企业制度的要求，制定行之有效的企业管理运行机制，切实提高经济管理水平，才能在激烈的竞争中求得生存与发展的空间。为了提升效率，西方国家通常运用合作的方法，让农民经济合作组织、农业合作社高效快速地运行，既保持了充分的活力，又体现出民主管理的原则。从深层次来看待美国农业的发展：①数量多而且相对松散；②没有政府管理；③缺乏规范性。美国农业组织分工合作主要体现在供应销售合作社、服务合

作社和行业协会，开拓市场是销售合作社的主要任务，提供设备、技术和运输则由服务合作社来管理，行业协会则通过演讲、游说从而获得政府的扶持与鼓励，加强协会内部的发展，并与其他国家和地区进行农产品交易。这些组织之间没有明确的上下级关系，处于一种平等的地位。组织与组织之间，看似没有紧密的联系，实则分工明确，各环节有条不紊地进行。这样提升了产业的生产效率和农业竞争力，从而推动了整个产业的稳步发展。在法国，还成立了专门的各级农业机构，对农业合作组织进行鼓励和支持，同时也起到监督和管理作用。这些机构的目的就是督促与检查相应的制度和规章是否已认真落实与贯彻和实施，例如这种机构就是检查财务是否符合规定、环境保护是否落实以及财务制度是否顺利运行。相关法律法规的条文出现，以及国家政权的干预与指导，促进了法国农业部监督机构得以发展与壮大，解决了农业合作组织发展的不可控因素，引导着农业合作社向更深层次发展。把农产品加工销售的各个环节紧密联合起来，推动了产业链的发展，实现了农产品向更高层次发展。进一步对市场机制加以完善，确保了农产品生产的产业化发展。不同于法国，美国政府强调环境建设和产业化引导，而不是政府直接干预，这带给农业合作组织更多的发展空间。在日本，农业合作组织发展初期，政府给予很多鼓励与扶持，随后又出台一系列政策、措施，其涵盖科技领域、价格领域、贸易领域等。国外农业组织的发展，强调政府与市场相结合，现代农业组织的发展离不开相适应的经济体制的引导。通过借鉴国外农业组织的发展，我们发现不能只关注政府的优惠政策与扶持力度，还要重视政府的监管力度。只有将扶持与监管相结合起来，才能正确引导农业合作社健康发展。在我国，由于没有对农业合作社有效的监管制度，致使虚假合作社大量出现，这是我国政府过分重视对农业合作社的优惠政策而没有考虑到的。在发达国家，通常有两种途径可实现对农业合作社进行严格的监管，如政府监管和农业合作社自身监管。政府监管通常是通过建立相关的法律条文，或者设置相关的农业合作社办公机构。如法国的 HCCA 部门，它是为实现农业合作社监管而特别成立的部门，对农业合作社有关违法情况进行监督和管理，并与其他政府部门合作，如税务部门。农业合作社自身机构的监管，通常是指由合作社自身建立相对完善的监督治理体系，例如相对独立的监管是委员会、董事会以及理事会。只有通过治理监管，实现各部门的相互制约，才能使农业合作社向更好的方向发展。此外，发达国家还有一项特殊的规定，合作社的财务信息需要接受第三方审计，以保证农业合作社的财务信息公开透明。我们要学习发达国家这种有效完备的合作监管体系，为我国农业合作社的发展开辟新的道路。

4.3.5　建立了完善的农业组织发展体系

与一般的企业以及其他社会组织不同，合作社有着自己的价值原则。在西方的市场经济中，合作社经济是以农民为主体，坚持服务农民、服务大众的理念，在发展模式上寻求多样化，其内部管理也有着非常严谨的规章制度。合作组织通常会设定分级管理，全国层次、地方层次相互联动，互相扶持。欧美各国在各个层次上并无太大区别，而日本与欧美各国差异明显，表现在各个层次有不同的侧重内容，每个层次分工配合，形成一个更加完善的分工合作组织。美国的农业合作组织在不同层次方面有着完全不同的功能。国家级层次的组织，主要负责对外沟通与分配。为了获得美国政府以及社会各界的大力支持和援助，国家层次的组织主要负责与国家政府以及各大企业的沟通交流，加大美国农业组织与国外农业组织的联系；地方层次的组织主要为农户们解释并宣传政府推出的相关政策，并起到协调业内工作分配的作用，设计和研发本协会的标志并做地方性的推广，组织对参与者的培养以及对农业设施的分配；基层行业协会主要负责为组织内的成员解决生产中遇到的问题，并为行业内部成员提供最新的行业信息，在技术方面为成员提供帮助，为成员在市场营销方面提供相应的服务。日本的农业合作组织是农业社会化服务的主体，是由日本农户和涉及农业利益的人合作组建的，它们代表了日本农户自身的利益，也是社会最为了解农户需求的组织和群体。在世界范围内，有着最为完善和发达的农业合作组织的国家是德国，德国的农业合作组织已经成为德国社会化服务的主体。德国的农业化合作组织有着不同的目标，在为农民以及农业现代化开展服务的过程中，各自分工不同，各种农业化组织所负责的项目组合在一起，便构成了完善的德国农业合作机制。法国也有着较为发达、可以大面积覆盖的农业合作组织。法国建立了农业服务合作社来为农户提供良好的综合服务，帮助农户维护自身的利益，推动法国农业现代化的发展。日本的农业合作组织与其他国家最大的不同是，会经常派遣技术人员深入田间，通过实地调查来为日本农户服务。

4.3.6　重视农业职业教育和农技推广，加快实现科技化、机械化和规模化

在当今工业化飞速发展的背景下，大部分农业人口走出了农村，使得农业资源不断减少。发达国家应对这种情况采取的措施是加大对农业家庭的扶持力度，支持农业合作组织的发展，以使得发达国家农业生产实现规模化，提高生产效率。同时，农业发达国家其农业现代化水平较高，有更先进的技术来辅助农业生产。例如，加拿大使用世界先进的监控装置来辅助农业产品生产流通，使得农业产品可追溯，通过监管的方法保证农业产品的质

量以及农业生产的效率。在美国，大量的先进设备与技术使得该国的农业更为现代化。美国一直以来都将农业作为出口产业。发达国家比较重视农业方面的研究以及对农业技术的推广。在丹麦，作为农民需要得到丹麦政府发放的绿色证书，并且丹麦的农民崇尚终身学习。瑞士对经营农场的农场主也有着较高的要求，瑞士规定各农场主必须接受一定程度的教育才能够经营农场。为了提高农产品的质量，各发达国家鼓励宣传对农业的实践研究，有针对性地对农业产品进行科研，按照国家的实际需求来研究相应技术，进而使得国家的农业现代化得到发展与提高。

4.3.7 深化农业合作社发展，创新农业产业化组织形式

从欧美各国以及日本农业组织的发展，可以得出的结论是，推动农业现代化发展，需要建立农业合作社，同时政府鼓励农业合作社的发展，会为合作社提供资金技术方面的支持。各国的农业合作组织需要符合国家当前的经济、市场的发展程度。各农业组织的发展从不完善逐渐提升为完善、合理、科学，使得农业合作社可以更好地为农民服务，促进国家农业现代化的发展。农业合作组织在发展过程中，需要不断改进组织形式，以确保农业可以高速有效地现代化。针对农业合作组织的具体发展过程，需要多种合作组织共同发展、互帮互助。例如，欧美各国都有着不止一个农业合作组织，各个农业合作组织负责各自的事务，确保农民在生产、经营以及获得与农业有关的生产资料方面，可以获得帮助和服务。美国与法国的农业合作社发展进度处于世界前列，合作社之间的分工、职权的分配有着明确的规定，各合作社之间相互协作，从生产到销售各个环节为农户提供了完善的帮助，并且设立了农户的农业保险，使得农户在生产合作过程中所受到的

风险降低。欧美各国以及日本，在农业合作组织发展方面都设立了一套特有的体系，以此来促进农业合作组织的发展。设立各级不同规模的组织，就使得各级组织具有自己的任务。欧美各国的农业组织之间层次划分界限并不明显，而日本农业合作组织层次划分与欧美是截然不同的，其各个组织对应着各个阶段的行政部门。日本已经建立起了一个十分完善的分工协作机制，其组织之间的功能十分相似却又有着不同的侧重点。

4.4 启示

4.4.1 因地制宜，选择符合自身发展特色的组织形式

农业合作组织发展的动力所在，是农业技术的革新以及对外界环境条件的适应。各个国家的发展情况各不相同，经济市场的发展程度各不相同，导致各国有着各自独特的农业合作组织发展路线。欧美国家和日本，根据本国的特点、自身需求以及文化经济的发展水平，通过对其他国家农业发展合作组织经验的总结以及分析，来确定适合自己国家的农业合作组织发展方法。这些国家在面对经济市场的不断变化时，可以很快地确定改革思路，使得该国的农业合作发展得以持续化。每个国家的农业合作组织，都有着该国自身的特点与特色。我国在农业合作组织发展的过程中，应该学习不同国家的发展经验，取长补短，使得我国农业合作组织发展可以有效高速地提升。此外，我国在农业合作组织发展的过程中，应该分析当今农业的发展状况，使得农业合作组织发展与我国农业发展相适应、同步提升。欧美各国与日本都属于发达国家，其农业现代化发展水平较高，在农业合作组织方面的发展拥有着先天性的优势，而我国需要根据农民需求来发展适合

我国的农业合作组织，因地制宜，对农业合作组织的援助采取对症下药的方法，使得农业合作组织的发展过程有着明确的目的，从而提高农业合作组织发展的效率，同时促进我国农业现代化的发展。欧美各国与日本在农业组织发展过程中，采取了多种形式，使得组织间的组合形式得以完善，对技术的更新以及资金的分配影响较大，进而能够提高各农业合作组织的效率。我国地域宽广，在农业发展方面有着非常大的地域差异性，因此，我国农业合作组织的发展过程中，需要秉承多样化、多元化的思路，从而满足我国各地农业发展的需求。在农业发展方面，可以实行组织、政府和企业三方面协作联动，政府出台相应政策支持鼓励农业发展，企业带动市场经济使得农业产品市场经济可以得到有效的提升，而组织为各农户提供技术和生产资料方面的保障，进而提升我国农业现代化的程度。

4.4.2　加强政府关于建立健全农业合作社的政策支持体系

农民合作社的建立以及发展，需要我国政府的支持和援助，不仅要在资金方面对农村合作社提供支持，还要在创新研发新型农业技术方面提供援助，通过减免农户的税务，以及为农户提供低息甚至免息贷款的政策，帮助农户以及合作组织开拓市场渠道，提高农业科技水平。各个农村合作社之间应该加强合作，发挥各自的优势。我国农村合作社发展到如今这个程度，已经有了很大的规模，对农业生产和农业合作，产生了巨大的影响。各农村合作社已经从初步发展时的松散状态过渡到紧密状态，更多的行业和区域加入了农民合作社的发展，使得农民的利益共同化、劳动集体化，从农业产品生产到营销过程中产生了一系列的服务措施。我国政府对农业合作社在政策方面也提供了大力的支持，农村合作社应该把握这些机会，对已有的发展思路以及经营模式进行改革创新，进一步推动农村合作社发展，使农村合作社更加适合当今的市场需求，也为农民的需求提供更加具有针对性的帮助与扶持。在农业合作社的发展过程中，国家应该提供更大的补贴力度，学习借鉴国外政府的扶持政策，帮助农村合作社的产品走出国门、走向世界。国家应为农村合作社的贷款提供减息甚至是免息政策，从而加大农村合作社研究新型农业技术的力度。因为农村合作社的发展以及农业现代化的进步需要大量的资金支持，所以我国政府应该在资金方面对其进行扶持，加大对各级农村合作社的扶持资金分配份额，使得农村合作社可以更好地发展农业技术，为农民提供更多帮助。农村合作社也应该适当地融资，借助社会与企业的力量来发展自身，通过赞助的方法使企业向农村合作社提供资金，避免农村合作社在研发新型农业技术时遭遇资金短缺的问题。

4.4.3 通过一体化运营模式加强农业合作社建设发展

农业发达国家的专业合作社的显著特点是各个农村合作社合作力度强，解决农民问题时的专业性强，对农民生产经营方面进行的帮助范围广。美国合作社产前、产中、产后相结合的垂直一体化运营模式很值得我们借鉴。世界上许多国家都成立了极具特色的农村合作社，使得农产品在生产以及营销中遇到的阻碍得以完善解决，对某些作物建立专门的合作社，从而提高这些作物在国际范围内的市场竞争力，并提高这些作物的附加值。农村合作社也应该以农业、农民为基础，所有成员应积极为农业、农民提供服务和帮助。农业产品在生产经营过程中，产量提高、收益提高，并且产品附加值提高，会使得产品逐级获益，进一步加大农民的利润以及合作社的资金收入。由合作社本身的资金收入作为合作社研发新技术、新产品资金来源中的一部分，能够降低因为自然因素给农民以及农业产品带来的风险。应尽量规避市场经济波动给农业产品带来的风险，使得农业产品受环境影响较小。当前阶段我国对农业产品还没有一个规模品牌化的意识，导致我国的农业收益处于最原始阶段。我国应创建属于自己的品牌，使得产品的利益增加，更新升级加工模式，使得农业产品不再只是作为原料出售，从而加大农业产品的利润空间。农民合作社以及政府应完善我国农业产品的运营模式，使得农民利益不受压缩，让农民的利益最大化，以此来推动我国现代化农业的发展。

4.4.4　建立健全内部运行机制，保障合作社健康发展

日本农户参与农业合作社十分积极，是因为日本政府对农村合作社提供了大量的支持和帮助。这主要体现为：第一，政府在法律层面不断完善关于农业的法律条款，使得日本农业生产以及农业合作社得到法律上的保障。第二，日本政府对农村合作社有大量的扶持措施，涉及范围广、扶持效率高也是日本政府对农业扶持方面的一大特点。日本政府对农户的各项扶持体现出政府对农业发展的支持，使得日本农村合作社的发展得到有效促进。日本政府对于日本的农业合作社所持有的态度是鼓励和支持，日本政府以农民的切身利益为核心，根据农民的不同需求，为农业合作社提供不同的条件和资助，使得日本的农业合作社得到进步和发展。我国农村当前存在的主要问题，是农民文化水平低、思想保守，以及农民没有充足的农业生产资料和资金去提升农业产品的产量和质量，所以我国的农业合作社更应该承担起为农民服务这一重任。政府作为领头人，应起好引领作用，带领农村合作社进一步发展。政府应针对不同地域的农业现状，提出不同的解决方针，在确保农民利益不受压榨的同时，更好地为农民服务，增

加农民收入，提高农产物的产量以及质量，使得农民的收入进一步提高。应对农民的生活以及生产提供全面的服务，对于农民在生产及生活中所遇到的问题及时给予解决。

我国应鼓励支持农业合作社兴办实体产业，逐步降低社会企业对农业方面的影响，使得农民与农村合作社之间的交流沟通更为平等，减少农民生产营销过程中的成本，更大程度地确保农民的利益不受压榨。要鼓励我国农业合作社规模扩大，提升农业合作社的发展程度，使得我国从农业大国转变为农业强国。农业合作社兴办实体产业后，需出台一系列的政策和机制，来保障实体产业的经营。对此，美国实行的方针是在合作社内部进行监控督促，保障农民的利益不受损害，使得美国的农村合作社可以正常稳定地进行经营交易，进而保证农民合作社可以正常稳定地发展以及发挥功效。在现阶段，我国部分地区在农业合作社方面的发展，已经获得了初步的成功，然而运营管理方面制度不完善仍然大部分地区农业合作社存在的缺陷。我国应学习美国的运营管理制度，借鉴西方国家的先进知识和已有的经验教训，来进一步完善我国农业合作社的规章管理制度及运行机制。

4.4.5　正确处理农业合作社与政府之间的关系

各国政府在农业合作社的发展过程中，都起到了至关重要的作用。政府在各方面对农业合作社进行扶持，为各国的农业合作社提供最先进的农业技术，推动各国的农业现代化发展，为农业合作社提供资金方面的支持，设立专项资金扶持农业发展。政府制定了一系列科学合理的政策，来为农民服务，对农业合作社的经营提出规定，以吸引更多的农民加入农业合作社，进而使得农业合作社的发展与农业现代化的进步得到推动作用。我国当今农业现代化发展的问题是社会企业很难与农业开展合作，农业合作社很难从社会企业方面获得资助，从而使农业合作社的经营成本过高。面对这种情况，我国政府应推动农民和农业合作社的发展，推动农业合作社和社会企业之间的合作。同时，不能过多干预农业合作社的发展，不能使农业合作社产生依赖心理，致使农业合作社在市场、社会方面的经营难以独立，否则农业产品的市场竞争力难以提高，对于我国农业产品出口会起到不利影响。在我国农业合作社建立初期，政府和相关部门对其扶持力度较大，但农业合作社若长期依赖于政府部门，就会在管理方面产生不必要的纠纷，导致农业合作社的产权问题难以分清，从而影响合作社进一步发展。对于政府来说，既要与农业合作社保持良好的关系，对农业合作社进行各方面的扶持，又不能过度地帮助农业合作社的发展，避免农业合作社产生依赖心理。对于农业合作社来说，不能过度地依赖于政府的帮助，而应该独立开拓市场。我国政府在农业现代化和农业合作社的发展过程中，应起到引领作用，而不是后勤作用，要让农业合作社独立开发市场经济，从而在社会主义市场经济中立足。政府提出相应的措施政策，农业合作社负责落实，将使得我国农业现代化进一步发展。为维护广大农民的利益，政府应在农民层面提出更多的扶持政策，例如减轻甚至免去农民的各项税务，向农民提供减息或者免息贷款，让更多的农民受益，并且将农业合作社完全交由农民团队管理，这样才能更好地了解农民在农业生产过程中所遇到的问题。农业合作社也应该积极面向社会企业寻求帮助与合作，自立自强，对农民在生产过程中遇到的问题及时做出处理，在农业产品从生产到经营过程中免除更多的麻烦，获得更大的利润。政府也应该在农业发展过程中适当地调整已有的政策，随时根据经济市场的现状调整对农业合作社的扶持力度，使得农业合作社具有自己的发展空间。

4.4.6 根据国情选择适宜的农业合作社发展模式

因为各国的国情和制度不同，导致各自的合作社在发展中形成了不同的形式：欧美地区在农业合作社发展过程中推行的政策是以专业合作为主，分门别类地为各种农业产品提供扶持；在东亚国家，则是以综合型农业为主，大力发展小农经济。不同的发展模式却有着相同的作用，即都可以促进当地农业经济的发展，保障农民的利益，为农民在农业生产中提供帮助和技术支持。各国农业合作社的发展必须符合各自的国情，适合本国的合作社发展道路才能走得更加长久。20 世纪 80 年代开始，中国开启了改革开放之路，社会经济取得了巨大成就，农业得到了快速发展。但从整体上看，农业经济发展呈现出区域不平衡的状况，即使在同一区域内，不平衡状况也比较严重，具体体现在：首先，传统农业仍然占主导地位，现代农业也取得快速发展，两者呈现出并存的局面；其次，小规模传统经营模式仍然占据主要地位，具有一定规模的专业化生产模式逐渐发展，所占比重不断提升，呈现出并存的局面；再次，自给自足的生产方式依然存在，市场化程度也在不断加深，呈现出并存的局面。不同形式的并存决定着我国农业生产的不平衡，我国农业合作社必须根据农业发展的具体情况来设置，才能适应农业发展的需求，不能够一概而论。比如在沿海地区，可以借鉴欧洲的农村合作社模式。在中西部地区，可以借鉴日本的发展模式。①

---

① 刘向华．发达国家农业合作社发展模式及其启示［J］.合肥工业大学学报（社会科学版），2011, 25（3）：67.

5 四川丘陵地区农业生产经营组织发展的现状分析

5.1 四川丘陵地区基本情况

从地理上讲，丘陵地区是指与山地、平原、盆地和高原等地形地貌相对应的地理区域。《辞海》把丘陵定义为"高低起伏、坡度较缓、连绵不断的低矮山丘。海拔大致在500米以下，相对高度一般不超过200米"。我国丘陵分布广泛，自北向南分布着三大丘陵：辽东丘陵、山东丘陵、东南丘陵。其中东南丘陵又分为江淮丘陵、浙闽丘陵和两广丘陵。在全国范围内还有大量分散的丘陵存在。我国丘陵地形占全国地形面积的10%左右，约95×10⁴平方千米。丘陵一般由岩性软弱的地层组成，容易被侵蚀成沟谷，地面受暴雨流水冲蚀后容易成为水土流失区。丘陵地区地貌复杂多样，有岗、平、丘、山等，土壤有机质含量相对较低，农业资源具有多样性和特色性。

四川地貌复杂，以山地为主，具有山地、丘陵、平原和高原4种地貌类型。土壤类型丰富，共有25个土类、63个亚类、137个土属、380个土种，土类和亚类数分别占全国总数的43.48%和32.60%。四川省的丘陵地区属亚热带湿润气候，气温较高，无霜期较长，雨量多，日照少，年平均气温在16℃以上，无霜期240~300天。四川省的丘陵地区主要分布于龙泉山脉以东的盆地底部，在行政区划上包括南充、遂宁、广安、资阳、内江、自贡的全部，以及行政中心位于丘陵地区的巴中、达州、宜宾、泸州的丘陵县，也包括行政中心在平原地区的绵阳、德阳、眉山、乐山的东部丘陵县。按此标准，丘陵地区在行政区划上涉及四川省 68 个县（市、区），辖区面积 8.9 万平方千米，占全省总面积的 18.2%。四川丘陵地区是四川人口和经济密集区域，其发展对四川经济发展至关重要。四川是全国农业大省，也是全国 13 个粮食主产区之一，辖区面积 48.5 万平方千米，2016 年全省粮食总产量达到 344.5 亿公斤，粮食播种面积及产量均居全国第 5 位。四川农业的发展为保障全国粮食安全、经济发展和社会稳定发挥了重要作用。四川丘陵地区农业生产经营组织的发展直接关系到全省农业生产经营组织的发展进程。

5.2　四川丘陵地区农业生产经营组织发展现状

目前，我国正处于农业现代化的发展时期，在家庭联产承包责任制下，土地规模细碎化与地权分散化严重制约了农业现代化的实现。新型农业生产经营组织的发展是提高农业劳动生产率水平、增加农民收入的有效途径，是实现农业现代化的新的突破点。在家庭经营的基础上，实现规模化、专业化、集约化经营是我国新型农业生产经营组织的发展方向，也是实现农业现代化的必然要求。根据经营主体的不同，新型农业生产经营组织形式可以分为专业大户、家庭农场、农民专业合作社及农业产业化龙头企业等。当前农业生产经营主体在总体上可分为两类：一是农户经营，即承包农户、专业大户；二是组织经营，即专业合作社、家庭农场、农业公司等各种组织。各类经营组织将劳力、土地、资金、技术"四要素"按数量和结构"凝"起来，从而形成现实生产力。

5.2.1 农业生产环节的组织形式：以专业大户、家庭农场为主

5.2.1.1 专业大户

专业大户的兴起是我国农业朝着规模化、专业化发展的需要，其出现在我国改革开放之后，这种新的农业生产经营组织建立在家庭联产承包责任制基础之上，仍属于家庭经营的性质。它与一般家庭农户的不同之处在于：在生产的规模化、专业化及农产品的商品化程度上具有较高水平。从专业化的角度来看，专业大户专门从事某一类农业的生产，比如种粮的专业大户、种菜的专业大户、种植果木的专业大户、养殖方面的专业大户等，其农业生产的收入通常占到家庭总收入的70%以上，或者农业的产值占到家庭经营总量的70%以上。从规模化的角度来看，结合我国的实际情况，专业大户的年经营农产品生产要消耗容纳1户劳动力以上，户均经营农业生产用地和户均经济总量要超过当地平均水平2倍以上。截至2015年底，四川省土地适度规模经营率达17.5%，耕地经营规模在30亩以上的专业大户接近50万户。

5.2.1.2 家庭农场

按照农业部农村经济体制与经营管理司负责人的解释，家庭农场是指以家庭成员为主要劳动力，从事农业规模化、集约化、商品化生产经营，并以农业收入为家庭主要收入来源的新型农业经营主体。其具有以下特征：①以家庭为基本组织和核算单位。注册家庭农场后，家庭农场主仍是农场的劳动者、经营者，在生产作业、要素投入、产品销售、成本核算、收益分配等环节，都以家庭为基本单位；②相对于传统的农户家庭组织，规模明显扩

大，并力求在生产经营上获取规模经济效益；③相比于一般农户，家庭农场经营者更加注重科技投入，通过聘请更多的科技人才，引进更新的技术装备等方式实现土地、技术、资金等各种生产要素的集约经营；④家庭农场作为一个经济组织，以获得利润为目的，主要针对市场需求生产农产品商品，其机械化、规模化、信息化水平较高；⑤生产经营以农业为主、家庭收入也以农业收入为主要来源是家庭农场的显著标志。目前，四川省的家庭农场发展势头较好。为了促进农村地区家庭农场的发展，积极帮助农民解决发展过程中遇到的资金问题，四川将按照"以家庭为单位，从事适度规模、标准化的农业生产，并销售品牌农产品的一种新型农业生产经营组织"的标准建设家庭农场，截至 2015 年，四川省家庭农场已达 2.3 万个，规划在"十三五"期间数量翻一番以上，拟建设 5 万个家庭农场。

5.2.2 农业服务环节的组织形式：以农民专业合作社为主

随着市场经济的发展，单个的农户受市场信息不对称等因素的影响，很难将自己的生产与大市场有效对接，农民专业合作社就是在这种背景下出现的。2007 年，我国《农民专业合作社法》出台，把农民专业合作社定义为在农村家庭联产承包经营基础上，同类农产品的生产经营者或者同类农业生产经营服务的提供者、利用者，自愿联合、民主管理的互助性经济组织，以其社员为主要服务对象，提供农业生产资料的购买，农产品的销售、加工、运输、贮藏以及与农业生产经营有关的技术、信息等服务。按照运作模式的不同，农民专业合作社可以划分为四种类型：①"农户＋合作社"型，即农户自发组织成立合作社来销售农产品；②"基地＋合作社＋农户"型，即合作社以自有的生产基地为依托，在农业生产上对社员进行指导，对基地生产的农产品按一定的标准统一收购；③"龙头企业＋合作社＋农户"型，即农业龙头企业是合作社的主要股东，合作社作为中介组织将企业与农户连接起来，农户凭借劳动或农产品入股；④"合作联社＋农户"型，即多个相关行业的合作社联合在一起，成为以生产、加工和销售一体化经营的联合体，农户可以参与这条产业链上的各个环节。农民专业合作社的主要特点是：①成员以农民为主，根据《农民专业合作社法》的规定，"农民至少应当占成员总数的80％"；②不以营利为目的，其宗旨是把社员联合起来一起进入大市场，增强竞争力，提高社员收入；③"入社自愿，退社自由"，不受行政力量干涉；④实行民主管理，"一人一票"；⑤在分配利益时，实行按交易额分配与按资分配相结合的方式。农民专业合作社是市场经济的产物，是农户为维护自身利益而进行的相互合作，是建立在家庭经营基础上的横向延伸。

最近几年来，四川省各地农民自发形成的具有专业化合作特色的经济组织越来越多，兴办形式也越来越趋于多元化。农村专业化合作组织发展速度加快。截至2015年底，四川省的农民合作社已达5.8万个，预计到2020年将达到7万个。

农村专业化合作呈现出的基本特点是由各个地区的专业大户联合，农村有能力的人带头，实力较强的农产品加工企业带动，农业科技员领办，社区团体组织和牵头。四川农民专业化合作组织的合作层次不断提升，他们以发展特色农业为依托，积极开拓市场，促进农村经济的快速发展。目前，农民专业化合作所涉及的领域由过去单一化的种养业，逐步扩展到养殖领域、农机设备以及农村其他各项服务等多产业、多领域、多种特色产品，发展潜力较大。

5.2.3 农业流通环节的组织形式：以农业产业化龙头企业为主

龙头企业是指在某个行业中，对从事该行业的其他企业具有很深的影响力和号召力的企业，起着示范和引导作用，对该地区的这一行业有着突出的贡献。作为流通环节的组织形式，农业产业化龙头企业涵盖了生产加工、中介组织和专业批发市场三个产业，利用各种高效的利益联结机制将农户与市场相连接，以促进农产品的生产、加工和销售产业化发展。首先，农业产业化龙头企业是一个企业法人组织，它以获得最大的经济效益为最终目标，自负盈亏，能够承担一定的经济责任。其次，与一般的工业企业不同，农业产业化龙头企业以农为主，把农产品作为原料或货源，开拓市场，带动农产品的商品化生产，对农业效益的增加和农民收入的提高有显著的推动作用。再次，农业产业化龙头企业作为连接大市场与小农户的桥梁，具有高效的组织能力和较强的抗风险能力。根据我国相关部委联合发布的文件规定，国家级重点农业产业化龙头企业的认定应符合以下四个标准：①规模较大。从固定资产规模来看，东部地区要在 5000 万元以上，中部地区要在 3000 万元以上，西部地区要在 2000 万元以上；从近三年年销售额来看，东部地区要在 2 亿元以上，中部地区要在 1 亿元以上，西部地区要在 5000 万元以上；从产地批发市场年交易额来看，要达到 5 亿元以上。②经济效益好。企业的资产负债率小于 60％；产品转化增值能力强，银行信用等级在 A 级以上（含 A 级），有抵御市场风险的能力。③带动能力强，产销各环节利益联结机制健全，能带动较多农户；有稳定的较大规模的原料生产基地。④产品具有市场竞争优势。重点龙头企业应建成管理科学、设备先进、技术力量雄厚的现代企业，成为加工的龙头、市场的中介、服务的中心。以农业产业化龙头企业为主体，对某一种农产品或多种农产品进行产、销一体化发展，可以产生不同的运作模式，例如"公司＋农户""公司＋基地＋农户""公司＋批发市场＋农户"等。在实际中，"订单农业"是最常见的合同制或契约型组织形式，这种运作模式有利于建立双方平等的利益关系，共享利润、共担风险。

总体上看，四川省的龙头企业带动能力显著，各级龙头企业辐射带动农户 855 万户次，农业产业化组织充分发挥资本、技术、信息和市场等优势，通过村企对接等方式支持农业生产，带动农民参与新农村建设。截至 2015 年底，四川省级以上农业产业化龙头企业已达 8703 个，预计到 2020 年将达到 9200 个。

5.3 各类农业生产经营组织的优势、劣势比较

5.3.1 专业大户优缺点

专业大户以自我经营为主，通常季节性雇工，不需登记。

优点：不讲究资金多寡，自我决策，盈利（亏损）归己。

缺点：信用差，很难承担政府的项目支持（普惠性政策除外）。

具体来看，它的优点在于：第一，这种模式的建立更多的是以地缘为基础，规模不会太大，但是相对于单个农户而言，在筹集资金和利用资源方面已经可以取得一定的规模效益。第二，由于发起人拥有一定的技术和方法，不仅可以提高生产效率，而且可以降低技术成本的投入。第三，成员之间彼此熟悉，文化传统、思维方式和语言特征相似，有利于组织内部的稳定性和时效性。它的缺点在于：规模较小。导致这一问题的原因：第一，本

身成立以自然村为单位，其规模先天就受到了限制。第二，成员与发起人之间存在不信任观象。普通成员认为大户是因为他们的加入才得到发展，成员退社会造成经济损失和不良竞争。第三，农户存在投机也理，市场不稳定性会影响其入户的决定。

方向：推进"户改场"，将专业大户经工商注册后改制为家庭农场。

5.3.2 家庭农场优缺点

家庭农场是一类组织的"俗称"，而不是独立的一种组织制度。

家庭农场的内涵：出资者是家庭成员，需进行工商注册，以从事种植业、养殖业或农牧结合为主（规模不是主要因素）。其在组织制度上可以表现为：个体户、个人独资企业、普通合伙制企业、公司制企业甚至是专业合作社（可以是法人也可以是非法人单位）。

优点：信用好，能承担政府产业支持项目，可对外签约等。政府会支持一些上规模、上水平的"家庭农场"。

缺点：从长远来看，发展形式可能受限。

方向：推进"场入社"，使家庭农场加入专业合作社。

5.3.3 专业合作社优缺点

专业合作社的特点包括统分结合、双层经营（社员分头生产、合作社统一服务）。其类型（合作程度不一样）有：①统一生产，统一服务；②分头生产，全程统一服务；③分头生产，主要环节统一服务。

专业合作社具有以下适用性（各种组织制度的共性）：从产

品来看，更适合鲜活产品的生产；从要素来看，更适合土地密集型、劳动密集型生产。从生产和服务来看，更适合农业服务业（专业合作社不是一种直接生产的单位，而是一种服务的单位）。办好专业合作社的一般要素：一村（镇）一品，一品一社，一社一能人（"双带"人才），一社一套服务设施，一社五化（运行规范化、生产标准化、经营品牌化、社员技能化、产品安全化）。

　　无论在哪种农业合作社中，政府都处在非常重要的位置，发挥着不可或缺的作用。政府带动是政府为了发展地方经济，以行政力量推动，由政府或相关部门发起，吸引专业大户和农户参加，采取股份制的方式自上而下成立。由政府人员领导，农民通过股份占有进行民主管理。政府强有力的行政手段对农业生产快速直接的干预，能够提高时效性。专业合作社的优势在于：首先，这种模式的农业合作社能够更好地利用国家的政策、财政和公共资源，更好地利用本地自然资源，发挥地域优势。其次，农业合作社由政府牵头，有国家政权作为保证，农民参与积极性高，同时稳定性较好。它的不足在于：首先，长期行政管理容易造成农业合作社与市场脱节，市场竞争力不高，同时容易形成地方保护主义。其次，农户对政府的过度依赖，会导致其生产积极性不高，缺乏竞争意识，这也在一定程度上使得合作社无法获得全面的发展。

5.3.4　股份合作农场优缺点

　　股份合作农场相当于中华人民共和国成立初期的"初级社"和人民公社时期的"生产队"。这也是一类组织的"俗称"，并不是一种组织制度。从类型上看，它是一种专业合作社，其核心成员中全部或部分以承包土地方式出资。土地出资要作价（作价实行全体成员"议价"），即折成资金计算为股份。

从优缺点上来看，其优点是能流转土地（是土地流转的一种形式，适合整村、整组成片流转）；其缺点是管理复杂。从实现条件上看：村级班子战斗力强，带头人作用发挥得好。从经营方式上看有以下几种：全部土地一次性流转给他人；经整理规划后分片流转给他人；自己成立作业队，实行承包经营；自己成立作业队，直接从事生产经营。从收益分配上看：按土地流转费实行保底分红，再加适当的分红（包盈不包亏）。

5.3.5　农业公司优缺点

农业（有限）公司是指 2 人以上 50 人以下，保证 5 万元以上出资额，谁股份多谁当董事长，收益（亏损）按股份分配。现阶段企业带动型农业合作社在我国农业合作社中占大多数。这种模式以企业为依托与农户组建农业合作社，对农业发展有比较系统的规划。企业负责农业生产原料、设备的提供，从事农产品的直接销售，同时企业为农户收集信息，解决了农户生产什么、如何销售的问题。农户在这种模式中更多的是完成自己的生产任务。这种模式的特点：首先，企业是市场活动中最活跃的因素。它与市场的联系十分紧密，对于市场的需求可以比较准确地掌握，从而决定农户生产什么，生产多少，保障农民的收入，规避风险。其在避免资源浪费的同时，也有利于农业结构的调整。其次，企业的技术和资金实力为这一模式的农业合作社发展提供了保障。企业可以通过培训把技术传授给农民，提高农业产量和农产品质量的同时，也提高了农民的素质。资金的充裕为推动农业机械化和农业新技术开发提供了保障。再次，企业良好的经营管理模式，有利于农业合作社的运转，能够保证农业生产、经营顺利进行，为企业提高原料保证。

优点：产权清晰、权责明确、运转高效，是一种现代企业制度，是世界各国普遍采用的方法。它比较适合技术密集型、资金密集型产业的发展，如养猪、水产品、农产品加工。

缺点：企业是追求经济利益最大化的经济组织，在农业合作化中农产品的销售完全依靠企业，农户出售的是初级产品，无法参与农产品深度加工的利益分配，导致农民收益有限。这是这种模式最大的弊端。

当前工商资本投资农业主要采用这一方法。国家对工商资本投资农业的态度是鼓励、引导、服务、管理。鼓励能增加农业投入，提高社会农产品供给能力；引导是向种业、科技服务、农产品加工业投资；服务是指申报项目一视同仁；管理是指严禁"非农化"，防止"非粮化"。

总而言之，各种组织之间没有绝对的优、劣之分；采用何种组织制度，可结合实际进行选择；从事工商业生产经营的一般采用公司制，从事农业生产经营的还可以选择合作制。一般而言，专业大户最简单，公司最有效率，专业合作社特别适合于农业。

成立各种农业生产经营组织的核心是降低成本，提高效益，促进发展。西方国家农业发展的基本经验是家庭经营+专业合作+社会化服务。无论采取何种生产经营组织形式，最后都统一于各类专业合作。

5.4 创新生产经营组织形式，发展现代农业

传统农业很简单，现代农业不一般。只有不一般的人才会搞好不一般的农业。当前和今后农业发展的重点是：政府将现代农业发展的立足点转到培育、服务和依靠各种新型农业生产经营主体上来；各种新型主体创新经营机制，发展现代农业（如农民专业合作社经营机制创新）。

5.4.1 农业合作社存在局限性

农业合作社存在局限性，主要表现在以下几个方面。

5.4.1.1 合作社法人制

法律规定：农民专业合作社经依法登记取得法人资格，合作社社员以其出资额承担有限责任，合作社以其全部资产承担有限责任。这改变了长期以来我国不将合作社作为法人的状况。但由于出资实行章程规定的认购方式，最低出资额没有规定，加上出资方式多样，往往带来社员认购的出资额少并且实际不到位。其结果是合作社的法人虽已形成，但法人财产权数量往往偏少甚至没有。

5.4.1.2 成员选择制

法律规定：合作社社员入社自愿、退社自由，这种社员身份的开放性可从根本上保证合作社的效率；合作社成员中农民要占80%以上，企业、事业单位或者社会团体成员不得超过5%，这种限制组织和非农民参加的规定，虽保证了合作社中农民的主体地位，但也带来合作社缺乏"精英人才"。其结果是合作社自身缺乏企业家人才，决策以经验为主。

5.4.1.3 民主决策制

法律规定：合作社的权力机构是全体成员大会，150人以上才可设立代表会议。成员大会实行一人一票制，出资额或者交易额较大的成员可以享有不超过总数20%的附加表决权。这样做虽保证了全体成员在决策中的主体地位，但由于行使人数众多的直接民主管理和决策，而不是精英决策为主的"代议制"，往往会出现议而不决，或者难以形成有影响力的决策。其结果是影响了合作社向心力和凝聚力的增强。

5.4.1.4 利润分配制

法律规定：合作社盈余 60% 以上先按交易量（额）进行分配，余下按成员出资额加公积金份额进行分配。这样做虽体现了以劳动合作为主的精神，但也排斥了一部分做出贡献但交易量少的骨干成员（如从事营销）的经济利益，影响其较长时期从事合作社的精力，也使合作社内部融资难度加大。其结果是合作社能人难留。

5.4.1.5 积累制

法律规定：合作社要提取公积金，公积金要量化到社员账户，如发主社员退社，合作社不但要退回个人的出资额，还要退还个人的公积金份额。其结果是合作社社员重分配轻积累，难以进行扩大再生产，影响合作社服务能力壮大和进一步发展，并且在退还公积金操作上存在一定难度。

5.4.1.6 年检免检制

法律没有规定要对合作社经营情况进行年检，也就是说合作社一经成立，除自己要求解散外，将一直存在下去。年检的目的是给合作社一份外部玉力，使其进一步搞好依法经营，不年检，将使合作社少了一个外部压力，还可能导致一部分已失去经营能力的合作社始终存在，给管理增加难度。

5.4.2 我国农业合作社创新的重点

5.4.2.1 理论创新

理论创新体现在以下方面：一是农民专业合作社是一种小农的联合组织，更是发展现代农业的一种生产经营组织制度。专业合作社这一组织形式是由农业生产特点决定的，也就是说，农业生产经营更适合专业合作社这一组织形式，小农要联合，"大农"

也要联合，支持合作社既是对小农联合的支持，更是对发展现代农业的支持。二是农民专业合作社并不仅是劳动联合，更是包括土地、资金、技术特别是人才在内的更高层次的联合。在农业生产力落后时期，生产最重要，因此劳动联合占据重要地位；生产力发展以后，只有更高层次的联合，才能为社员带来更大的福利。三是一个农户（组织）不是只参加一个合作社，而是可以参加多个合作社。四是合作社并不仅是农户的联合，而是包括农户、自然人、法人和非法人组织在内的与农业相关的生产经营者的联合，并且合作社作为农业生产经营组织还可以与其他合作社或经济组织进行再联合。

5.4.2.2 机制创新

机制创新总的方向是将企业经营机制引入合作制，在合作社内形成现代企业制度，使合作社公平的产权制度和公司的高效经营机制融为一体，达到公平和效率的统一。围绕出资者、管理者、劳动者三者关系，以法人财产权为核心，发展机制为主要内容，决策机制为动力，激励和约束机制为手段，建立权利和义务对称、产权清晰、管理科学、运转高效、富有活力的合作社经营机制，促进农民专业合作社提升发展。

（1）不断完善和壮大合作社法人财产权。

①全面实施所有权和经营权相分离，完善合作社法人财产权。章程要提倡社员出实资，社员出资的资金、资产和土地承包经营权，都要转移到合作社名下，跟原来的所有者社员分离，交由合作社理事会支配。②提倡合作社社员提高出资总额。壮大合作社法人财产出资额是衡量合作社信用的最重要因素，也是合作社发展壮大实力的重要基础。法律虽然对社员的出资"底线"没作规定，但应当尽可能增加出资。同时，应当鼓励和支持合作社骨干人员入大股，使骨干人员成为合作社的精英力量，并进而成为主要管理者。③积极推进合作社与其他合作社和经济组织资产

重组。一是同类合作社在自愿的基础上组建新的合作社或成立联合社；二是合作社对外投资或吸收其他组织的资金，成立新的组织。

（2）创新合作社决策机制，提高决策效率和决策水平（核心：在合作社内部形成"代议制"）。

①理事会根据合作社规章制度行使权力。依据民主程序制定各种规章制度。这些制度既是全体成员的规范，也是理事会代表绝大多数社员意志行使权力的依据。在内部形成相对集中而又高效的决策管理机制，使理事会成为合作社的经营中心和利润中心。

②建立合作社内部直线职能制或事业部制。其目的是分散决策。直线制也叫层级制，就是将众多的合作社社员进行分层管理，形成合作社—分社—小组的管理体制，使分社成为合作社的质量控制中心，小组成为合作社生产中心。职能制就是根据合作社的不同任务和服务内容，在理事会下设立不同的职能部门，使这些部门成为合作社的服务中心。事业部制是另一种分散决策机制，往往适合地域广、生产相对分散或者产业链条较长的合作社。例如合作社兴办的加工企业。事业部直接向理事会负责，是合作社的利润中心。

③积极引进专门人才。其目的是提高生产经营决策水平。方法包括：一是合作社招聘大学生（农二代），二是合作社依靠科研单位（技术顾问）。

（3）建立以效益为中心的发展机制。

发展机制主要有两种：外延式扩大再生产和内涵式扩大再生产。

一般说来，创业之初或进行生产结构和产品结构调整时，通常采用外延式扩大再生产，而当合作社已经形成一定规模时，则主要以内涵式扩大再生产为主。

①努力推进外延扩大再生产。农业是劳动密集型和土地密集型的产业，扩大规模经营是实现合作社发展的最主要方法。

一是要有条件地扩大生产者社员数量，增加生产规模。但章程应对吸收新社员规定一定的条件。特别要指出的是，社员也要扩大规模，社员数量决定合作社质量。

二是要尽可能带动非社员扩大规模。利用自己的服务设施和影响力，对非社员供应生产资料、作业服务和收购农产品。这样既能带动农户，又能在不增加投资的情况下扩大生产规模。

三是要积极"走出去"扩大规模。主要是合作社利用自身优势对外积极流转土地，发展规模经营。合作社带着理念、资金、技术，利用外地的土地、劳动力、市场，实现了双赢。

②因地制宜实行内涵式扩大再生产。这是农业合作社发展的高级形式，是提高经济效益的主要办法，也是合作社发展到一定程度的必然选择。一是适时调整合作社产业结构，拉长产业链（形成新的经济增长点），二是努力兴建服务设施（这是提升服务能力最重要的措施——储备好项目），三是积极实施标准化生产和品牌化经营。

合作社应制定标准的操作规程，保证标准成为社员的规范，落实到生产经营各个环节。积极开展农产品认证，走县、市、省、国家名牌农产品（著名商标）的路子，最终从"三无"（无生产单位、无生产标准、无商标）农产品走向"三有"（有生产单位、有生产标准、有商标）农产品。

（4）不断完善合作社激励机制。

对管理者来说：一要入大股或者在总生产服务规模中占有法律规定的最高比例，使生产服务性收入成为管理者的主要收入，保证管理者在合作社出大力；二要实行管理者薪酬制（固定补贴、基本工资加奖金、实误实记等）；三要将承包制或经济责任制引入合作社经营，防止干好干坏一个样。

对生产者来说，一是合作社要千方百计增加对社员的服务力，使生产更方便，农产品卖得出、价格卖得高；二是提高民主影响力，提高社员对合作社的关心度和自豪感；三是经常性开展先进评比活动；四是在社员中实行成本核算制。

（5）建立和完善合作社约束机制。

合作社约束机制可分为外部约束和内部约束。外部约束主要是法律约束和行政约束，目的是保证合作社及其社员依法从事生产和经营。内部约束主要是合作社对社员、管理人员行为的约束，目的是提高合作社的向心力和凝聚力，努力实现合作社的发展目标，是一种更为重要的约束。

对合作社管理者的约束：一要全面建立岗位责任制，将章程规定的理事长、理事会成员的职权和责任进一步细化，防止管理者不作为；二是形成理事会向社员（代表）大会定期报告制度，接受社员（代表）的审议和质询，防止管理者乱作为；三是实行社务公开制度和财务审计制度。

对社员的约束：也就是组织约束力，这方面目前普遍比较缺乏。一个社员加入合作社，就不同于普通的农民，其生产经营的全部或部分自主权已经由个人让渡给了合作社。一要健全新吸收社员的资格；二要明确社员退社的条件，规范退社程序；三要强调社员遵守合作社规章制度以及从事生产经营活动中的纪律，对违反纪律的，可采取批评教育、通报、警告，对一些屡教不改或者给合作社的信誉及生产经营造成重大损失的社员，可以劝其退社甚至开除社员资格，从而维护合作社的威信。

5.4.2.3 要充分发挥章程的作用

将大多数社员的意志通过章程固定下来，成为整个合作社的行为规范。同时要制定相应的配套制度。

5.4.2.4 大胆实践 及时总结经验

合作社应及时总结经验，将经验总结为典型，将典型上升为模式，使之"源于实践、高于实践、指导实践"。

5.5 产联式合作社发展的必然性

国家的强盛、社会的稳定离不开农业、农民，因此党和国家非常重视"三农"工作，出台了一系列政策和制度，营造了一个良好的农业发展环境，推动农业的可持续发展，促进了农业现代化的早日实现。我国多年来一直沿袭着二元经济格局，城乡之间的差距越来越大，农村集体经济至今仍受到计划经济体制的影响，存在着各种弊端。首先，农村经济体制不完善。农村至今没有明确的市场经济体系、社会服务体系、农业支持保护体系，因此影响了农业生产经营组织化程度的提升。其次，粗放式的农业经营方式影响了农业的可持续发展。因为政府投入力度不足，农业基础设施和技术装备落后，耕地质量不高，数量却在大幅度下降，再加上全球生态环境恶化、自然灾害频繁，严重影响了农业生产，影响了农产品的供给。在国际市场上，粮食的供求矛盾日益突出，供求平衡的压力增大，影响了国家的粮食安全。在经营意识和市场竞争意识方面，农民的参与度较低，再加上资源短缺，缺乏必要的市场约束机制，农业生态环境恶化，严重影响了农业的可持续发展，导致农业经济效益低下，市场竞争力不强，成为我国国民经济发展中最薄弱的环节。为了大力发展农村经济，我国提出了新农村建设，只有改变农村当前的村容村貌以及农业经济的发展形势，才能重新振兴农业，实现农村工业化和城镇化目标。创新农业生产组织方式，是解决上述问题的有效方式之一。西方发达国家已经在此方面取得了先进的理论和实践经验，但是中国的具体国情不同于西方发达国家，因此应该在引入西方先进经验的同时，参照中国的具体情况，不断地提高农业的规模化生产，提高农业补贴程度，拓宽农民的收入渠道，实现农民富裕幸福，让农民能够感受到社会主义制度的优越性。提高农业生产组织化程度，最有效的措施之一就是深化资本关系。中国农村一部分人已经先富起来，成为农村经济腾飞的典型代表，证明了深化资本关系有利于推动农村经济的繁荣。因此必须从交易成本、经营风险等方面进行控制，走产业化发展之路，通过规模经济效应，取得更多的成就。创新当前的农业组织生产方式，能够推动我国农村经济的快速发展。

在农村经营合作组织的带领下，广大分散的农民重新组织起来，形成一股庞大的向心力，推动着农村经济的可持续发展。而农业具有天然的自我雇佣优势，会形成一股离心力，阻止农民进入大企业，因此只有形成产联式合作组织结构才能够克服农业经营中的不足，实现农业微观组织结构的创新。四川丘陵地区发展农业采用何种新型生产经营组织形式，综合基本判断，会受出资额、出资人、出资物、责任承担形式、生产经营决策方式、收益分配、所从事产业、管理者水平、发展阶段等各种要素的综合影响。随着农业生产力的发展，原有的在家庭联产承包责任制下的单家独户的小农生产关系已经愈来愈表现出不适应性，重塑农业生产经营主体，激活农业发展微观基础活力，即将各种经济组织制度引入农业产业、经营各环节，形成以承包农户为基础，专业大户、专业合作社、家庭农场、农业公司等为骨干的农业生产经营组织体系，提高农业的组织化程度，已成为必然趋势。其核心是为了实现规模经营，提高农业生产效率。

5.5.1 产联式合作社产生与发展的动因

社会经济的快速发展，推动了我国西部地区经济的不断进步和繁荣，纯粹意义上的自给自足的农户家庭经营模式逐渐被削弱，半自给自足的经济关系占据主导地位。西部经济呈现出生产和消费的高度结合、种植结构的统一、机会成本稀缺等方面的特点，小农独立分散的经营模式很难形成一股合力，因此影响了农业生产力水平的整体提升。分散经营的模式是我国农业生产多年以来形成的，是长期制度性选择的结果，也是我国农业产业的特点，在实施的初期适应了当时生产力的需求。当社会发展到现今阶段，分散的小规模模式已经严重阻碍了农村经济的发展，只有通过采取组织化模式才能克服弊端，才能增加农民的收益。受到各种因素的影响，农民家庭经营模式虽然能够满足农民的生活基本需求，但是无法让农民获得更高的收入，无法体会到社会主义制度的优越性，并过上真正幸福安康的生活。农业生产资料供应不足，农业技术得不到有效推广，农业基础设施不完善，这些都影响了农民的规模经营。农民只有加入合作经济组织，才能够从外部获得技术和经济方面的支持，才能够实现自我的可持续发展。多年以来，我国经济一直属于小农经济，缺乏有效的分工，再加上历史的局限性，导致我国农村经济一直停滞不前，农民的收入偏低，只有重新走向合作之路，才能拓宽农业发展渠道，才能活跃农村经济。

5.5.2 产联式合作社产生与发展的合理性

在四川省丘陵地区，发展产联式合作社有其内在的合理性。与其他模式相比较，该模式具有更大的优越性，具体表现在如下方面：

（1）它迎合了市场的需求，在一定程度上缓解了农产品卖难的问题。

（2）为了符合现代农业向一体化经营方向发展的趋势，产联式合作社充分利用和发挥了企业在资金、技术等方面拥有的天然优势。

（3）在产业组合中，产联式合作社的成本较低，拥有多种形式，更加有利于市场价格机制与之联动。

（4）可有效降低市场经济条件下单个农户从事农业生产的市场风险，有较大的适应性；在现有技术水平较低的背景下，产联式合作社与农户之间形成了一种规模经济。从农户生产农业品开始计算，经历 n 个基本操作之后，农户将所得收益消费出去。而在这 n 个基本操作中，每一个操作都有各自的最适规模。若农户从生产到消费过程中不实行分工，则农户只能选择一种生产方法与规模。从现有的农业生产技术水平以及市场经济背景来看，这种生产规模可能只会有一项操作达到其最适规模，而另外的 $n-1$ 项基本操作都难以达到最适规模。通过对经济学理论的研究，我们不难发现，达到最适规模后的生产方式成本最低。因为产品数量上不占优势，而对这些产品的推销却花费了较高的费用，则会使所生产的产品成本较高，所得收益减小。而若生产者靠自己完成由生产到消费的各个环节，则也会使得产品的成本大幅度升高；若社会企业和政府机构派出专业的团队、组织与各生产农户达成合作协议，则会使得农户的生产、经营以及消费达到各项所需的最适规模，会使产品的单位成本大幅度降低，提高农业生产的收益。市场经济往往是会自然平衡的，由市场进行分工协作通常会带来大量的交易费用，使得农户与市场合作所降低的生产成本再次回升。因此，政府推出了产联式合作社来供农户进行理性选择，规定了生产者和服务组织固定化的交易产品以及交易关系，使得生产者和服务者有着半合作半独立的合作方式，进一步提高了农户的收益。

（5）产联式合作社是农业现代化、科学化的主要手段。

（6）这种模式更加符合我国当今的市场经济需求。首先，产联式合作社将传统农业的基本单位商品化生产。这使得我国传统农业由自然经济转化为商品经济，降低了农户的自给性，增强了农户在生产和消费过程中商品性的比重，开拓了农业市场化道路，为农业市场化提供了优良条件，推动了我国农业现代化的发展，使我国的社会经济再一次进步。这种模式统一了农户的生产生活，使农户以家庭为单位来达到生产目的，不仅满足了农户自己家庭的直接消费，还可以满足农户家庭为了获取非农产品以及服务业而产生的间接消费。这两种途径的消费，在农户家庭收入可观的情况下，会产生所占比重较多的间接消费，进而为市场经济服务，而在农户家庭经营不利的情况下，农户家庭只能满足自家的需要，产生的是直接消费，便导致农业产品商业化的进展受到阻碍，使得农业产品只具有自给性。其次，必须要保证农业生产的专业化、现代化。因为之前我国的农业系统常常是满足农户家庭的直接消费，各农户家庭在很小范围的土地上种植了多种多样的农作物，饲养了各种各类的家禽家畜，用这些来满足自己家庭的需要，因此导致农业根本无法专业化。再次，个体农户必定不可能成为市场的主体，因为个体农户经营规模较小，导致个体农户在市场上与其他市场主体竞争时，处于不利的地位。从市场经济来看，个体农户相互竞争，致使他们只能被动地接受市场所定的价格，而不能去决定市场价格的高低，而从消耗品的购买来看，许多农业生产资料中间商大量敛财，低价购入农业生产资料，高价卖出。个体农户难以与商人抗衡，这是古今中外农业市场经济的经验总结。同时，各农户生产的产品大致相同，导致农户的市场行为相似，由于农户家庭数量庞大，也会使得农业市场经济波动加剧。因此，虽然在市场型结构中，市场的主体为家庭农户，单一的分析其市场行为，看似理性，但是从整体来看却是盲目的，不符合市场经济规律的不完备的主体。最后，在交易价格层次和农户达成协议。在市场经济中，交易所需要的费用是单个的农户所无法回避的。单个的农户通常不会为零散的交易而花费自由选择市场销售产品所需要的高昂的费用，从而使农业生产的成本再一次提高。因此，单个的农户在进入市场时，往往处于不利的交易地位。一些收购者利用自己的优势，利用农户宁可少卖不能不卖的心理，在交易过程中进一步压低农业产品的价格，甚至欺骗农户，使得自己的购买成本降到最低，压占农户的利益空间。如果农户不是以单个的个体去参与交易，而是以合作、风险共担的方式进入经济市场，便会加大自己交易谈判的筹码，使得购买商难以压榨农户的利益空间，致使农户获得更多的利润。

通过上述四个方面，我们可以了解到，单一而又分散的农户在市场上进行经营会对农业的市场化发展产生阻碍的作用和不利的影响，而产联式合作社可以在很大程度上消除这些影响。

（7）农户之间的合作，可以极大地推动农业技术的进步，使农业技术不断发展。农户之间组织合作，可以有效地降低推广应用新型农业技术的成本，对农业技术的利用率大幅度增加。与工业技术相比，农业技术有着与工业技术不同的特点：首先，是农业技术的广泛受益性，农业技术的进步和发展，不仅仅有利于农民和农村，还可以使农副业的经济得到进步，一些特殊的工商业部门也会受益。其次，在农业技术的研究和试验中往往会出现机密泄露，使得农业技术的研究保密性较差，从而影响农业技术的大范围传播、销售。再次，因为农业生产受到自然因素的影响十分巨大，农业技术的稳定性比较差，导致农业技术的风险比较大。最后，难以科学有效地测定农业技术可以带来的经济方面的收益。正是因为农业技术的这些特点，导致农户难以轻易接受新农业技术的使用，从而对农业技术的发展与进步造成不利影响。而农户之间相互合作，可以解决这个问题。第一，农户合作集中了农户之间的资金，使得集体有足够的财力去使用新型农业技术。第二，单一的农户使用新技术的风险降低，新技术的风险可以分摊到各个农户身上，使得各农户不会遭到过大的影响。第三，农户合作可以使得新型农业技术的规模效益得到充分发挥，集中统一了各农户之间的生产要素，使得新型农业技术可以得到更加合理的发挥。第四，农户之间合作可以降低单一农户的生产成本，使得农户之间的生产收益增加。学习新技术、购买新型农业技术所配套的设施等都是农户使用新型农业技术所需要付出的成本，而单一的农户往往难以负担如此高昂的成本，以至于单一的农户不愿学习使用新型农业技术，从而阻碍新型农业技术的发展以及农业现代化的进步。第五，由单一的农户家庭变为农户合作式经营有助于大幅度降低农业技术的推广成本，使得农户的技术需求得到进一步的增强。第六，在使用新型农业技术的过程中，单一的农户往往是外部化，而农户之间的合作可以使其变为内部化，减少了因为外部的影响造成的经济损失。第七，现有的市场经济中面临着农业技术的改善和供给短缺的难题，而各农户之间与社会各界开展合作，可以使农户的智慧得到有效集中，从而使他们可以自己进行一部分的技术创新。由此可见，产联式合作社十分适合当前的农业市场经济，可以对农业技术进步起到推进作用。

（8）农户之间相互合作与农业可持续发展有着莫大的联系。首先，农户合作可以促进农业基础设施改革建设。农业基础设施是农业技术进步和农业发展的必要前提和物质保障。农业基础设施建设需要投入大量的人力物力，个体农户难以负担得起。其次，农户间的相互合作更有利于相互竞争。在当今市场经济条件下，缺乏竞争的行业往往难以持久，而农户之间的竞争结果体现在农产品的竞争方面。农产品从种植到销售的过程中，经过一系列的生产经营，在满足消费者需求和产品的质量价格等方面表现出来的获利能力，其实质就是农产品销售后减去一切支出成本，使农户获得利益的多少。对农户来说，产品的竞争力可以体现在产品销售时的价格和质量以及产品在市场中所占的比例。农业产品的成本、产品本身的质量优劣和农业市场对农业产品的营销能力起到了关键的作用。通过以上分析可以简单地看出，单一的农户在对生产成本的负担方面来说是很难具有优势的，从而难以提高产品的质量，因为产品质量的提高往往需要新技术的支持，更不用说市场营销方面单一的农户所处的劣势地位。因此，农户之间的合作及组织对于提高农产品的竞争力至关重要。再次，农业资源的可持续发展和农户之间的相互合作是分不开的。我国农户普遍追求利益最大化，这也成为农户生产经营过程中最重要的目标。在同样数量的土地上获得更多的农业产出，是在现有的农业状况下最合理最科学的选择。然而因为当今农业生产条件的落后，造成单一农户为了追求利益最大化，使用不科学、不合理的生产方式进行掠夺式经营，从而导致生态环境被肆意破坏。

5.5.3 产联式合作社产生与发展的可行性

产联式合作社产生与发展具备以下方面的可行性：

（1）政策条件具备。我国是公有制社会主义社会，人多地少，虽然当前农业生产已经解决了广大农民的温饱问题，但是很多家庭生活水平依然低下，仍然处于资本的积累时期。因为自身的能力有限，因此无法决定资本分配的方式。从性质上看，农民劳动应成为市场的主体，应该决定着剩余价值的分配方式，但是农民掌握的生活资料有限，这种能力显然是不具备的。2017 年省委"一号文件"《关于以绿色发展理念引领农业供给侧结构性改革切实增强农业农村发展新动力的意见》全面提出：全省当前的综合任务就是创意联合社会治理机制，推动供销合作社改革的进一步深入，探索新型农村合作经济组织。根据"一号文件"，全省上下要建立起各种形式的农民合作组织，出台相关的制度和准则，对这些组织进行约束、规范。另外，还要健全家庭农场服务管理制度，开展工商注册登记，形成利益联结机制。因此，产联式合作社是西部经济发展的必然，符合西部丘陵地区经济发展现状，同时遵循了土地承包权百年不动摇的方针政策，而农户可以把使用权通过土地流转等方式，转让给有能力、有规模生产的人。农民可以通过土地补偿制度获得相应的收益，实现资源的最佳利用。

（2）理论依据充分。其重要的理论依据为产品价值链重整理论。无论是不同类的农产品合作社之间的联合，还是上下游生产经营主体之间的联合，都会产生重新调整价值链的经济效果，就会有更强的对接能力。此外，产联式合作社的合作理念与共享经济之间有天然联系。尽管产联式合作社的产业仍然以传统产业为主，看起来与共享经济有很大的差距，但是共享经济的发展必然从共同利用价值剩余转向产业组织的变革。目前依靠资本推动的共享经济，不可能真正使所有权和租赁权之间找到最佳的平衡，而合作社制度才是必然的选择。

（3）微观组织成熟。以农户的形式存在是我国个体利益主体的主要特征，此种存在模式具有分散、少量和小规模的特征，很难适应市场的需求。它会导致生产单一、利益分配不均、交易成本高，甚至出现增产不增收的状况，严重影响农户的家庭资本积累，不利于产业结构的调整，同时不利于提升产品品质。产联式合作社就是建立在当前此种微观组织基础上的。

（4）社会多方力量共同参与。党和国家当前正致力于农村经济建设，"三农"问题成为影响社会主义现代化建设的关键，引发了社会各界的关注。国家号召社会力量低调参与到农业建设中，共同解决"三农"问题。"三农"问题的解决是一项系统的、艰巨的工程，需要多方力量参与。经过多年的部署，已有很多社会力量参与到"三农"问题的解决过程中，包括各级政府部门、技术专家、"三农"问题专家、企业家、志愿者、各行业精英等等。除此之外，还有大量的农民工参与到"三农"问题的解决过程中。新农村建设在中国正轰轰烈烈地开展，资本、技术等资源积极地参与到了新农村建设当中，推动了农村经济、文化和政治的发展。新农村运动实现了资源在城乡间的有效流动，同时弘扬了中华民族的寻根情怀。无论走到中国乡村还是城市，总能感受到一股浓浓的合作情怀，多方参与形成了一股强大的合力，推动着中国经济的进一步发展。四川省就是在此背景下，推出了产联式合作社，并得到了快速发展。多年以来，我国一直是双层经营体制，先解决农民的温饱问题，让多数农民摆脱了贫困，积累了一定的资本，此时农民已经具备了初步的资本意识，并且希望资本能够创造出更多的价值。因此奠定了制度创新的条件，有利于生产要素的重新组合。

（5）宏观基础坚实。除了社区经济之外，农村经济形式呈现出多样化发展的态势，包括私有经济、集体经济、合伙经济等等。多种经济形式并存，形成了多元化的理论和实践，让不同的经济主体获得了不同的利益。国家通过法律法规的形式，让每一个经济主体都能够得到合法的劳动权利、生产资料权利和财产权利。上述权利的实现，标志着资本权和劳动权实现了双重自主性，各种要素重新联合、重新组合已经成为一种必然。

产联式合作社在此背景下产生，并得到了快速发展。受各种客观环境的影响，产联式合作社的产生具有一定的宏观和微观基础，国家不能强求在全国范围内普遍建立，因为地域之间经济发展不平衡，无法实现一刀切。

5.5.4　产联式合作社产生与发展的内在必然性

产联式合作社产生与发展具有内在必然性，具体体现在以下三个方面：首先，自由竞争和自然性分别是市场经济和农业生产的主要特点，由此决定了产联式合作社必定建立在分散性家庭经营的基础上。其具体体现在以下五点：第一，个体农户的经营规模非常小，在市场上的力量薄弱，缺少话语权和议价能力，谈判的能力不足。第二，农产品市场买方呈现出数量不多、购买能力强的特点，而卖方则数量众多、生产规模不大，这种格局相互对立。第三，农业生产带有天然的生物特性，不具备完全同质性，因此不同产品、不同质量的产品在交易中存在着不同。第四，农业具有地域分散性特征，单个的农户无法供应市场的需求，只能满足有限购买者的需求。如果把多个农户联合起来，就能够扩大生产经营规模，提升农户的规模生产能力，从而满足更多购买者的需求。第五，农民的生产生活离不开自然，因此，形成了自然状态的工作环境，也造就了农民独特的生活方式。多户农民长久以来一直分散生活，正是因为合作将它们结合起来，有利于解决社区公共问题。其次，市场的日益规范和世贸协议的制约是对农民合作的外在要求。随着我国社会的快速发展，社会公众对生活质量的要求越来越高，环保意识不断增强，因此很多消费者提出了实现规范化、标准化生产的要求，应该设置严格的准入机制，让合格的农产品、高质量的农产品进入，淘汰那些不合格的农产品。可以采取农产品商标注册等方法。商标注册对于单个农户来说，需要更多的成本，而获得的经济效益有限，因此很难调动单个农户的积极性。中国加入世贸组织之后，根据世贸组织的规则，政府不能对农业实施完全的保护。也就是说，限制了政府在农业方面的保护政策。对民间合作组织来说，世贸规则并没有直接影响。我国农产品经营主体比较分散、实力薄弱，缺乏议价能力，因此很多国家利用这一点，限制我国农产品的正常出口，制定了严格的反倾销政策，影响了我国农业的发展。我们要采取具体的措施，积极应对国际市场的这种不公平的状况，让农民专业合作组织走向国际舞台，发挥更大的作用。产联式合作社是新型生产经营组织一个跃升扩展的趋向。根据国际实践经验，当合作社力量不断增强时，就能够提升市场占有率，实现规模经济效益等。基于产业链融合和不同经营主体（组织）之间的合作将成为必然。

目前，在我国西部一些丘陵地区已经开始出现发展产联式合作社的新动向，如大英县"乡镇政府＋村集体＋工商资本＋农业国有企业＋农户"与"五联"模式是合作社合作的层次跃升。北京很多区县建立了联社或者行业协会，能够对业内的各种资源充分利用，提高资源的利用效率，提升农业经营主体的整体竞争力。浙江和山东分别根据自身的产业特点，建立了农业生产经营新型组织，推动了农民专业合作社的可持续发展，甚至还构建了合作社网络体系，对提升农户间的合作能力起到了重要作用。也有的地方，建立了多元化的新型合作体系，能够实现一体化运作。比如浙江省瑞安市结合当地的具体特征，构建了农村合作协会，该协会的功能比较完善，能够满足农业生产的各方需求。

四川丘陵地区受到自身条件的限制，经济发展状况并不理想。当地农户根据区域位置的具体特征，构建了不同的生产经营组织模式，在适度规模经营的基础上，大力发展当地的名优产品、特色产品，市场竞争力持续提升。科学技术是实现农业发展的关键，也是提升农业经济效益的主要动力。积极引入先进的科学技术，把科学技术转化为生产力，能够推动四川丘陵地区现代农业的快速发展。

5.6 产联式合作社的独特优势

5.6.1 有利于改变农户在市场竞争中的弱势地位

只有在市场经济条件下，才能实现资源的最优配置。但是受到各种因素的影响，资源配置过程中会引发各种利益冲突，影响经济活动的顺利开展。市场交易是经济活动的主要形式，体现了不同利益主体之间的相互博弈。就各自拥有的不同实力来看，包括硬实力和软实力，在博弈的过程中一方占据优势，另一方占据劣势，或者两方势力均等。交易双方实力对决，以实力决定自身的谈判地位。如果实力差距过大，强势一方就能抢占先机，若是一方不得不同意对方的交易条件，则弱势一方只有联合起来，增强自身的实力，才能掌握话语权，才能对强势一方进行制衡。产联式合作社代表的就是弱势群体，无数个个体农户组成合作社，形成一股合力，可以提升自己在交易市场中的影响力。通常状况下，处于弱势地位的群体会自觉自愿地联合起来，组成合作社，扩大自身的实力，提高自己的谈判能力、议价能力。家庭联产承包责任制是我国的主要经济制度，农户具有充分的自主经营权，但是这种制度又造就了经营分散、规模很小的特点，因此在市场浪潮中，个体农户缺乏实力，无法获得谈判权，甚至没有话语权。如果存在一个中间商，为个体农户筹集各种资金，帮助个体农户进行谈判，就能够提升个体农户的议价能力，有利于形成一个良性市场。当单个农户与工商企业、供销社等联合成产联式合作社进入市场时，其自身的议价能力就会进一步增强，合作社吸收了生产能力强的农户，并且拥有专业的谈判人员，能够从农户的切身利益出发，与第三方进行谈判。此种模式的优势在于：一是能够提高农户的谈判地位。合作社通常规模比较大，拥有无数个经济主体，能够代表农户的利益，在农产品销售方面具有一定的话语权，能够保护农民的切身利益。二是可以增强农户开拓市场的能力。借助于工商资本，利用分布于全国的经纪人，合作社能够及时为农户提供信息，能够集中力量销售农产品，实现农产品价格的最优化。另外，合作社还会通过各种方法拓宽销售渠道，解决农产品销售难的问题。三是能够集合全社会力量全面发展农业，推动农业加工业、农业旅游业的进一步发展，最终实现农业经济的快速提升。四是能够利用自身优势，构建农产品专业市场，与更多的经销商建立起销售关系，把农产品销往各个大中城市，帮助农民解决盈利问题。

5.6.2 推进农业产业结构战略性调整在更高层面上展开

当前农业产业结构调整的主要目标是实现区域性产业的合理布局，全面推动名优特新产品快速发展。党和国家为此出台了一系列的政策，推动了农业结构的深度调整，并取得了阶段性的成果。在调整过程中，一些潜藏的深层次问题也频频暴露，影响了农民收入的增加，制约着产业结构的有效调整。一方面，基层组织对农业行政干预过多；另一方面，一家一户的调整不利于实现规模经济效益，有时出现一哄而上，有时出现集体放弃，造成了重复生产、低水平低效率生产。虽然农业产业结构性改革已经实施多年，各级政府对此也非常重视，但是取得的成效非常有限，违背了市场规律。只有让农民去办自己的事，让农民去解决自己的问题，成立农民组织合作社，才能够实现产业结构的真正调整。产联式合作社是把农业前期的融资、中期的生产、后期的运输和销售直到深加工，实施一体化运营。农业产业化经营把先进的农业技术渗透到农业生产每个环节，提高劳动生产率，提高农民专业素质，推进农业现代化的实现。

5.6.3 提高农业产业化经营水平

现代农业的发展进步离不开农业产业化。农业产业化，是指将农业生产过程中的资源最大程度的利用，从而获得最大利润。

农业产业化需要农业合作组织和各农户与社会企业合作，根据市场经济的导向，将农产品从生产到经营等一系列过程整合为一个完整的产业链，进而形成农业产品生产营销产业系统。在产业系统内部需要各部门、各过程有机结合，使得农户、合作社以及企业利益互补，促进各方利润空间扩大，形成农户与企业以及合作社之间的利益链条。

之前我国在发展农村合作组织的过程中，因为没有相关经验、农民的文化水平较低，导致各农户之间的组织程度较低，使得各农户直接与企业合作，而这种合作方式也在农村地区普遍流行。但是在实践过程中，发现了这种模式存在的许多缺点，导致这种模式并不能适应我国的农业产业化。产生这种情况的原因主要有以下几点：第一，因为企业行政机制的特点，致使企业将利益最大化作为核心，从而压缩了农户的利润空间；第二，当农业营销无法获得足够的利润时，公司往往会将资金转入可以获得更大利润的渠道，导致农户承担的风险更大，进一步压榨了农户的利润。因此，不应让农户与企业直接签订合约。我国产联式合作社则与上述模式有着明显的不同。合作社完全以农民的利益为核心，围绕农民的利益工作经营。合作社是由国家开设、农民管理、农民收益的组织机构，其以农民为主，更了解农民所需和农民在生产经营过程中遇到的问题，从而可以更有针对性地帮助扶持农民的生产经营。由此可见，我国农业产业化的发展过程，离不开农村合作社的进一步发展，而农村合作社将逐步成为我国农民产业的桥梁和纽带。

从我国当今的农业产业现代化程度以及农业市场经济的发展来看，农业现代化制度的一大创新便是我国农业产业化的实现。但因为企业和各个农户之间无法确保风险共担、利益共享，导致企业和农户之间的利益相对独立。从大量的实践经验来看，要想更科学更有效地使得产业化经营水平得到提升，就必须改变农民和企业之间的利益关系，使农民和企业之间达到共赢的结果。为了解决这一问题，我国政府、企业、合作社以及各农户之间相互配合，形成了一个紧密的利益共同体。乡镇政府或者村集体建设产联式合作社，促进农民和企业之间的沟通交流，若仅仅依靠企业或者农民个人的力量，很难实现农业产业化经营。建立产联式合作社可以保证农民利益和企业利益，使农民在市场经济中不受企业的压榨，同时提高农民的文化素质，使其能够和企业签订更完善的协议，从而达到利益共赢的效果。

5.6.4 兼顾各方利益主体，形成聚合效应

个体经济在当前的市场竞争中已经很难占据优势，因此个体农户的发展难以带动农业产业化的进步和发展。由于个体农户在资金方面和经营规模方面并没有先天性的优势，导致个体农户在农业经营过程中难以成为市场的主导。解决这个问题的方法有两种：第一，增大土地面积，使农民的农业产出扩大；第二，通过专业合作使得农民的利润空间增加。根据我国现状，难以使个体农户的土地面积增加。因此，我国应选取专业合作的方法，使得各农户取得更大的利润，形成专业农产品的组织群体，这样也能进一步发展我国的农业产业化。在我国实行产联式合作社，既实现了农业的规模经济，又能增加个体农户的利润收入和产出规模。在于生产资料的采购以及生产产品的运输和营销过程中，有着批量化、利润统一等优势。我国农业合作社在总体上控制生产资料的购进和分配，负责向农户提供新型农业技术，改善农户的农业产品营销方式，打造属于我国的农业专业品牌，保障我国农业产品的质量，增加农产品的销售渠道。

实践证明，产联式合作社提升了成员的市场地位，在提高农户生产农业产品效率的同时，增强了农户抵御自然风险和市场经

济风险的能力，降低了农户销售农业产品的交易成本，使得农户在农业产品的生产和营销过程中获得的利润最大化。因此，我国农户十分拥护农业合作社政策的实施。农业合作社政策的出台，打造了全国各地特色农业品牌，提高了各地农业的知名度，使我国农业现代化水平有了进一步提高，同时集中了各家各户的生产资料，增加了农户的生产收益。合作社内部实行非盈利的政策，目的是让社员得到更多的实惠。农村合作社的利润来源是在市场交易过程中获得的，研发新型农业技术、提供市场交易信息、为市场提供农业产品都可以作为农村合作社的利益来源。农村合作社通过放弃一部分经济利益的饥饿营销，获得了人数可观的消费者群体和质量有保障的农业产品，使得农村合作社能够更加迅速地完善经营链条和营销体系。农村合作社由农民们组建，进一步降低了农村合作社的服务成本，同时对农户的服务更加有针对性。它营造出了公平公正、有序竞争的市场经济环境，从而使政府可以更有力地支持农村合作社的发展。得益于政府的监督，农村合作社可以更加稳定地发展。农村合作社的发展对于社会的文化建设以及基层民主建设发挥了重要的作用，各方面协同发展，共同进步，形成了良好和谐的社会局面。

5.6.5　有助于激活农村各种生产要素，进一步完善农村经营体制

十一届三中全会之后，我国确立了双层经营体制，从此土地承包到户，出现个体农户家庭经营。在双层经营体制中，地区性合作经济组织承担着中介任务，一家农户不好办的事情，或者办不好的事情，全部由该组织来承担。我国实施家庭联产承包责任制之后，农民几乎是全能型劳动力，成为农业发展唯一的推动要素、生产要素。但是随着社会的快速发展，其他生产要素的重要

性日渐突显，比如组织、科技、管理等等。分散的农户经济模式已经无法适应当前生产力的发展，具有一定规模的小部门化的农业在发展中优势更加突出。再加上农业生产利润低下，因此需要实现生产要素资源的最优配置。随着高新技术的快速发展，国际竞争日益激烈，消费者对产品质量的要求越来越高，只有通过农业产业融合发展的模式，才能迎合当前市场竞争的需求。农业产业链的融合、经营规模的扩大、市场影响力的提升，正是本书研究的新视角。笔者深入地分析了新型农业生产经营组织体系的相关问题，并探讨了其中的不足。很多新型农业合作经济组织虽然实现了快速发展，但是自身的功能有限，承担不了农业发展的整体责任。家庭分散经营条件下的个体农户力量更是薄弱，因为经营规模不大，资金实力不强，缺乏营销能力，无法解决农业整体发展问题。只有实现合作经济组织形式的创新，聚集个体农户的力量，形成产联式合作社，才能适应当前农业经济发展的需求。产联式合作社没有改变家庭联产承包责任制的性质，在共同的利益下，它联合个体农户形成一股合力，提高自身在市场上的影响力和地位，利用自己的规模实力，推动农村经营体制的进一步完善，更好地适应当前社会经济发展的需求。发展产联式合作社构建新型农业生产经营组织，可以促进转变农业发展方式，提高农业组织化程度和规模化水平，同时能够实现资源、产业链条的最优配置，提高农业生产的效率；另外还可以充分发挥农业资源要素的内在价值，实现农业价值的最大化，拓宽农民的收入渠道，让农民获得更高的收益。

5.6.6 产联式合作社是提高农民组织化程度的重要途径

经济的快速发展，市场经济体制改革的不断深入，使农民和市场之间建立起了密切的联系。首先，农民对市场的依赖性不断增加，从生产资料、科学技术到市场信息，需求量越来越高。其次，市场对农民提出了更高的要求，需要农民具有一定的经济实力、文化素质和基本技能。随着市场化程度的不断提升，市场竞争越来越激烈，家庭分散经营的模式很难适应市场的需求，怎样把分散的农户组织起来，形成一股强大的合力，成为市场竞争的主体，是农村经济社会发展所必须思考的问题。根据国内外的经验，结合当前的实践，把农民组织起来的有效渠道之一就是发展产联式合作社。产联式合作社是适应国家产业政策要求而形成的一种农业经济合作模式，能够根据市场的需求，对农民进行有效的引导，帮助农民直接进入市场，降低农民进入市场的成本，提高农民在市场中的竞争实力，为农民解决市场交易中的各种难题，同时帮助农民防范和化解各种市场风险。产联式合作社作为一种非营利性组织，首先能够克服原有小农生产的弊端，其次能够解决政府部门、单独农户、经济组织所解决不了的问题，是联结农民、政府、市场之间的桥梁。

由于地域经济发展的不平衡性，决定了四川丘陵地区有着与平原地区不同的农业生产经营组织模式。四川丘陵地区农业产业化发展要根据各县域经济条件和地理优势选择不同的生产经营组织发展模式，利用独特的气候和土壤条件，在适度规模经营的基础上，大力发展名、特、优农产品，不断提升市场竞争能力。要把依靠现代科技作为提高农业经济效益的重要支撑，提升龙头企业的自主创新能力，加快科技成果向产品转化，提高产品的科技含量，最终实现高产、优质、高效、生态、安全的丘区现代农业。要注重培育新型农业生产经营组织，充分发挥产联式合作社组织的纽带作用，实现规范化管理、科学化运作。要大力引进、培育工商企业，支持工商企业扩能、提质、增效，开展产业链填充和延伸的重大技术改造，促进工商企业壮大生产规模，提升装备水平，发挥对小农户的带动效应。

6 四川丘陵地区新型农业生产经营组织体系——产联式合作社的构建

6.1 产联式合作社的内涵与特征

6.1.1 基本内涵

　　新型农业生产经营组织体系的建立必须立足于农户家庭这一重要基础，不管是政府还是市场在构建市场环境的过程中都应当提供强有力的支持，并设立农户、村集体经济组织、工商企业等主体之间的共生机制，以新型农业经营主体为核心，以"集约化、组织化、专业化、社会化"为目标。产联式合作社作为当前的一种较为新型的生产经营组织方式，需要一定的科学组织架构与运作模式，在管理过程中应当充分调动农民的积极性，鼓励其参与。其内涵具体指的是，在用好用活农村土地改革新政策，坚持家庭联产承包责任制的前提下，构建以乡镇为制订产业规划、完善配套基础、落实扶持政策的服务主体，以供销社为保障农资供应、开展监管指导的主体，以工商企业为紧扣市场供求、确定发展项目、负责经营管理的商贸主体，以村"两委"为发动群众生产、抓好日常监管的组织主体，以农户为负责标准化生产、日常生产管理的生产主体的五大农业发展主体，推进"产联式合作社"建设。这一思想的具体表现为：探索设立为农服务基金，预支产品回购保证金等方式，进一步深化各个主体在生产资料采购、产品生产与销售、市场风险防控等环节的合作，形成资本联营、产销联盟、市场联动、效益联赢、风险联控的现代农业产业联合发展新体系。产联式合作社与股份经济、合作经济既有联系，又有区别。产联式合作社将两者的中心保存下来，将过去滞后于我国农村生产力发展的各类因素统统去除，可以说，这是在对股份经济进行改造，对合作经济予以优化后，通过积极创新构建起的一种全新的生产经营组织形式。产联式合作社的优势在于凝神聚力，将优势资源集中到一起，充分调动投资者和劳动者的积极性、创造性及主动性，同时将原本分散的各种生产要素整合到一起，以此实现规模扩张、技术更新、利益共享以及风险共担，且能有效压缩基于生产和交易所需的费用。通过整合办成大事，最终使农民收入得以有效增加。从本质上来说，一方面要从共有产权形式引发的企业运作不良行为中脱离出来，另一方面还应当给予制度安排的"公有制性质"以适当的肯定，以此在股份制以及合作制两者中寻求平衡点。这种制度安排从某种程度上看是对参与者所享有的个人利益及边际伸展机理的一种认同，故而能够在短时间内快速在其他地方推广复制。

四川省大英县在创新性建立以产联式合作社为代表的新型农业生产经营组织体系过程中持续探索和研究，并基于"1+2+5+4"的框架，将农村以土地、人口为代表的诸多要素红利有效激发出来，进而取得了良好的经济效益以及社会效益（见图6－1）。

"1"代表一个基础，指的是农户家庭。作为新型农业经营体系中的一个重要组成部分，产联式合作社在实际运用过程中是建立在传统经营的基础之上，然而在两个方面又同传统经营有所区别：一是规模，二是组织方式。我国农村经营制度历经多年的风风雨雨，最终确立了家庭经营这一模式。与分散的小农经营相比，家庭经营优势更多，这是由于一般情况下，家庭成员往往心朝一处想、劲朝一处使，其经济利益往往是趋同的。在农业实际生产过程中，家庭成员彼此监督，通过共享各自所拥有的信息，共同做出决策，以此确保农业生产过程中原本所需要耗费的监督成本有效降低。在农业生产力持续推进的过程中，家庭经营确保农民的付出与获得协调一致，这与农民的实际利益存在着直接的联系。通常情况下，家庭往往希望通过最低的支出赢得最大的利润。无论是家庭农场、龙头企业还是农民专业合作社，在这一点上是趋同的。要扩大经营规模，家庭经营是重要基础，同时也是先决条件。新型农业生产经营主体立足于农户家庭这一重要基础，通过以签署合司为代表的诸多形式进行自由重组，以此确保自身生产效率得以有效提升，最终实现农产品的充足供应。

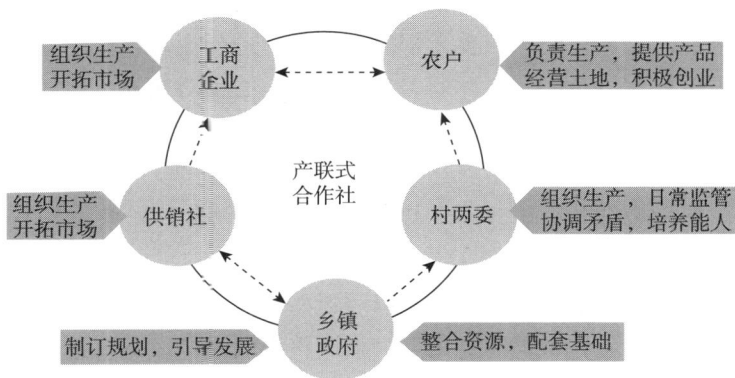

图 6-1　以产联式合作社为代表的新型农业生产经营组织体系

"2"代表以下两个方面的内容：一是政府的职能职责，二是市场角色定位。在新型农业生产经营体系构建过程中，政府一方面为其提供强有力的政策支持；另一方面又为其搭建必要的制度框架。政府立足于新型农业生产经营体系构建的实际，建立并完善以财政、税收、金融等为代表的一连串扶持政策，对各地农村市场的实际发展情况展开调研，下拨专项资金用于扶持农业发展项目，同时将补贴下发到农民群体以及新型农业经营主体手上，以此推动其生产经营积极性、主动性的提升，推动广大农户以及家庭农场等经营主体一步步朝着四个方向发展：一是适度规模化，二是专业化，三是组织化，四是社会化。政府应当给予市场足够的尊重，切实规划好农村产业未来发展的宏伟蓝图，切实将具有地方优势的主导企业培育起来，推动其朝着规模化以及专业化的方向不断发展前进，同时对土地流转规模予以妥善处理和安排，使那些在流转土地工作开展过程中积极配合的农民相应的奖励与补贴。与城市的市场经济相比，农村的市场经济发展依旧较为薄弱，尤其是要素市场供需关系的不均衡导致新型农业经营体系无法有效构建。要建立产联式合作社这一新型农业经营组织，不仅需要一流的技术和设备作为支撑，同时也离不开充足的资金及信息。城乡之间生产要素根据市场需求进行流动，推动了农业要素资源在各个经营主体间的优化配置。必须对农村土地经营权流转市场、劳动力市场等加以完善，在农村市场中引入一流的技术和信息。可以说，所有这一切都离不开政府的支持和服务。

"5"表示"乡镇政府＋农户＋村集体经济组织＋农业国有企业（供销社）＋工商企业"这五种新型主体。这些新型主体为构建现代农业提供了不竭动力。依照新型主体经营特征的差异，以农业主导产业为重要的立足点，强调整个农业产业链上各类主体的分工以及协作。不管是种植业也好，养殖业也罢，自然环境或多或少都会对其产生影响，故而对于这两大行业的生产者来说，责任心必不可少。同时，作为基本的生产单位，家庭中各个成员必须心朝一处想、劲朝一处使，以符合种植业的需求，并切实培养出符合时代需求的新型职业农民群体。在产联式合作社运营过程中，村集体发挥监督管理作用。乡镇政府落实产业规划、基础设施配套及各项政策扶持等。不管是农资采购也好、农产品销售也罢，抑或是农业生产性服务，均采用合作或企业经营的方式，同时以这种方式来发展农业国有企业（供销合作社）。但是，农产品加工以及物流这两个行业采用企业制经营模式更为适宜，因为对于农业产业化工商企业而言，其可以运用自身在资源及管理方面的优势打造品牌，并将自身的加工以及物流环节进行强化。

"4"代表框架中所蕴含的四项基本特征，分别为集约化、专业化、组织化、社会化。可以说，这"四化"是建立产联式合作社所需要达成的重要目标。产联式合作社从特征上来说同现代企业一样，其所运用的经营方式也参考企业的经验，在农村劳动力成本及土地租金均持续上涨的情况下，采用一流的农机设备和生物技术将原先所需投入的大量劳动力及资本取而代之，以此确保土地、劳动和资金三方的生产率均得以有效提升，进而集约化地利用诸多要素。新型农业经营主体必须将以资金、人才为代表的诸多优势最大限度发挥出来，通过优化资源配置，来确保农业集约化的水平有效提升。随着农村生产力的持续提高，农民行业分工的不断推进，产联式合作社等新兴农业生产经营组织应专注于农业生产经营中的其一个类别、环节或是领域，把原本独立、各自经营的农户集中到一起，将集体的力量充分发挥出来，以此为基础构建起专门的产业集群，来推动农业生产经营活动更有组织性、更加专业。

6.1.2 基本特征

产联式合作社是一种全新的农业生产经营组织形式。它有着下述一系列重要特点：第一，其建立的前提条件为始终遵循家庭土地承包制，同时对参与其中的农户所享有的个人产权予以承认。第二，产联式合作社的组建主要由政府牵头，不管是参与还是退出，都遵循自愿原则。第三，成员之间彼此的联合是全方位、多层次的，以劳动合作为核心，同时在资本、土地以及技术方面均有合作。第四，产联式合作社中所有成员享有平等的地位，在做出决策时采用民主表决的方式进行，一人一票。第五，从分配形式来看，产联式合作社主要采用按股权比例分配的方式，配以股金红利返还的分配方式。第六，对内，产联式合作社表现出非营利性的特征；对外，产联式合作社则带有营利性质，并同其他市场主体一起通过竞争谋得利益。第七，产联式合作社是独立法人。其享有独立法律地位，具有承担民事责任的权利和义务。这种农业产业化生产经营组织模式与传统的农业生产经营组织模式相比，又有如下基本特征：一是实现产业一体化，二是实现生产专业化，三是管理公司化，四是利益连接契约化。总之，产联式合作社组织这种运作模式可起到优化资源配置的作用，并同我国西部地区当前的土地经营情况相适应。

产联式合作社的组织功能及所需承担的义务主要包括以下几个方面的内容：一是对合作社内部成员做好业务指导工作；二是建立健全章程；三是建立以经营合同、会计为代表的一连串制度，以此确保所有成员利益得以最优实现；四是以成员共同之名为其争取利益；五是组织成员共同经营；六是购买合作社所需原料；七是向外推销合作社产品。产联式合作社运用横向一体化模式确保规模经济以及范围经济得以实现，可以在压缩交易成本的同时提升整个合作社的议价能力，以此将合作社服务于成员的功能充分发挥出来，通过集体的力量来解决独立成员个体无法解决的问题。不仅如此，合作社还能够推动整个社内实现纵向一体化经营，朝着农产品深加工领域不断发展，确保合作社的业务范围得以有效扩展，并使整个合作社的市场地位得以有效提升。

产联式合作社的组建一改以往合作社与农户两者在市场中所处的弱势地位，在产品定价时掌握了一定的话语权。它可以有效填补政府职能和市场体制两者的不足。政府可采用宏观调控这一重要手段推动或制约经济发展。然而，从性质上来说，政府被归为公共管理部门，倘若过分介入经济发展反而无法取得预期的效果。目前不少地方政府由于过分积极推动农民种植或养殖，进而导致群众事件频发。如今在我国推行市场经济的情况下，政府将触手过多地伸向经济发展势必会饱受质疑，故而政府运用宏观调控这一看不见的"手"对经济进行优化也慎之又慎。产联式合作社的组建从某种意义上来说有助于政府借助宏观调控的方式调节市场秩序，进而使原本存在缺失的政府职能得以有效补足。政府利用出台政策等一系列方式和手段对产联式合作社加以扶持，有效推动本地区一系列产业不断向前发展，起到了经济调控的良好效果。在市场经济条件下，交易和竞争都是自由的。从优势方面来看，资源在市场中得到了最优化、最高效的配置；从劣势方面来看，资源配置计划性相对较差，且周期性波动明显，甚至在一些情况下还会引发恶性竞争，严重影响并制约了经济的发展。产联式合作社的形成或多或少能够对经济发展缺乏计划、稳定性较差等缺陷加以弥补，在确保最优化配置各项资源的前提下实现产销的持续、稳定。此外，联合经营可以取得规模效益并降低经营风险。产联式合作社组织的出现能够改善资金、劳动力等诸多资源匮乏的局面，使各类经济主体能够以最快的速度实现信息的共享和要素的互通，在既定的时间和空间中确保生产要素活跃度得以有效提升，并使各式各样的生产要素交易成本得以有效压缩。因此，政府可以利用扶持产联式合作社组织这一重要契机，循序渐进地构建起一个具有自由、开放特征的农业生产要素市场。比如产联式合作社能将不同主体联结起来共用资产、共担成本、共享信息等。随着规模的扩张，其成本将会进一步降低。就经营风险分担方面来说，不同经营主体可以借助自身所具有的优势，以此分配农业产业链条上生产、加工、销售渠道等不同环节所能够取得的利益，所有成员在加入合作社后均能够实现自身的价值，并承担各自所需承担的职责以及尽到相应的义务，以此确保工作更为高效。

产联式合作社作为一种较为新型的生产经营组织方式，需要以科学的组织架构和运作模式进行管理，在管理过程中应当充分调动农民的积极性，促进其参与。具体而言，用好用活农村土地改革新政策，在坚持家庭联产承包责任制的前提下，构建以乡镇为制订产业规划、完善配套基础、落实扶持政策的服务主体，以供销社为保障农资供应、开展监管指导的保障主体，以工商企业为紧扣市场供求、确定发展项目、负责经营管理的商贸主体，以村"两委"为发动群众生产、抓好日常监管的组织主体，以农户为负责标准化生产、日常生产管理的生产主体的五大农业发展主体，推进产联式合作社建设。探索设立为农服务基金、预支产品回购保证金等机制，进一步深化各个主体在生产资料采购、产品生产与销售、市场风险防控等环节的合作，形成资本联营、产销联盟、市场联动、效益联赢、风险联控的现代农业产业联合发展新体系。

6.2　构建思路

产联式合作社构建的方式多种多样，结合各地实践，有的合作社是由农户牵头创建；有的是由热心组织创办，参与者主要是一些具有实力的专业大户、长期从事农产品销售的农户，这些农户具有一定的经济实力和经营规模，在市场上具有一定优势和竞争实力；也有的是一些涉农部门成立的合作社，目的就是实现自身的政治利益或者经济利益。农业专业合作社是在各种力量推动下形成的，除了政府的力量外，还有一些诱导性因素、内生性因素。在一个不断变化的环境中，农业专业合作社的创办主体越来越多，呈现出多元化发展态势，总而言之，外界力量高于内部力量，农民自己兴办的较少。从各地发展情况来看，农业专业合作社参与主体来自社会各个领域，主要的参与者包括普通农户、供销合作社、生产运销大户、农村基层组织、龙头企业等。只有清楚地认识到创新的目的、形式和路径，才能够实现农业生产经营组织的创新。家庭联产承包责任制是组织创新的约束前提，生产经营者的自愿互利是组织创新的动力基础，合作经济是实现组织创新的主要模式，多样化形式与渐进式推进是组织创新的外在表现。

根据我国当前农业发展的现状，小农家庭制已经成为制约农业经济快速腾飞的瓶颈，具体体现在以下四点：第一，"交易瓶颈"。小农户和大市场之间的矛盾影响了农产品的销售，制约了农产品进入市场。第二，"转移瓶颈"。现行的土地政策、农村社保政策，导致农村剩余劳动力得不到有效转移。第三，"投入瓶颈"。农业属于利润低的行业，盈利能力差，制约了农业的快速发展。第四，"技术瓶颈"。基础设施不完善、交通和水利设施落后，缺乏完善的农村社会化服务体系，影响着农业的发展。只有实现家庭经营组织的创新，才能够解决上述各种问题。

农业家庭经营组织的创新需要做到以下几点：

（1）外延创新。外延指的是家庭经营组织的外部延伸部分，实现这一部分的创新，能够让家庭经营组织和外部经济组织实现深度合作，形成利益、风险共担共享的机制，或者通过契约的方式把不同的经济组织组合在一起，形成一个利益共同体，提高自身市场竞争力，实现共同发展。此种合作经济模式必须建立在农户自愿互利的基础上。当前我国出现了很多类似的合作经济组织，比如"合作社＋农户""公司＋农户"。此种经济合作组织虽然已经诞生，但是仍然处于一种初级联合状态，经济合作组织的功能非常有限，仅限于纯粹的交易层面。根据国外的先进经验，只有建立起全方位交易产权相结合的组织形式，才能够拓宽市场份额，降低交易成本，提高交易的顺畅度。比如通过股份合作经营，不同的农户以入股的方式建立一个联合体，通过股份把不同的家庭承包结合在一起，利益和风险共担共享，既能够保障投资者的合法利益，又能够提升农户的实力，打破各种限制，实现生产要素的优化组合，推动市场的流动性，优化资源配置，实现利益的最大化。

（2）内涵创新。其主要表现在组织内在因素的改造和创新。内涵创新包括以下五点：第一，改革和完善土地制度。法律法规赋予了农民土地所有权，在坚持土地使用权长期不变的基础上，进一步增强和稳定农户所有权，提高农户对土地使用权的归属感。在土地流转和资源合理配置方面，要建立长远发展的战略部署，充分挖掘农业资源的潜力，实现土地有序流转，实现资源的最优配置。第二，转换经营机制。在传统模式下，我国农业是单一化的经营模式。随着社会的快速发展，必须向多元化方向转化。在技术方面，向适用新技术方向转化，逐渐淘汰落后技术；在集约程度方面，应该向资金方向转化，用资金约束劳动，实现劳动的集约化发展；在生产组织方面，向社会化服务方向转化，更好地为农业生产服务。第三，实现规模经营。利用一切渠道，大力发展非农产业、城市新兴产业，解决农村剩余劳动力问题。在推进城市化进程中，拓宽农民的收入渠道，建立起完善的社保制度、土地流转制度，实现农业生产要素的最优配置，推动生产力的快速发展，实现农民收入的提升。第四，提高农业有机构成。农民只有改善自己在市场中的地位，才能让农产品收益实现最大化，才能实现增加收益的目标。因此在物化劳动、活劳动中要加大投入力度，积极引入先进技术和科学方法，让有限的生产要素发挥出巨大的效能，创造出最大的经济价值。第五，提高决策和管理的科学化程度。重视理论和实践，并且努力学习和宣传，提高理论和实践的社会影响力。还要根据现代企业制度，建立起现代科学的民主化管理模式，提高家庭经营组织的管理能力。

除此之外，还要完善相应的配套措施，才能实现家庭经营组织的创新。具体需要做到以下几点：首先，发挥村组两级集体经济组织的功能，这两级集体经济组织是混合组织，集多种功能于一身，包括社会服务、经济管理、政权机构。但是这两级组织不能单独开展农业经济活动，不能承担经济责任，因此可以由农业企业、农民协会承担起上述责任，可以按照企业的一般法律程序，形成农民协会、农业企业，然后依法从事市场经营活动，开展各种形式的农业经济活动。其次，在国家的监督之下，允许土地使用权进行交易，向农业企业手中集中。鼓励多个农户联合起来，共同创办中小型农工商联合企业，提高自身的经营规模和实力。再次，应该制定相应的法律法规和政策，对农村和农业经营、农业企业进行管理和约束，规范其行为，推动农业市场经济可持续发展。

随着我国经济的快速发展，农业产业化进程不断加快，社会经济取得了巨大成就，在此背景下应该尽快发展和完善我国农业经济合作组织。当前最适合我国经济发展需求的经济合作组织就是产联式合作社，本书对其内涵进行了界定，并概括了发展的必要性。产联式合作社能够解决我国当前小农户和大市场的矛盾，能够实现农业产业化发展的目标，推动农村经济结构的快速调整，以更好地适应当前社会发展的需求。本书研究的产联式合作社是新型农业生产经营合作组织和传统农业经济合作组织（主要包括供销合作社）融于一体而成，解决了传统农业生产经营组织存在的问题。

发展产联式合作社的总体思路体现在以下几点：一是以市场为导向；二是建立在家庭承包经营的基础上；三是目标为增加农

民收入；四是充分发挥优势资源，借助于产业优势总结各地的经验，构建一大批产联式合作社，充分发挥合作社的功能，推动农村社会化服务体系的进一步发展和完善。此外，还要结合当地的具体情况，实现合作社的多元化发展，具体包括如下内容：

（1）在发展的原则上，实现数量和质量并举。

首先，完善相关的制度，规范已经组建的产联式合作社经营行为，充分发挥其功能，推动合作社的逐步规范。其次，从源头抓起，规范合作社的建设和登记等行为。在办理、组建合作社的过程中要坚持民办、民管和民受益原则，任何违背该原则的合作社都要限制在制度之外，从登记开始，提高合作社的规范程度，促进合作社的发展和成熟，实现合作社的良性运转。

（2）在发展机制上，形成协同服务格局。

依据我国当前的法律法规，农民合作社的根本作用就是对区域内的农业生产进行指导、协调和服务。所以，应该在当地政府部门的引导下，建立起完善的产联式合作社，政府部门要承担起监管的职责，加强对合作社成员的培训，提高合作社的经营、管理和服务能力。市委农工部、供销社、信用联社、科技局、工商局等要从多个方面配合产联式合作社，推动合作社快速发展，提高合作社的服务能力，比如在政策上指导、金融上支持、科技上服务、登记方面提供便利、税收优惠、服务减免等。除此之外，其他部门之间也要密切配合，做好相应的扶持和服务工作，比如交通部门、水利部门、新闻部门、财政部门等。各乡镇要从各自的实际情况出发，大力发展产联式合作社，提高合作社的品牌效应，通过合作社有效地落实"三农"政策，为当地的农民提供综合性服务。

（3）在发展模式上，发挥工商龙头企业的带头作用。

这些企业具有一定的经济实力，对当地农户、农业生产具有一定的影响力，因此应该发挥这些企业的带头作用。

鼓励种植大户、工商企业在共同利益的基础上，建立起产联式合作社，联合区域内各大农户，形成规模经济效应，提升自身的经济实力，提高自身在市场上的话语权。对龙头企业来说，由于其本身能起到模范带头作用，因此各级政府应该及时地提供各种扶持政策和优惠政策。各乡镇政府部门要开展彻底的摸底调查，了解辖区内养殖和种植大户、贩销大户，登记造册，重点进行管理。及时和这些大户或企业的领导人进行约谈，了解他们在经营过程中遇到的问题和困难，尽可能地帮助他们解决问题，为这些大户的发展创造一个良好的政策环境。另外，要建立起激励机制，从物质或精神方面进行激励，比如鼓励大户经营主体进入村级班子，或者竞选村民代表等。

（4）在发展措施上，要加大扶持力度。

实践证明，产联式合作社适应我国当前农业经济发展的需求，但是合作社尚处于起步阶段，需要政府和社会各界力量的支持。一是政策扶持。可以基于当地经济发展的需求、合作社实际情况，出台一些政策性扶持措施，帮助合作社度过建设的初级阶段，克服各种难题、度过难关，比如设立合作社发展专项基金，通过考评等方式，对运行良好的合作社进行激励，鼓励有发展前景的合作社实现进一步的发展；或者用以奖代补的方式，定期对合作社进行表扬扶持，扩大合作社的社会影响力。二是信贷支持。遵循惠农政策，以服务于"三农"为基准，金融部门为产联式合作社提供资金方面的支持，降低小额贷款门槛，为合作社提供资金，提高合作社的资金周转率。三是人员培训。根据市场的需求，结合营销、财务核算、信息利用等方面的内容，制订出切实有效的培训计划，特别是对合作社领导和社员进行多种形式的培训，提高此类人员的综合素质，提升他们的经营管理能力。四是科技服务。结合农业发展的需求、农产品市场的运作规律，制定出新的生产标准，有利于合作社对农产品的统一管理。要求农民按照标准化技术进行生产，提高产品的质量和品质。五是基础设施建设。联产合作过程中难免会遇到各种困难，社会各界要伸出援助之手，帮助合作社解决各种困难，特别是政府部门，要在合作社发展方面给予优先照顾，解决仓库用地、办公场所和厂房等方面的问题。

6.3 构建原则

6.3.1 坚持市场导向、资源整合原则

从性质上看，合作社属于新型的经济组织。产联式合作社也是如此。它是在市场经济体制下形成的一种面对广大农户的非营利性组织，目的是提高农民的组织化程度。该组织是在市场需求的情况下成立的，如果市场不再需求，该组织就会自动解散、撤销或者破产。在农业生产经营过程中，需要大量的资源投入，而这些资源大多数具有稀缺性特征，比如土地资源。

此外，资源的最优配置需要进行有效的搭配和组合，实现资源效益的最大化。农业生产经营组织的建立就是为了实现资源和要素的最优配置，充分挖掘农业资源的发展潜力，实现经济效益的最大化，提升农民的收入，提高资源的利用效率，让资源的效用得到最大程度的发挥。如果农业生产经营组织既定，要想实现产品与产品、资源与资源的最佳组合，就要根据产品和资源的具体特征，制定出科学的决策，寻求最佳的合作模式。实践证明，产联式合作社组织模式能够实现资源的最优配置，能够适应当前农业经济发展的需求。农业资源有效组合必须遵循以下三个原则：第一，技术上具有可行性。也就是说，要根据自然规律、农艺要求进行组合。第二，经济上具有合理性。要素组合配置过程

中要遵循价值规律，遵守成本效益原则，实现经济利益的最大化。第三，环境上具有允许性。农业生产要素有效组合的前提条件是保护生态环境，把生态效益作为发展的首要条件。上述三个原则，第一个原则是前提，第二个原则是基础，第三个原则是条件，三者缺一不可，必须实现有效的统一结合。

6.3.2　坚持因地制宜、循序渐进原则

我国是一个农业大国，自古以来农业在我国国民经济中所占的比重都非常高。但农业发展不平衡现象比较严重，具体体现在：首先，在自然条件方面，农业资源总量虽然丰富，但是人均资源占有量远远落后于世界平均水平，区域经济发展不平衡，地区差异非常大。受到光热等自然条件的限制，南方的自然条件相对较好，北方的自然条件相对较差，农业资源分布也是如此。其次，在社会经济条件方面，发展不平衡、东西部差异大、城乡不均衡已经成为我国经济发展的主要特点，不均衡的发展状况影响着我国经济的可持续发展。再次，在政策条件方面，试点地区和重点地区与其他地区的政策宽松程度不同，前者明显比较宽松，后者明显比较谨慎。因此必须立足于各地的实际情况，实现产联式合作社经营模式的创新，在创新过程中要有步骤、有重点、顺序渐进、扬长避短，才能推动合作组织的稳步发展。

6.3.3　坚持自愿互利、数量质量相结合原则

合作社制度最基本的原则就是自愿原则，只有充分尊重农民的意愿，在农民自愿的基础上建立起合作社，无论入社还是退社，农民都享有绝对的自由，才能够彰显合作社的特征。自愿原则就是任何一个个人、法人，均可以自由地入社和退社，可以获

得服务，也应该承担责任。一般情况下，合作社是从社员切身利益出发，能够为社员带来优惠服务，因此会吸引社员的加入。如果合作社不能为社员带来优惠服务和相应的利益，则很难吸引社员的参与。自由原则是合作社的主要特征。与国外农业生产经营组织化水平相比，我国此类组织的组织化水平比较低，尚处于发展的初级阶段。这一时期，合作社组织数量比较多，规模通常不大，为社员提供的服务能力有限，社员的增收情况不太明显。只有制定出有效的制度和措施，出台一系列的支持政策，尽快从初级阶段发展到中级阶段才能达到目的。而这不仅要大力增加合作社组织数量，同时要不断提升其组织质量和效益。

6.4　构建目标

产联式合作社的首要的目标，是有力地促进农业和市场之间的衔接，实现供需平衡。设立有效的合作组织，实现组织结构的不断创新，能够促进农户和市场之间的沟通与交流，通过组织化运作，帮助农户更好地适应市场需求，提高农户进入市场的力量，解决信息不对称问题，扩大交易规模、降低交易成本。我国农业生产经营组织创新的另一个目标是构建产前、产中和产后的组织体系，提高农业现代化程度，实现农业的产业化和规模化运作，拓宽农民的盈利渠道，提升农民的收益。为了实现这一目标，需要做到：一是通过整合利用各种要素资源，推进农业"产联式合作社"组织体系建设，促进农民与土地、资本、市场紧密结合，密切与农民的利益联结，增强农民生产积极性和实效性，让农民群众有更多获得感。二是促进农业与市场深度融合，优化农业供给质量，加快农业现代化、规模化、集约化发展，切实解决农民以家庭为经营单位规模小、效益低等问题。三是更好地发挥地方党政的职能优势，统筹利用农业和农村资源，提高农业发展质量和效益；加速货物流、信息流、资金流向"三农"有序流动，早日实现农业现代化。也就是说，实现农业效益的最大化，是成立合作社的主要目的，也是合作社组织模式创新的根本动力。首先，通过创新，能够搞活农村经济，建立起充满活力的竞争秩序，提高农产品的竞争优势。其次，通过创新，能够发展规模经济，用最低的成本获得最高的效益。再次，通过创新，还能够加强农户之间的联合，形成具有一定实力的农业生产经营组织体系，提高其自身的经济实力，增强组织体系的市场竞争力，促进农业快速发展。

6.4.1 构建农业资源优化配置的组织框架

在一定配置主体的作用下，建立合作社能够实现资源配置的最优化。从微观配置角度来看，农户作为配置主体，受到各种因素的约束，自身能力有限，无法对资源实现最优配置，无法发挥资源的最大效能。广大农户比较分散、能力有限，国家面对众多的农户，无法制定出十分有效的宏观配置策略，无法提供有效的政策保障。产联式合作社正是在此背景下应运而生，作为非营利组织，其目的就是实现农业资源的最优配置，弥补微观和宏观层面政策的不足。

6.4.2 实现农业市场化的组织基础

随着社会快速发展，市场经济体制不断深入，一种高度组织化的经济，通常会根据市场信息实现资源的有效配置，这也是市场化的体现。产品生产和市场交换均是在市场化的作用下进行的。我国自改革开放之后，确立了家庭联产承包责任制，市场主体是广大农户，农户拥有了小规模的土地资源，只能进行小规模生产，这种分散式的生产模式，很难适应市场经济体制的需求，无法抵御瞬息万变的市场风险，生产和市场之间的矛盾日渐突出，制约了农业经济的发展。在市场化过程中，农户规模小、实力不足，在市场上很难处于有效的竞争地位，缺少话语权、议价能力，因此很难实现农户的劳动价值，影响着农业生产和再生产。通过产联式合作社创新，能够加强农户间的联系，实现不同农户之间的深度合作。多个农户凝聚在一起，形成一股强大的合力，能够提高其市场主体地位、经济实力、竞争能力，能够推动农业市场化顺利进行。

6.4.3 提供农业效率与效益的组织保障

我国当前正在全面推进新农村建设，目的就是提高农民的生活质量和水平，其中关键在于发展现代农业，培养新型农民，用现代化的理念去指导农业生产，提高农业生产效率，提升农业竞争力。2017年，中央"一号文件"明确指出，增加农业生产经营的效率，提高农民收入，是农业发展新阶段的重要任务。其中关键就是用现代化的经营理念，推动农业组织结构、经营模式的改革和转型，实现现代农业的快速发展，推动新农村建设目标的早日实现。

6.4.4 保障农业可持续发展的组织载体

只有良好的生态环境，才能保障农业的可持续发展。随着社会经济的快速发展，人们对生态环境质量的要求越来越高，可以利用科学技术，结合区域资源优势，构建良好的生态环境，推动社会的可持续发展，实现农业经济的再次腾飞。受到多种因素的影响，我国的农业生态环境相对脆弱，农业资源没有得到合理利用，因此应该充分认清当前的农业生态环境，制定出切实可行的农业生产经营策略，确保农业生产的可持续性、合理性，实现可持续和快速发展。农业基础设施的完善，是实现农业现代化和农业可持续发展的关键。政府和社会应该集中力量，投入人力、物力、财力，全面致力于农业基础设施建设，为农业生产创造有利条件。产联式合作社的创新必须建立在可持续发展的基础上，以此为目标，推动农业经济的快速发展。

6.5 机制创新

构建产联式合作社，要处理好农户和工商资本等主体之间的共生机制、主体之间的共生整合机制以及组织的内外部机制创新。鼓励和引导产联式合作社的健康发展，建立起完善的内部运行机制，规范合作社组织的行为，实现合作社规范化和制度化发展，具体应做到以下几点：一是实现政府角色的正确定位。政府只应起到引导作用，可以制定宏观政策进行指导，不能强迫命令。二是完善合作社组织制度。组织制度是法律框架下任何组织运行的前提条件，产联式合作社也是如此。遵守法律法规，并依据法律法规制定严格的规章、财务和监督制度，才能确保合作社合法运行。三是完善各项管理职能。合作社的内部管理决定着合作社质量的高低、功能是否得到完全实现。而影响合作社发展的一个重大因素就是管理问题。合作社只有具备完善的管理制度，才能实施有效管理，可以引入有管理经验的专家参与。四是规范利益分配机制。合作社成立的目的就是维护各主体的利益，这也是实现可持续发展的关键，因此要制定出完善的利益分配机制，保障各主体利益，实现利益分配的公平公正，才能够实现合作社的可持续发展。

6.5.1 利益分配机制

首先，合作社属于非营利机构，应妥善处理好发展与分配的关系。因为可分配盈余中提取的公积金越多，合作社日后的发展潜力就越大，但也意味着成员从合作社中分配的利润减少，从而会影响成员的积极性。随着合作社的不断发展，这一问题必将更加敏感。其次，应妥善处理好按劳分配和按资分配的关系。从本质上讲，合作社是按劳分配的组织，但随着以资金入股合作社的成员逐渐增多，按资分配必将成为一种分配方式。目前，法律尚未对此做出明确规定，因此在合作社章程中应做出细致规定。最后，应妥善处理好按交易额返还利润和按股分红的关系。《农民专业合作社法》已对前者做出了明确规定，但对后者没有做出详细说明。因此，合作社在成立之初，就应对按照何种方式分红的问题作出规定并达成共识。

6.5.2 运营约束机制

通过农业合作社运营约束机制，农业产业化得以顺利运营，既保障了各主体的利益，又使各种机制有条不紊地运行。在农业产业化经营中，运营约束机制主要包括市场、股份合作、合同以及股份约束机制等。只有约束机制的顺利执行才可以切实保证各主体利益的基本实现。

6.5.3 科学管理监督机制

建立相关的科学管理监督机制，让一切"机会主义"与"搭便车"的做法不复存在，对组织成员劳动计量和核算进行监督是有必要的，这也是农业产业化经营的保证，决定着农业产业化经营是否能保持高效的运营模式与较高的经济效益。这种科学的管理监督机制主要体现在以下四个方面，涵盖了农业产业化经营过程中的各个环节：第一，成本管理制度。在一定范围内，合理降低生产成本，建立一定的成本目标。只有合理控制好劳动定额和消耗定额，才能有效地提高经济效益。第二，质量管理制度。质量是销售的前提，只有严格控制好质量标准，切实提高农产品的质量，才能为高销量打下良好的铺垫。第三，明确资金管理。只有合理运用资金，建立健全相关的资金管理标准以及财务制度，才能让资金合理有效地发挥最大的作用。第四，严格用工管理。建立相关的用工劳动制度，使工人的劳动管理有凭可依、有据可查，只有使劳动用工管理制度贯穿整个经营过程，才能更大地提高经济效益。

6.5.4 保障机制

农业合作社保障机制主要有以下三种：制度保障、组织保障、非市场安排。其中，价格保护制度、基金风险制度以及产销合同制度都属于制度保障。非市场安排是一种非常特别的利益关系，它是由龙头企业和参与农户一起搭建起来的一种关系，主要提供以下几种服务：①农户生产需要龙头企业提供资金支持。②龙头企业为农户提供各种低偿服务或者无偿服务。③农户从龙头企业以低价购买生产资料。

6.5.5 宏观调控机制

对农业合作社产业化经营所运用的宏观调控机制主要是由政府主导的，它是指政府运用相关法律条文、经济政策和计划进行宏观调控。这种宏观调控体系主要包括四个方面：第一，制定相关优惠政策，包括财政、税收和金融方面，对农业产业化经营进行扶持。第二，制定农业合作社产业化经营相关的法律条文。第三，对农业合作社产业化经营进行整体的规划安排。第四，消灭旧的体制，建设新的管理体制，加强协调各部门管理。

6.6 实施路径

6.6.1 家庭联产承包责任制是产联式合作社组织创新的约束前提

我国实行家庭联产承包责任制，是对现阶段农业生产经营及生产力发展的硬性规定，对于我国的农业合作社，组织创新必须在家庭联产承包责任制的框架下进行。家庭联产承包责任经营制度，构建了符合农村发展规律和农业生产特点的基本生产制度，更形成了农村的基本经营制度，是一种农户对土地拥有使用权的肯定。农村的土地所有制经营，从某种意义上来说，都是集体所有、家庭经营的态势，好似一种帕累托最优模式。对于政府来说，所有制度的安排都必须符合农业的发展规律，促进农业的可持续增长，以保障国家和农民对于粮食的安全需求。对于社区来说，集体土地所有制可以保证对土地自由支配的权利，也给予了集体对于土地的一定的管理权益，排除了农民失去土地而导致的不确定性因素。对于农户来说，土地的承包经营权和实际占有权，是提高生产和经营效率的关键性因素。面对我国人多地少的基本国情，土地的就业保障和福利保障在社会上具有稳定的作用，可以让社会向更好的方向发展。众所周知，家庭联产承包责任制在土地规划与经营方面存在缺陷，但是，以户为基本单位的规模经营模式，考虑的不再是农村土地规模效益，而是农村生产合作社农业生产的整体规模效益。按照农业社会化的基本要求，一些农业生产组织通过自愿互利的原则建立起来，具有较高的组织化程度，同时有一定的产权适应性，可以充分享受社会服务体系的各种便利。因此，在我国目前的社会主义现代化程度上，农村生产经营组织必须建立在家庭联产承包责任制的基础上。

6.6.2 生产经营者的自愿互利是产联式合作社组织创新的动力基础

在《集体化与中国 1959—1961 年的农业危机》中，林毅夫对农业合作劳动监督费用高这一农业生产的特点做出了详细的说明。当今社会，农民有更多的选择权，他们通过多次尝试最后找到属于自己的实施协议，通过这些协议来代替较高费用的监督。现今，农民的选择是需要得到尊重的，因为这是建立在自愿基础上的，只有这样才能体现联合生产合作组织的现实意义。农户有权选择加入一个或多个组织，也有权选择退出一个或多个组织，所以在农民自由选择组织形式上，只有充分尊重农民的意愿，才有可能实现联合合作组织的创新。农户的跨区域发展需要联合合作组织满足各成员的利益，互惠互利合作，这是任何组织存在的必要意义。正是出于这个原因，联合与合作都是由生产经营者建立在自愿、平等、互利的基础之上的。农业合作生产者合作组织创新的根本动力源于各个主体部分都能获得相对应的利益，而不是一方盈利，一方亏损，通过亏损方的利益来增加盈利方的利益。只有相对公平地获取相应的利益，才能使之持续久远地发展。

6.6.3　产联式合作经济是实现组织创新的主要模式

我国是社会主义国家，建设社会主义现代化新农村，其根本目标在于改变农村以往的生活生产方式，提高农业生产的组织化，这样才能更好地进行创新，使组织有更好的发展空间，获得更高的经济效益。在当今阶段，只有创新农业生产组织的发展，坚持合作经济的主要模式，才能更好地走社会主义的现代化道路，实现人民群众的小康生活。产联式合作社组织在根本目的上非常明确，即提升生产经营效率，促使农业生产在社会化方面、规模化方面、集约化方面、组织化方面以及商品化方面等均能实现提升，通过发挥合作所具有的优势，使得农民个体处于弱势这种不利地位获得相应改观，据此来达到规避风险以及提升效率的作用。当然，建立产联式合作经济组织，不意味着就会否定家庭经营这种模式。事实上，这种模式除了能保持农户家庭经营所具有的独立性特点之外，还能解决独家独户经营存在的局限性问题，借助联合这种方式，在提升交易筹码的同时，还能有效降低生产经营需要支付的成本，维护好成员的共同利益，能真正体现利益共同体的特征。与此同时，该组织服务形式并非仅仅强调提供社会化服务，它还注重融合自我服务，且提供的社会化服务与市场经济原则要求相符，能在促使组织效益实现提升的同时，确保个人经济福利获得体现。而在产联式合作社方面，其所提供的自我服务不仅能确保质量，而且有助于对成本进行有效控制，使得农业所具有的"天然"弱质性问题获得有效克服，为促使我国农业竞争力实现提升提供组织层面的有效保障，为此，选择该组织形式与我国当前的实际国情要求相符合。从发展层面而言，实施产联式合作经济组织模式，便于政府推进各项相应的政策，即政府可以依托于这些组织作为载体，并在此基础上顺利推行所制定的相应政策，同时便于开展宏观管理等。从农民这个角度来说，可借助产联式合作组织把自己的声音反映出来，对政府制定政策施加相应的有效影响，使得自身的经济与政治利益获得有效维护。除此之外，由于产联式合作经济组织本身就能够体现平等、民主等制度特点，为此，势必会对成员形成民主意识与理念等具有积极影响，在促使社员整体素质提升方面也具有非常重要的作用，进而为我国农村民主制度建设进程得以顺利推进提供有力支撑。

6.6.4 多样化形式和渐进式推进是产联式合作组织创新的一种外在表现

生产力由生产关系决定。对于农业生产经营组织产联式合作社而言，其在创新方面受到社会经济环境的变化影响非常大，这是由农业经济和与之相联系的总体经济发展水平所决定的。在我国实施改革开放政策后，尽管农业也获得相应发展，但从整体上而言，仍旧还非常落后，这就使得农业生产者之间进行的合作只能在尊重客观规律的基础上逐步推进。加上我国地域宽广，各地区的农业经济发展并未实现均衡化，这就意味着产联式合作社组织在进行创新方面，必然会体现为层次性与多样性的特点：①多样性。在我国，不同的地区相应的经济发展水平也不同，加上农民本身就存在不同的需求，且需求还体现为层次性，在这种情况下就要求产联式合作组织采取的形式也应体现为多样性特点，而不能是固定不变的，需要在发展过程中不断进行调整。②强调与时俱进性。产联式合作组织的功能在发展初期体现为单一性特点，而在组织规模逐渐扩大，实力不断增强时，其相应功能必然会体现为综合性特点，且能根据环境变化进行适当调整。③具有为农民服务的特点。在完成产联式合作组织的建立工作后，需要结合成员需求明确服务功能，否则，组织在吸引力方面就会逐渐减弱，最后失去生命力。④自愿性。就目前而言，我国还没有出现规模较大且影响力也较大的农民合作组织，通过对小规模产联式合作组织等进行梳理可以得知，当农户存在合作方面的需要时，可以在自愿原则下进行联合，并形成产联式合作社。⑤选出组织领导人。在农民组织规模逐渐扩大之后，对领导人的要求也会逐渐提升。高质量的专业人员作为组织领导，必定能提升组织的综合领导能力。⑥强调与外界保持良好联系。产联式合作社组织想要实现健康发展，一方面，需要与政府建立良好关系，进而争取获得政府的支持；另一方面，需要与科研教学机构建立良好关系，这对产联式合作组织技术得以有效改善具有重大益处。

6.6.5 新型现代农业产业生产经营组织体系是产联式合作组织创新的内在要求

（1）要培育新型农业经营主体，确保该主体充满活力且富有竞争力，同时还需要具有一定的创新能力。在具体落实方面，可加强对农村基本经营制度的完善，同时促使农村土地实现流转，提升农业规模经营，积极鼓励新型职业农民、合作社、龙头企业等新型经营主体发展。从改造方面着手来激活农户家庭经营的积极性，为新型经营主体得以有效发育提供有力支撑。新型农业经营主体实现成长与发育之后，可带来诸多方面的积极作用，其中就包括能为产联式合作社发展提供新的载体。

（2）构建分工协作与优势互补的现代农业产业生产经营组织体系。在进行新型农业经营主体的培育过程中，还要注重促使现代农业组织实现创新。一方面，强调各类农业产业化组织要注重凸显优势互补，促使竞争能力实现提升，以及在可持续发展能力方面获得提升，最终实现规模经济与相应的利益回报等；另一方面，在各类产联式合作社组织之间要充分发挥协同效应和网络效应，据此来提升自身的竞争优势，以使组织在参与市场竞争中具有更多优势。

（3）注重进一步推进制度创新与政策创新，并在此基础上构建新型农业生产经营体系，且还要加强对制度和政策环境方面进行完善与更新，使得其与组织的健康发展需要相符合。

6.7 面临的主要任务

当前，我国结合自身国情实际积极构建新型农业生产经营组织，然而还处于初期阶段。依据国内外已经积累的经验和发展现代农业所要达到的要求，可基本勾勒出建设产联式合作社需要面临的主要任务。

（1）培育极具活力、具有较强竞争力与创新能力的新型农业生产经营主体。具体而言，需要加强对农村基本经营制度的完善。与此同时，还要采取相应措施推进农村土地实现流转，鼓励农民进行规模化经营等。对农户家庭经营模式进行改造升级，对于各种新型经营主体，如职业农民、农业产业化龙头企业等的发育持支持鼓励态度，便于为产联式合作社实现发展提供动力支持。总体而言，在进行新型农业经营主体的培育方面，就是要着重促进新型经营主体带头人或者企业家等实现健康成长。这是由于不管哪一种类型的新型经营主体，其带头人在其中的作用均非常关键，他们能起到行业发展的领军作用。

（2）发展适合当前社会实际、具有较强支撑力与体现网络衔接功能的农业生产性服务业。在这方面，可以学习与借鉴日本等国已经积累的先进经验，不要停留在仅仅进行农业企业家的培育层面上，还要注重与发展农业服务业实现有机结合，落实好这些工作，能有效解决发展现代农业过程中遇到的相应问题，其中就包括"谁来种地"的问题，以及"如何种地，如何取得更好效果"等方面的问题。在一个地区若存在行业领头人，也就是非常有能力的农业企业家带领农民一起发展农业，就能使农民明确应如何发展农业，不会出现方向上的错误，即便遇到问题，也能很快得到有效解决。

"工商企业＋农业国有企业＋村集体经济组织＋农户＋政府"这种模式具有诸多方面的优势，在发展现代农业时就可以采取该途径。实践已经证明，该途径能够取得较好的效果。立足于国际经验，农业生产性服务业所处的地位愈加重要，在发展现代农业过程中发挥着战略引擎的重大作用。需要明确的是，发展农业生产性服务业和发展农业社会化服务之间存在非常紧密的联系，不过这两者并不相同。与发展农业社会化服务相比，发展农业生产性服务业在范围上显然要更加广泛，在内涵上也更加丰富。不管是发展农业社会化服务，还是发展农业生产性服务业，均强调服务主体要注重多元化，在服务方面应体现专业化，在运行方面要体现社会化，等等。然而，就发展农业生产性服务业而言，除了强调要注重开展公益性农业服务体系之外，还要注重凸显农业生产性服务业实现产业化，强调实现专业化与市场化，为农业生产性服务业实现可持续发展提供有力支持。

此外，还要注重强调采取实现服务业产业化的各项措施，其中就包括推进专业化与在农业生产性服务业引入优质因素等。与发展农业社会化服务体系相比，发展农业生产性服务业具有诸多积极性，这些积极性归结起来主要体现在对持续增加与优化农业社会化服务供给非常有利，能为现代农业得以发展提供有力支撑。

（3）构建分工协作，实现优势互补以及链接符合当前社会发展需要的现代农业产业组织体系。在进行新型农业经营主体和服务主体的培育过程中，推进现代农业产联式合作社组织实现发展与创新非常重要，这是由于一方面能为各类农业产业化组织实现优势互补、节本增效以及降低风险提供有力支持，并能增强农业在发展过程中的竞争能力与抗风险能力，还能增强其可持续发展能力，为实现规模经济奠定雄厚基础。另一方面，表现在提升市场竞争优势上，当落实创新工作后，有助于使得各类农业产业化组织之间能实现更好的衔接，网络效应方面也更为理想，最终能使得横向一体化或者纵向一体化得以实现。当前，新型农业经营及服务主体数量均呈增加态势，在这个过程中这些新型主体自身所具有的问题与局限性等越来越突出。具体来说，主要体现在组织规模不大、所处的层次不高、功能较为弱化、所提供的服务能力较差，等等。面对当前的发展趋势，就我国农业产业组织而言，如何提升其竞争力不仅重要而且非常紧迫。这是由于若农业产业组织缺乏有效的竞争力，那么农业自然也就没有相应的竞争力，在这种情况下建设现代农业自然也就无法实现。发达国家有些影响极大的农业跨国公司，其发展历程通常为几十年，有的则长达上百年。在农业领域，短时间而言我国还无法构建极具竞争力的大型企业，与跨国公司进行竞争时存在明显劣势。然而，通过引导产联式合作社经营主体之间的分工协作、实现优势互补，可有效促使农业产业链各个环节的有效合作，仍有望建成具有较强竞争力的农业产业组织体系，并具有与发达国家农业跨国公司进行竞争的能力。由此可见，加快构建这类现代农业产业组织体系已经迫在眉睫，同时也是需要完成的重要任务。

（4）结合进行新型农业生产经营组织体系构建存在的要求来推进制度与政策创新。进行产联式合作社的构建工作，需要注重对制度以及政策环境进行完善。在构建该类型的现代农业产业组织体系时，需要注重新型农业经营或服务主体的培育工作。在进行培育方面可优先选择这样几条路径：第一，通过对商业模式及联结农户方式进行创新，据此来促使农户或现代农业发展服务功能实现增强。第二，推进新型农业经营或服务主体之间的强化合作，从这些方面来努力为农业组织功能实现转型升级提供有效支撑。第三，可成立行业协会或者相应的产业联盟，以便于解决行业中存在的共同利益问题，且还能有助于促使核心企业在其中发挥相应作用，并为现代农业产业链整合提供平台方面的支持。第四，加强发展现代农业集群，或者是发展农业产业化产业区等，据此来促使现代农业产业链实现一体化，进而使得农业品牌效应获得体现，促使各个环节实现集聚效应等。需要注意的是，这些可供选择的路径能否最终有效进行转换，也就是转化为完成新型农业经营体系的构建工作，主要是由能否通过深化改革并进行政策创新来决定的。事实上，在进行新型农业经营主体的培育方面，注重对利益联结机制进行完善非常重要，同时还需要注重对制衡机制等进行完善与创新。而想要在这些方面实现突破，就离不开良好的制度环境与相应的政策环境。

7 产联式合作社的地方实践
——以大英县为例

7.1 大英县基本情况与历史沿革

大英县为四川省遂宁市属县,为著名的唐宋遂州长江县所在地。大英县境地处四川盆地中部,地理坐标为北纬 30°29′~30°44′、东经 105°15′~105°40′之间。东西长 32 千米,南北宽 26 千米。东与遂宁市蓬溪县以涪江为界,南靠遂宁市船山区和安居区,西接德阳市中江县和资阳市乐至县,北连绵阳市三台县和遂宁市射洪县。地处川中腹地涪江以西,郪江中下游流域。属亚热带湿润季风气候区,气候温和,雨量充沛,雨热同季,四季分明,光温同步,无霜期长,热量丰富。境内地势分为平坝、浅丘和深丘。大英县源自郪国(境内有古郪国遗存),盛于长江(即长江县),拥有着深厚的历史人文底蕴。现有国家文化部确定的第一批国家级非物质文化遗产卓筒井制盐技术。著名历史景点有唐长江县遗址、唐大埂子摩崖造像、明席书墓、清象山书院等。其还因境内独特的碱盐地质,催生了以中国死海为代表的旅游产业。

大英县历史悠久,历史文化底蕴深厚。在公元前 209 年,刘邦就被楚封为汉中王,楚之所以能获得胜利,要归功于张良、萧何与韩信的辅佐,此外还有川蜀人才等在内的诸多人才的支持。汉得以立,则在此方面不忘川蜀,为此,将境内的地名冠以

"汉"字，以此来褒奖。大英县境隶属于郪县，是郪县的辖地。280年，即汉武帝太康元年，东广汉郡被废，直接并入广汉郡，同时也对郪县进行更名，更名后为作伍城县，县境分属广汉郡广汉县与伍城县辖区。303年，即晋惠帝太安二年，政权更迭，李明、李寿与李势据蜀反晋，并建立成汉政权，该政权持续时间为303—347年，其间把广汉郡治进行迁移，由梓潼迁往雒县，也就是当今的广汉市境内，而复伍城则称为郪县，且保持县境属地跟原来一样。347年，也就是东晋穆帝永和三年，当时的东晋名将桓温受命，向"成汉"政权进行讨伐。蜀地为此既平，把德阳郡更改为遂宁郡，意在息事安宁，而郡以下建置不变，同时县境的属地也保持不变。355年，也就是东晋永和十一年，在该年中，分郪县的东南部，以及广汉县的南部临郪江与涪江地带置巴兴县。555年，也就是西魏恭帝二年，该县进行更名，更名后为长江县。405年，也就是东晋义熙元年，谯纵在巴兴县水口即为当今的大英县郪口称王，在他攻下成都之后就割据四川八年，且深受蜀人的认可与爱戴。在西魏与北周时期，长江县隶遂为州，而在607年即大业三年则遂州改称为遂宁郡，长江县隶属于它。唐代初年对南北朝以来较为混乱的行政区划重新进行调整，在本次调整中确立有州以及县两级行政区制。各州、县根据其自身的地理形势等划分等级。其中在州则分为七等：一是辅，二是雄，三是望，四是紧，五是上，六是中，七是下。县也分为七等：一是京，二是畿，三是望，四是紧，五是上，六是中，七是下。在宋代，长江县的疆域即便与今天的大英县相比也要广很多，囊括今天的大英县全境，以及遂宁地区与蓬溪县部分疆土。长江县的六镇位于今大英境内的只有三镇，包括客馆镇、长滩镇和赵井镇。宋末元初，四川遭受残酷且长期的战争蹂躏，导致该地区灶冷无烟，人口也出现骤减，很多田地荒芜。在一些县中，更是出现无民可治的极端现象。为此，元朝统治者结合具体情况采取省并州县措施。1282 年，也就是元世祖至元十九年，长江县由于人口非常少，并入蓬溪，其上属四川行中书省潼川府遂宁州所管辖。1376 年，对遂宁州进行调整，改为遂宁县；1377 年，也就是明太祖洪武十年，五月，并蓬溪县与遂宁县；1380 年，也就是明太祖洪武十三年，十一月，再次置蓬溪县，且使得遂、蓬这两县分来进行治理，隶属于潼川州。1653 年，也就是清顺治十年，遂宁县并入蓬溪县。1660 年，也就是清顺治十七年，再次复置遂宁县，且蓬、遂这两县再次分开并立县并分别进行治理，在划界方面保持不变。1734 年，也就是雍正十二年，则对潼川州进行调整，调整之后为府，管辖包括三台、射洪与乐至等在内共八县，并一直维持到清末时期。根据《清史稿》卷 69《地理志》记载得知：在清代时期，蓬溪共有井盐 795 口，在县城方面，选择驻在赤城镇，盐课大使则住在康家渡，也就是现今的蓬溪县红江镇。1728 年，也就是清雍正八年，在蓬莱镇设置巡检署。1736 年，也就是乾隆元年，对蓬莱巡检署进行调整，更改之后为蓬莱镇盐大使。1756 年，也就是乾隆二十年，盐大使转移到康家渡，此时蓬莱镇也被更改为县丞。在这之后，蓬莱镇隶属于蓬溪县，前者是后者的一个下属分县。在清咸丰年间，大英县设置有中乡团保局、东乡团保局、西乡团保局，也就是当今大英县的"西乡"。1912 年，即民国元年，蓬溪县隶属四川省的川北道潼川府，并对蓬莱分县的县丞进行更改，更改之后为分知事，进入"防区制"时代。1917—1935 年，由邓锡侯部全部占有大英县。1935 年，即"民国"二十四年，开始实行行政监察区制，蓬溪县根据属地划分等被归属于四川省的第十二行政监察区，同时蓬溪被改名为中、东、西乡这三个区。1950 年，四川省共划分为四个行政区：一是川东行政区，二是川南行政区，三是川西行政区，四是川北行政区。蓬溪县属于川北行政区。1952 年 9 月，国家对四川行政区进行合并，合并之后为四川省，而蓬溪县则根据划分归属于四川省的遂宁专区。1958 年，遂宁专区并入绵阳地区，这就使得蓬溪县改为由四川省绵阳地区所管制。1985 年，成立遂宁市，蓬溪县由四川省遂宁市负责管制。1997 年 10 月 31 日，民政部调整蓬溪县行政区域（民行批〔1997〕23号），设立大英县。大英县管辖包括通仙与金元等在内的 3 个乡，以及包括玉峰与回马等在内的 8 个镇，此外还有原红江镇的文武与夏家沟等 3 个村。县政府直接选择蓬莱镇为驻地。大英县经过多年的发展和改革推动，社会经济发展大致情况如下：

一是经济发展"稳中有进"。2015 年，大英县实现地区生产总值（GDP）129.93 亿元，同比增长 12.2%，增速分别高于全国、全省平均水平 5.3% 和 4.3%，在经济下行的新常态下，实现了中高速增长。其中第一产业实现增加值 21.52 亿元，增长 3.5%，经济增长贡献达到 4.4%，拉动经济增长 0.54 个百分点；第二产业实现增加值 79.84 亿元，增长 14.3%，经济增长贡献达到 76.8%，拉动经济增长 9.37 个百分点；第三产业实现增加值 28.57 亿元，增长 11.7%，经济增长贡献达到 18.8%，拉动经济增长 2.29 个百分点。

二是结构调整成效明显。2015 年起，大英县经济结构逐年趋优，第一产业 GDP 占比逐步下降，第二产业占比稳中有进，第三产业占比逐步提高。2015 年，三次产业结构之比由 2014 年的 17.68：61.15：21.17 调整为 16.56：61.45：21.99。其中服务业发展速度非常快，在促进经济增长方面做出的贡献呈逐年提高态势。其中，2015 年实现服务业增值 28.57 亿元，增长 11.7%，经济增长贡献率达到 18.8%，比上年下降了 0.1 个百分点，拉动经济增长 2.29%，比上年提高了 0.48 个百分点。农业生产形势趋于稳定。2015 年，全年农作物总播种面积 95.7 万亩，增长 0.3%；其中粮食播种面积 69.24 万亩，下降 0.1%；油料播种面积 13.68 万亩，增长 4.6%；蔬菜播种面积 5.56 万亩，下降 0.1%。全年粮食总产量 25.61 万吨，同比增长 1.4%；油料作物 2.5 万吨，增长 4.9%；蔬菜 11 万吨，下降 0.3%；全年生猪出栏 55.11 万头，下降 2.4%；牛出栏 5319 头，增长 5.8%；羊出栏 7.04 万只，增长 7%；家禽出栏 377.03 万只，增长 5.7%；肉类总产量 4.92 万吨，下降 1.2%。农业生产形势稳定，粮食生产大县、生猪调出大县地位稳固。

三是农村经济结构不断优化。从产值来看，实现农林牧渔业总产值 37.93 亿元，增长 4.2%。其中农业产值 17.38 亿元，增长 5.3%，林业产值 14 15 万元，增长 3.3%，牧业产值 169915 万元，增长 2.9%，渔业产值 14.05 万元，增长 4.2%，农、林、牧、渔业服务业产值 0.74 亿元，增长 8.2%，占农业总产值的 1.9%。从增加值看，农林牧渔业增加值 22.03 亿元，增长 3.7%。其中农业增加值 11.85 亿元，增长 5%，林业增加值 0.98 万元，增长 2.7%，牧业增加值 7.78 亿元，增长 1.5%，渔业增加值 0.9 亿元，增长 4%，农、林、牧、渔业服务业增加值 0.5 亿元，增长 8.2%。农业经济结构由 2014 年的 45.9∶3.9∶44.5∶3.8∶1.9 调整为 2015 年的 45.8∶3.7∶44.8∶3.7∶1.9，农村经济由单一的种养殖业向多元经济发展，由传统农业向高新农业转变。

四是现代农业发展取得新成效。坚持走产业多元发展、乡镇多点拓展、区域多极扩散的农业产业发展路子，调整产业结构、优化产业布局，推动全县现代农业产业多点多级、全域发展。"六路六带"产业发展格局基本形成。全县新培育市级农业产业化龙头企业 3 家，规范发展农民专合组织 20 个，新发展家庭农场 10 家、家庭牧场 19 家、种养大户 93 户。新发展优质水果 1 万亩，绿色蔬菜 3 万亩，道地中药材 1 万亩，薄壳核桃等高效经济林 1.5 万亩，新建工厂化生猪繁育基地 1 个、标准化生猪养殖小区 12 个，发展生猪适度规模养殖户 25 户，发展肉兔、肉鹅、土鸡等特色家禽规模养殖户 23 户。

五是农村基础设施建设取得新跨越。全年共落实农业农村重点项目 13 个，整合涉农项目资金 1.32 亿元，实施基础设施、新村建设等农业重点项目 7 个，建成高标准农田 1.32 万亩，升级改造县乡道路 32 千米，新建农村公路 55.7 千米，新建整治渠道 97 千米、蓄水池 134 口、山坪塘 71 口，整治改造泵站 35 处，建设村镇供水工程 4 处，新增农村供水受益人口 1.66 万人。

六是幸福美丽新村建设取得新进展。坚持产业促新村、新村带产业、产村相融互动，大力推进幸福美丽新村建设。全县共建设蓬莱镇泉水村等幸福美丽新村 35 个、隆盛镇双界村等农民新村聚居点 45 个、农村廉租房 120 余户。深入推进农村环境综合治理，成功通过了国家六部委对大英县农村生活垃圾治理工作的检查验收，农村面貌得到全面改善。

七是深化农业农村改革并获得重大新突破。农村土地承包经营权与农村房屋产权等确权登记颁证工作推进较为顺利。在加快推进农村产权确权的基础上，积极推进财政资金形成的资产量化入股试点工作，将财政资金形成的资产量化成农户的股份参与产业发展，增加农民财产性收入，目前，试点工作已基本结束。同时采取独资、合作、入股、联合开发等多种形式，在优质水果基地上探索"合作共建共管同受益"的利益联结机制，通过对这些机制的探索实践，初步建立起了农民持续增收的长效机制。

八是扶贫开发攻坚工作迈上新台阶。按照扶贫攻坚总体要求，大力开展并推进"五大扶贫工程"相应项目工作。2016 年以来，全县共争取扶贫项目资金 973 万元，在 2 个镇 81 个村（其中省级贫困村 5 个）启动省级财政专项扶贫资金项目。到 2016 年底，已修建社道水泥路 5.11 千米，新建设农用渠系 10.5 千米，整修渠道 2.5 千米，修建和整治山坪塘 6 处、石河堰 6 处、蓄水池 10 口、囤水田 6 处；扩建优质油桃基地 1100 亩，新发展核桃林 500 亩，乡村旅游业 3 家，农户环境改造项目 5 个。同时，在扶贫村探索建立"建强 1 个基层组织驱动，培育 10 个致富能手带动，引导贫困群众联动"的"1＋10"农业农村发展模式，得到了省扶贫移民局的高度评价和充分肯定，并在全省推行。

7.2　大英县产联式合作社的做法及成效

2016 年以来，结合四川省农业供给侧结构性改革精神，大英县立足丘陵地区实际，坚持效率导向，建立了以激活政府、农户、村"两委"、工商资本、国有农业开发公司等五大农业发展主体利益联结为核心的产联式合作社，落实"五联模式"：一是创新资本联投，二是创新生产联营，三是创新经营联动，四是创新效益联赢，五是进行风险联控创新。从这些方面着手来激活生产力，并积极向"加快培育农业农村发展新动能，开创农业现代化建设新局面"目标迈出创造性步伐。大英县在 2016 年开展产联式合作社试点工作，具体开设有 4 个试点，涉及 8400 余亩土地，受益的农户更是高达 11347 人之多，同时还实现人均增收共计 1840 元。这一做法 2017 年已在大英县全面推开，建立产联式合作社 35 个，涉及土地 1.5 万余亩，参与农户约 21500 人，预计实现人均增收超 2000 元。

7.2.1　创新资本联投模式，着力解决工商资本下乡难问题

投入大、周期长、风险高，是制约资本向农业流动的主要"瓶颈"，其中基础设施、土地、劳力是投资中的"大头"，解决这三"大头"，工商资本才能真正"流得进"农业产业。

（1）政府主体投入"带"。结合脱贫攻坚工作，将发展重点放在了贫困村。在每个贫困村下沉产业发展基金 30 万元，并且把这些资金直接用于生产经营领域，据此来带动工商企业的积极参与。与此同时，政府还采取相应措施来减少工商企业负担。

（2）多方投资模式"活"。在实际产业发展过程中，结合各因素差异采取以村"两委"与农户作为固定主体，并与其他三个主体灵活组合的方式，在此基础上构建包括"工商资本＋村'两委'＋农户"等在内的多种联合投资结构，有效分担投资压力。

（3）农户入社方式"新"。和当前农业发展大都采用流转土地与雇工生产方式比较而言，产联式合作社的优势较为明显，该组织形式把土地、劳力作为投资要素，变"死"收入为"活"分利，既能有效降低工商资本投入，又能充分调动农户生产积极性，真正提升了农业资源要素利用率。

案例 6-1

河边白柠檬具有较高知名度，在大英县河边镇，白柠檬可以说是一张非常响亮的名片。事实上，河边镇还有一张重要农业名片即河边"荣仙柚"，只是令人遗憾的是，这张名片已被遗忘很久。时任河边镇党委书记的杨洪林对此介绍说，在 20 世纪 80 年代，"荣仙柚"品牌就已经在整个四川享有盛誉。目前全镇柚子树种植面积在 2 万亩以上。杨洪林还介绍说："这些年来柚子产业发展非常缓慢，与白柠檬相比，存在的差距就非常大。"全镇柚子产业没有形成规模，而是由每家种植一些，整体上呈松散状态，除了没有资金投入之外，在技术上也没有进行更新，这就使得柚子的个头变小，且在品相上也出现变差问题，很多柚子卖不出去，直接烂在枝头上，非常可惜。在 2016 年初，河边镇选择"荣仙柚"作为试点工作，并结合该品牌推行"产联式合作社"模式。在河边镇领导的积极引导与政府的支持下，由一家种植专业合作社来负责种植生产"荣仙柚"。专合社负责各个环节的工作，其中就包括负责回购等。而在村民方面，则选择以果树投资来参股，同时还出劳力针对果园开展日常标准化管理工作。就县供销社而言，是负责在农资供应上给予保障支持。在销售环节，除了借助专合社自有销售路径来进行销售之外，由遂宁市所搭建的农产品公用品牌即"遂宁鲜"，也参与其中并提供相应帮助。在销售利润分配上，采取的是专合社、村民与村集体三方根据相应比例来进行分红，具体比例为 4∶4∶2。大英县委书记蒋喻新介绍说："'产联式合作社'使得农业生产不再是松散模式，而是体现为紧密状态，相应效果非常好。"赵品均是大英县回马镇的返乡创业者，他在 2009 年选择返乡创业，并在芦林沟村流转土地多达 2000 余亩，用来发展多项农业产业项目，其中就包括梅花鹿项目，以及鱼塘养鱼等。在基础设施环节，赵品均投入的资金多达 900 万元，每年在土地流转以及雇工方面的投入，共计为 50 余万元，而 8 年过去了，项目目前还处在"回本"状态。2016 年，他采取产联式发展模式，并在枯井村开展稻虾养殖项目与跑山鸡项目等，流转的土地多达 1000 余亩，不过在投入方面，则只有 100 余万元，2017 年底就能开始盈利。赵品均对产联式发展模式非常认可，认为这也是众人拾柴火焰高的真实写照。

7.2.2 创新生产联营模式，着力解决生产组织体系散问题

产业同质化、劳动生产率低下是当前农业发展中的普遍难题，大英县通过"三化"手段有力地解决了上述问题，实现了长效发展。

（1）产业选择多样化。政府负责制订产业发展规划，引领农业向区域化、特色化、规模化发展方向，村"两委"与工商资本

共同协商选择具体产业，有效规避产业同质化问题。

（2）管理组织动态化。在尊重农户现有承包权及个人意愿的前提下，根据产业发展需求进行地块调整，由村"两委"将入社土地集中后重新进行责任田划分，以"记工分"考勤等方式负责对农户生产效率进行动态管理，并作为收益调配依据，确保公平公正。

（3）生产方式标准化。工商资本按照产地环境标准、产业生产技术操作规程、产品食品卫生标准制定生产操作规范，向农户发放种苗等基础生产资料，以合同形式规范农户生产活动。这样既确保产量质量，又提高农民生产素质，促进传统农民向职业农民转变，切实提高劳动生产率。2016 年，大英县 4 个试点分别发展黑玉米、油桃、青花椒、白柠檬 4 种产业，平均亩产量提升近 10%。

案例 6-2

爬到大英县通仙乡圣水村的山头，放眼望去就可以看到绿油油的青花椒树，这些青花椒树长势极为喜人。"你仔细看下就知道，这枝干长得很是壮实。"由于刚下了小雨，山路略显湿滑，不过业主潘小飞并没有因此而放慢脚步，而是走得飞快，他更是非常激动地向记者介绍着青花椒的长势。但在往年，潘小飞就没有今年的这种愉快心情。青花椒具有巨大的市场潜力，潘小飞在看好该市场后，于 2011 年在大英县通仙乡流转土地共计 300 余亩，主要用来种植青花椒。不过在 3 年之后，并未出现预想中的丰产期。300 多亩的青花椒，在年产量上只有仅仅的 5 万余公斤，这与预想的 12 万公斤距离非常大。潘小飞说主要原因是"土地没有形成规模种植，加上日常管理不足"。由于产量非常低，这就使得除了成本费用之外，基本上没有什么剩余利润。由于长期入不敷出，导致在苦苦支撑了 5 年之后，潘小飞开始萌生退出的念头。乡长张美年说："在我们这个地方引来业主本身就非常难，不能就这样结束了。"张美年乡长指出"潘小飞需要解决的两个问题是追加资金投入，以及扩大种植规模"。那么，如何引资？依据"产联式合作社"模式中的新思路，采取的是资本联投方式，通仙乡与潘小飞进行联营，具体为"村支部＋公司＋农户"联营模式，把全乡 5 个贫困村共 1500 余亩土地均收集起来，全部用来种植青花椒，且根据规定，农户每户出资 700 元，并将土地流转入股，而在每个贫困村，则以 30 万元的产业发展周转金入股。在青花椒上市后就由三方共享利润。出于确保扩产之后的青花椒能实现增收，乡政府也提供技术人员方面的支持，预计进入丰产期后每年能带来 800 万元左右的纯利润。从大英县领导所进行的介绍可以得知，采取产联式合作模式在核心要义方面，主要体现在以多元合作为纽带，并在此基础上走出一条以利益联结机制为核心促使农民收入实现提升的新路子。

7.2.3　创新经营联动模式，着力解决市场失灵问题

改变过去工商资本既管生产又管销售、"既当爹又当妈"的发展模式，以产联式合作社为纽带，让工商资本专注市场，农民专注产品，政府专注服务，各主体自身优势得以充分发挥，实现短板互补，优势互促。发挥工商资本市场优势。依托工商资本嗅觉灵敏、信息接收快的优势，深入推进农业供给侧结构性改革，立足需求导向，紧扣市场供求以销定产，实现由个体经销向统收统销转变。发挥村"两委"监管优势。村"两委"针对工商资本企业整体运行、生产资料投入、技术指导等方面的情况进行动态监督，掌握企业运行状况，保障村集体、农户利益不受损。发挥政府资源整合优势。在产联式合作社运作过程中，政府既可以产业基金作为投入主体，又可发挥政府在产业规划、品牌打造、资金整合等方面的优势，有效调动部门、乡镇、村"两委"、农户、企业等多方的积极性。2016 年 4 个试点产联式合作社共成功创

建彩粮黑玉米、九叶青花椒、卓筒油桃等农业品牌 4 个，衍生出系列产品 21 类，产品平均售价同比增长 9.5％。

7.2.4 创新风险联控模式，着力解决收益保障问题

农业发展有"三怕"，政府怕"血本无归"，工商资本怕"产量质量不稳定"，农户怕"增产不增收"。大英县通过建立三项机制，有效解决了"三怕"问题。建立生产风险对赌机制。工商资本、国有农业开发公司与农户签订期权协议，农户交纳一定的生产保证金由村"两委"代管，对比具体产业的标准产量与实际产量，在收益分配过程中进行多奖少扣，双向激励农户生产积极性，确保量质齐升。建立不可抗力的相应保障机制。在投保政策性保险与商业农险这个基础上，结合实际情况由工商资本与国有农业开发公司共同设立产业发展保障基金，并与农户签订协议，具体为不可抗力保障协议，当出现自然灾害现象，或者是市场出现波动并引发经营亏损问题时，就由保障基金方面以不低于土地折资价为标准，对农户进行全额生产补贴，对农户收入予以兜底。建立资金共管机制。产联式合作社采取设立资金"共管账户"的方式，由参与主体共同组成产业发展资金监督管理委员会，对产业发展投入资金、生产保证金、风险保障资金等进行全程规范化管理，确保资金使用安全高效。

案例 6-3

（1）搭台"做饭"，实现风险共担，让企业下乡之路更顺畅。工商资本下乡最担心的问题归结起来有：一是农业投入金额巨大，二是实现利润回报的周期过长，三是存在的风险过高等。大英县积极招商引资，单在 2016 年这一年，就成功吸引来 45 家农业企业，总投资金额更是在 9000 万元以上，与同期相比，实现的增长幅度高达 56.3％。取得这样的成绩，还是要归功于产联

式合作社。赵品均作为一名返乡创业者，他对此就深有体会，并指出"采取产联式合作社模式，能使得农业产业风险控制在较低的水平上，我们为此而被吸引"。赵品均在 2009 年的时候选择返乡创业，并流转土地共计 2000 余亩，主要用来发展梅花鹿项目与鱼塘养鱼项目等，在基础环节的投入共计 900 万元，而每年需要支付的土地流转费与雇工费用更是多达 50 余万元。8 年过去了，项目仍未实现盈利，这让赵品均深感压力，整天愁眉苦脸。在 2016 年，事情出现转机，他在这一年参与到产联式合作社这种模式中，并他的牵头下，村民共同发展稻虾养殖项目和跑山鸡项目等，投入的金额只有 100 多万元，而在年回报率方面，却能实现 20%。赵品均说："自己现在投资农业，心里有底不慌了。"在枯井村，搭建的现代农业基地有一片 50 亩的稻田，更是体现出与众不同的一面：该片稻田的田埂约为 1 米多高，宽则为 2 米多，同时还沿田埂挖有三四米宽的沟槽。赵品均说："这些与众不同的田，专门用来种养稻虾，过两天秧子栽下去之后就开始投放虾苗，一亩田在增收上至少会超过 1000 元。"大英县卓筒井镇干屏村在 3 月 6 日这一天非常繁忙，因为四天之后，该县的首届桃花美食节将在这里拉开序幕。"在开幕的这一天，也就是我们家农家乐开业的日子。"村民喻增陆说到，他正在家里帮忙，并在小院里撑起一把把大大的遮阳伞，同时把新购置的桌凳摆放好，做好准备工作迎接游客进门。

（2）依托于桃花节大力兴办农家乐，卓筒井镇借此机遇大力发展观光农业。事实上，这也是产联式合作社主动规避市场风险采取的一个有效措施。这是由于仅仅搞种植，收益并不是很理想。如在 2011 年，由于桃子出现滞销，导致果农出现巨额损失，损失达到上百万元，有的果农甚至还负气砍掉桃树。想要把市场各个环节打通，就要求做到与市场联动。为此，大英县政府积极在其中发挥牵线搭桥的作用，为卓筒井镇种植大户铺设好销售之路，这就使得果农能定下心来积极进行生产。同时，还需要落实防控农业生产风险方面的相应工作。关于这方面，"政府需要承担起扛大旗的重任工作"。杜锐指出，大英县积极注重做好风险防控，在具体落实上通过设立农业发展公司，来激活农民参与农业产业的积极性。此外还积极引入农业政策担保公司来提供担保，为社会资本积极投入农业生产提供保障支持。当然，除了政府方面进行主动担当之外，由于"产联式合作社"本身就具有风险共担的内容，这就使得其抗风险合力更为强大，进而能有效促使农业产业实现健康发展。

7.2.5　创新效益联赢模式，着力解决收益分配问题

在收益分配上，产联式合作社明确国有农业开发公司投入的产业发展基金只收回本息不参与分利，工商资本根据不同产业特点设定不超过 40％的上限收益分配，剩余收益由村集体经济组织和农户协调分配，最大限度让利于农户和村集体。群众增收渠道由窄变宽。农户出地出工、全过程参与生产，依托产联式合作社订单生产、保护价收购、二次分配等利益联结机制，由过去依靠土地租赁单一财产性收入向获得财产性、经营性、务工性多元收入转变，实现收入大幅增长。村集体经济收入由虚向实转变。村"两委"通过投资、组织发动、监管三大职能的有效发挥，与农户协商确定集体收益比例，既填补了集体经济空白，积累了发展资本，又掌握了现代化农业产业运作方式，为下一阶段利用村集体资金，直接成立产业发展公司，与农户组成利益共同体，真正激活村级集体经济打牢基础。工商企业盈利由薄变厚。工商资本依靠标准化生产得到稳定、优质的农产品来源，能够建立相对稳定的市场销售渠道、二次加工渠道，加快品牌化发展进程，通过不断提高产品附加值实现投入增值。同时，由于明确了政府产

业资金只投入不分利的模式，既能够直接降低工商企业的资金投入，又扩大了企业收益，可有效激发企业持续参与生产经营的热情，实现了收益的长期可持续增长。

案例 6—4

（1）如何帮助农业企业降低投资成本？当地采取的措施如下：由县里结合实际统筹制订相应的发展规划，且在每个产联式项目村均投入 30 万元的产业发展基金，为村集体经济发展提供"第一桶金"支持，据此来带动企业积极参与其中。与此同时，还注重对涉农资金投入基础设施建设进行整合，尽可能使得企业的前期投入能控制在较低水平。相比之下，随着产联式合作社的推出，并在实践中获得运用，实现对农户参与方式的创新，农户通过使用承包地与劳动力的方式进行入股，并加入合作社共同发展农业项目，能有效分担企业的成本投入压力。在发展过程中，各地结合自然禀赋以及产业特点等存在的差异性，采取不同的联合投资结构方式，如有的采取"政府＋龙头企业＋村集体＋农户"方式，有的则采取"国有农业开发公司＋龙头企业＋村集体＋农户"方式等。由于构建了相应的风险共担机制，这就可以让企业放开手脚，把主要精力放在做品牌与拓宽市场上，为产业健康发展提供有力支持。

（2）通过以产定收把"死"工资转变为"活"收益，使得农民从中多得利。回马镇金竹村创建的瓜蒌种植基地，采取的就是产联式合作社方式。在 3 月时栽下小苗，目前已经长出非常长的藤蔓，沿着杆架直接盘旋而上。该村村民李蓉之前基本上在外面打工，2016 年则选择留在家里，她此时正在给瓜蒌藤打杈。她在与记者交流时说道："采取这种合作社方式之后，收入提高不少，比外出打工强，自己还是留在家里照看好了。"过去进行的土地流转方式，土地产出与农民收入之间并没有直接联系。即使赚了钱，也是企业拿大部分，如果亏了就选择走人，由政府负责收拾企业留下的"烂摊子"。又如天保镇的村民李业志，在2005—2014年期间，他家里的几亩地就频频换业主，先后换了4次业主，2014年，在莲藕种植业主退出之后由于没有清淤，导致他无法栽种，最后还是政府负责收拾业主留下的烂摊子。为此，这种土地流转方式没有得到农民的认可，有的农民对此甚至较为排斥。采取产联式合作社能破解这一难题。2016年4月1日，百余名村民涌入天保镇花天坝村村办公室院坝，参与到"抢"领黑玉米种的队伍之中。其中更是有10位农民专程从外地赶回乡。产联式合作社让农民从原来的不愿种地转为现在的"抢"着要种地，共使用以下三个"绝招"：一是以产定收，把"死"工资转变为"活"收益。在产联式合作社模式下，个人收益与产业收益直接挂钩。如以花天坝村的村民李兴金为例，他在2016年时种植有3.5亩黑玉米，收入共计1.03万元。他说："以前把土地流转了，现在自己负责自家的地，干得多收益就多，自然会更加积极。"二是产业链能实现较大范围延伸，在收益方面实现提升。在过去，农民种地都没有赚到钱，而在采取产联式合作社模式之后，就把注重点放在发展深加工方面，使得产业链能够拉长，让农民获得更多收益。如蓬莱镇就开展生态黑猪养殖项目，企业与农户之间进行合作，并按3：7的比例出资购买黑猪幼崽，之后则由农户根据标准要求来进行饲养。由于肉质有保障，且销售渠道稳定，这就使得双方都能实现盈利，在年销售收入方面更是达到70万元以上。三是推出两粒"定心丸"，使得群众的后顾之忧获得有效解除。其中的一颗"定心丸"是提前预支，还有一颗"定心丸"则是兜底保障。目前，在大英县农村，农民愿意种地，认为这是一份体面的工作。如金竹村的村民沈建华，她之前到广东打工已经有10多年的历史，在去年年底却选择回到村里并加入产联式合作社，她骄傲地说："现在自己学会田间管理和销售等，感觉与之前的农民不一样。"

大英县 2016 年试点经验呈现以下几种模式：①"一桃两得"
之花海模式（工商资本＋村"两委"＋农户）。在金元镇引入工
商资本投资建设乡村旅游项目"香薰花海"，由工商资本出苗木
打造桃树林 530 亩，村"两委"组织农户负责日常种植管护，
"香薰花海"获得桃林桃花旅游景观，群众收获果实销售收益，
实现花海得花、群众得果、政府得产业。②"三年约定"之油桃
模式（国有农业平台公司＋工商资本＋村"两委"＋农户）。针
对果林通常有 3～5 年投入期、见效慢、风险大的特点，该县将
政府购买公共服务创造性地嫁接到农业发展上，在卓筒井镇投入
农业服务资金 2300 万元，集中打造油桃产业基地 3500 亩，并与
农户签订协议，进入结果期后交由农户种植，村集体负责日常监
管并与农户按照 2:8 比例分成。2016 年，该镇油桃产业收入达
1450 万元，受益群众 2460 户，户均增收超 1000 元，同时带动
周边农户种植油桃，全镇油桃产业面积目前已超过万亩。③"一
块钱补贴"之黑玉米模式（政府＋工商资本＋村"两委"＋农
户）。彩粮产联式粮油合作社 2016 年在贫困村花天坝村推广黑玉
米种植，因本地没有该品种发展先例，农户心存疑虑，种植积极
性低。乡镇政府主动介入，通过注入产业发展基金在每斤黑玉米
企业收购价 2.5 元的基础上，额外向农户补贴 1 元，并帮助宣传
推广，当年参与农户实现人均增收 3000 元。今年，虽然不再进
行额外补贴，但是该村黑玉米种植在农户主动参与下扩大到 500
亩，并在周边村发展了 300 亩，一个农业新产业仅用两年时间便
在当地迅速成型。

7.3 大英县产联式合作社实践经验启示

2016 年，大英县选择在局部开展试点工作，在 2017 年初
时，就开始在全县范围内推广这种生产方式。该县立足于"产联

式合作社"这个平台，并把包括乡镇、供销社与农户等在内的五大核心主体有效捆绑起来，以此来促使产供销一体化水平实现提升。产联式合作社是典型的混合型合作经济模式，其生产经营方式可归结为"政府＋龙头企业＋农村集体经济组织＋国有农业开发企业＋农户"。这种方式集聚相应模式的优点，总体上更成熟和完善。

7.3.1 大英县产联式合作社的成立是合作社生产经营组织建设形式的创新

具体来说，创新主要体现在这些方面：第一，是主体方面的多元化。这种模式是各类农产品生产者以及加工者之间进行的联合。第二，功能方面体现为多元化。该模式除了农产品销售作用获得发挥之外，在生产指导与技术服务等方面的功能也获得发挥。产联式合作社的发展得到了当地政府的大力支持，在策划、成立、发展与参加保险等方面均获得大力扶持，这大大促进了产联式合作社的发展。大英县乡镇等政府部门提供部分资金和土地方面的支持，这也非常有利于产联式合作社实现健康发展。此外，他们还非常注重积极引进并推广各种新品种与新技术等，使得合作社成员可以获得新品种与新技术方面的有效保障。

7.3.2 实现企业对农户的带动，扩大适度规模经营

实施相应的财政与税收等政策，据此来引导企业与农户之间的合作力度，使得资源能够获得尽可能多的有效整合，注重对产业链条上各利益主体关系的理顺，建设良好的上下游供求关系。从微观视角来看，随着规模的不断扩大，管理人才和管理费用方面的需求也会出现增加。从宏观视角来看，开展产联式合作社的

表现之一就是扩大规模，据此来提升农业在市场中的竞争能力。多个新型经营主体组织起来，能有效克服小农户分散经营模式所具有的弊端，带动农户实现规模化发展。

7.3.3 产联式合作社为实现农产品的标准化生产经营搭建平台

产联式合作社注重提升产品质量与市场竞争力，在具体落实上主要从这些方面进行努力：一是强调实现生产方面的标准化，二是强调实现产品生产等方面的安全化，三是强调实现无公害农产品生产技术培训的经常化。就产联式合作社而言，在日常进行运营以及采取的发展方式这方面，针对成员实行的是"统一"化服务模式，也就是说在提供种苗方面、提供技术服务方面、提供物资配送方面、进行标准化生产方面、进行品牌销售方面等均实现统一性，为成员解决后顾之忧。简单来说，成员不需要担心自己的产品卖不出去，这就有助于降低成本与提升质量。当前，市场竞争日益剧烈化。合作社非常注重拓宽市场，把市场延伸至国际市场与国内高端农产品市场。为了在这些市场中占据一定的份额，就需要选择好的品种，且在试种成功后，为成员提供种苗服务，避免出现盲目选种的现象。同时，产联式合作社还注重与高等农业院校进行合作，聘请一批种植专家长年驻社，为成员免费提供技术指导；合作社还可以根据实际情况推行物资统一采购及配送，通过这种方式来减少中间环节需要支付的成本。合作社根据"三安"要求来制定相应的生产工艺流程，这"三安"除了包括安全的生产环境之外，还包括安全的生产过程与安全的产品等，并在基地大棚进行公示。在农产品种植各个关键环节均有专业技术人员提供指导服务，使得标准生产能够得以实现，从这些方面进行努力来提高产品的价值与附加值。

7.3.4　产联式合作社需要着力体现各方利益诉求

大英县隶属四川省，位于四川盆地的丘陵地区，存在较为严重的资源匮乏问题，在脱贫任务方面较为繁重。大英县为了早日实现脱贫积极探索发展之路，并建立具有五大主体的新型产联式合作社，首先推行资本联投方式。其中在农户方面，是以土地与劳力的方式参与其中。而在村集体和国有农业开发公司方面，则是以产业发展基金投入并参与其中。工商资本投入主要体现在资金以及技术方面。政府主要是注入政策性资金支持，实现多方参与的格局。其次，开展生产联营方式。具体来说，就是由村集体组织来发动，由农户负责生产，由企业给予指导，使得组织可实现一体化、管理精细化以及生产标准化等。第三，则是实施经营联动方式。具体来说，就是促使各方面优势能够获得发挥，且要求政府投入但不分利，落实风险防控的相应工作，确保农民在收益方面能尽量实现最大化。第四，则是进行风险联控。归结起来就是体现利益共沾与风险共担。以卓筒井镇为例，该镇主要发展油桃产业，其中共有 375 户农民参与其中，并以 3100 亩土地及果树参加到产联式合作社之中。而在企业与村集体方面，投入的资金共达到 309 万元之多，其中企业主要负责制定标准与进行统购统销，村集体则负责组织农户进行生产，而农户则负责看护自己土地上的果树等，利润分配比例为：农户占 80%、村集体占10%、企业占 10%，农户结合承包地产量可进行二次分配。该方式还统一提供技术指导与收购，为农民解决种田后顾之忧。2015 年，全镇油桃产业实现的纯利润共计为 900 万元，农户户均增收幅度较大，为 5000 多元。由此可见，实施产联式合作社模式，能使得各方利益诉求均获得满足，这也是这种模式得以生存的前提，若没有体现各方利益，则自然也就无法获得发展。当然，产联式合作社也还需要考虑诸多问题，如怎样才能体现基层农户的利益？产联式合作社应如何进一步发展？产联式合作社是否能实现纵向一体化？等等。这些问题均需要进一步去解决。接下来，产联式合作社需要结合自身优势，不断提升经济实力以及可持续发展能力等，为实现更好的发展奠定雄厚基础。

7.3.5 政府在产联式合作社的组建过程中起到了积极的推动作用

在一个地区建立产联式合作社，需要在当地的主导产业基础上建立，以便于带动产业实现发展，促使产业整体竞争能力获得有效提升。大英县政府借助产联式合作社这个平台把大英县农业产业链各利益环节组织起来，这就为该合作社得以产生创建了背景支持。当然还有一个重要原因是各利益主体之间本身就存在寻求合作与摒弃恶性竞争的目的需要。

通过对产联式合作社的运行实践进行梳理可以得知，该模式在促使农业产业发展方面确实起到了较大作用。产联式合作社具有诸多职能，其核心职能就是帮助成员销售产品。当产品规模较大时，对于产联式合作社而言，就可以在农产品销售的谈判方面更具有优势。不过，与此同时，需要面对越来越严格的市场环境，除了需要确保产品数量之外，还要守好产品的质量关。只有这样，农户生产种植出来的农产品才不愁没有销路，才能确保种植户的收益不受影响甚至损害。

7.4 大英县构建产联式合作社的效益分析

在我国西部地区采取产联式合作社模式，目前已经起到相应的示范作用，且在初级效果上较为明显。从大的方面来说，归结起来主要体现在两个方面，即经济上的效益回报与社会上的效益回报。在本部分中，将从这两个方面进行深入阐述。

7.4.1 经济效益

7.4.1.1 农业产业经济发展

（1）促使农业规模经营实现扩大，且能有效提升农业比较效益。采取产联式合作社模式后，在保持现有土地承包关系不变的前提下，把长期分散经营的农民组织起来成为一个合作整体，并对各个生产要素进行整合，使得经营规模获得迅速扩大，与之相应的经济效益也获得不断提高。

（2）产联式合作社不仅扩大了农业的产业群，而且延长了农业的产业链。产联式合作社丰富完善了农村产业组织形式，推进了农业产业化经营。诸多产联式合作社均与工商企业之间建立紧密的联系，并在此基础上打造"村集体＋工商企业＋农户"模式。产联式合作社由于具有诸多方面的积极性，使得其在出现之后就获得蓬勃发展，同时，在原有"工商企业＋村集体＋农户"模式上，再次添加新元素，并形成"乡镇政府＋国有农业开发企业＋工商企业＋村集体＋农户"这种新型组织模式，使得农村产业组织形式更为丰富，并能有效激活农村农业生产活力。借助产联式合作社这座桥梁能有助于工商企业降低成本，对农户来说，则可以获得相应的优惠待遇，使得多方共赢与各得其所能够获得体现。

（3）促使农产品专业化生产速度不断加快，同时加快了农村产业结构实现优化升级。大英县建立产联式合作社，主要依托于当地村镇所具有的资源优势和产业特点，同时围绕特色产品及特色产业等，来谋求更大发展。随着"一村一品"和"一乡一业"的不断发展，使得产联式合作社产品在名牌效应上获得体现，这就为产品实现供不应求提供了有效保障，并完成了特色产业群的构建工作。社员借助产联式合作社能提升效率，还能有效降低成本，推进经济效益实现提升。总之，通过以产联式合作社为依托的现代农业示范园区，能较好地发挥示范带动作用，使得"三难"问题获得有效解决。（"三难"问题包括：①基于农村土地分散，进而导致发展适度规模出现经营难的问题；②农户自身投入不足使得发展优势特色产业难的问题；③返乡农民工存在资金和技术缺少并难以形成规模发展的问题。）

7.4.1.2 农村经济发展

（1）产联式合作社有助于充分挖掘农业内部增收的潜力，为农业以及农村经济实现健康发展提供有力支持。推行产联式合作社模式，能把经营主体或者社员统一组织起来，在此基础上形成利益共同体，并积极参与到市场竞争中来。结合市场具体要求做到规划、布局、标准等的统一化，使得农业生产实现规模化与标准化，还有助于促使农产品质量实现提升，进而最终体现在产品市场竞争力获得提高。推行产联式合作社模式可以为农户提供较高质量的技术服务，同时提供贸工农一体化以及产供销一条龙综合服务，据此来解决产品分散供给与市场集中需求之间存在的矛盾。

（2）产联式合作社能为调整农业产业结构提高动力支持，通过优势产业带动农村经济发展。产联式合作社具有诸多特点，如具有先进的生产技术，享有及时信息，以及善于进行经营等，可引领发展适合本地的新品种。同时，还能引领农民发展本地的优势产业，推行专业化生产模式，有效调整与优化当地产业结构，促使农业产业化经营能够获得实现，最终为农村生产力以及农村经济实现健康发展注入动力支持。

7.4.1.3 农民收入效益

随着农产品市场格局由卖方市场向买方市场转变，我国农业与农村经济发展出现的变化尤为巨大，且在这个过程中我国小农经济与大市场之间存在的矛盾逐渐加剧。在市场经济主体中，相对而言，农民是弱者，在生产方面需要支付较高的成本，使得农民无法实现增收，即存在利益受损问题。推行产联式合作社模式则有助于降低生产及交易需要支付的成本，同时在促使农民拓宽增收渠道方面也具有重大作用。目前，产联式合作经济组织提供的服务已经在各个环节实现渗透，在企业和农民之间架起了一座互利互惠的桥梁。实践中，产联式合作社组织根据地域资源禀赋，积极推进农业和农村经济结构调整，并结合国家所制定的相应政策来引导农民做到健康发展农业，这也是有效避免市场风险造成的效益损失的需要。同时，加强了农民的经济、劳动联合，形成了局部的规模化生产，进而其产生的规模效益有利于促进农业生产力发展和提高农民经济收入，改善农民的生活水平。

（1）拓宽农民增收渠道，促进农民收入实现提升，并过上富裕生活。大英县回马镇所建立的蔬菜专业合作社，就结合自身条件并利用机会，做好品牌创建与推广工作，同时还注重落实消除销售壁垒方面的相应工作。一方面，产联式合作社注重对分配制度的完善，据此来帮助农民实现增收，具体是推行订单生产与保护价收购的方式。此外，还建立有相应的风险防范机制。合作社在建成之后，就坚持推行与农户共同发展的思路，使得共赢能够获得真正体现，而不是停留在形式或者口号这个层面上。在年终盈余中，提取一定比例的金额作为公积金，主要用在弥补亏损以及扩大生产经营上。此外，还用在成员培训、教育文化事业，以及福利事业等方面。另一方面，产联式合作社为农户提供各类服务，其中包括供应农资、进行产品销售、进行产品加工、提供市场信息以及提供技术等，使得一直就存在的农户分散小生产与大市场对接问题获得解决，进而使得农民支出成本获得有效遏制，帮助农民最终实现增收，这符合农民的切身利益需要。从实践可以得知，农民参加产联式合作社后，普遍均能实现增收。

（2）以紧密的利益联结机制来促使农民实现增收。分散农户普遍存在的问题有"谷贱伤农""菜贱伤农"等。生产出好产品之后，如何才能卖上好价钱以维护农户利益？对此，大英县探索政府、企业、村集体、农户四方联动的"产联式合作社"模式，整合生产要素，激活生产力。产联式合作社严格遵循利益共享与风险共担原则，在此基础上实行利益共享机制。①实行最低保护价模式。这是保障农民利益的重要内容。②产联式合作社根据成员销售量情况，在年底对农户实施二次返利。在鲜桃成熟时节，四川大英县卓筒井镇三兴村的山坡上呈现桃园片片，密结的桃子压弯枝头。丰收的桃园里，每天都有20多辆卡车拉货，忙碌的村民喜笑颜开。50多岁的桃农谭斯列家鲜桃收入不低于10万元。2016年，县里试点推行产联式合作社模式，本次试点工作涉及土地面积达到8400余亩，受益的农民更是达到1.13万人之多，在人均增收方面达到1840元。进入2017年之后，则在全县范围内全面推行该模式，以此来促进传统农业加快向现代农业转变。2017年，单单合作社就累计返利高达30万元，实现成员人均增收500余元。③推行"土地租金务工收入年终利润分配"措施，使得合作社油桃基地的承包农户可以获得三重收入，在人均收入方面提升至600元。

（3）架起了农户与市场之间的桥梁，提高了农民组织化程度，同时还能有效降低农民生产需要支付的成本。就产联式合作社而言，它的一头连接着市场，另一头连接着农民，是农民参与市场、降低风险与提升市场竞争能力非常有效的途径。大英县象山镇蔬菜合作社，结合本地的实际需要实行标准化与规模化种植方式，所制定的技术标准也实施标准化，整合资源提升规模，同时还降低了农民生产及交易成本，增加了农民收入。

（4）促进产品结构的调整，提高农民收入的稳定性。产联式合作社大力推进蔬菜品种改良工程，解决了回马镇以往蔬菜种植中大宗菜多、精品菜少，缺少"拳头"产品，特别是缺少具有地方特色的名优品牌的问题，集中开辟无污染地区大力发展无公害蔬菜、绿色蔬菜乃至有机蔬菜，提高商品菜的品质。该镇大力推广设施栽培，使蔬菜由常规季节性供应转向了反季蔬菜供应，彻底打破蔬菜生产按部就班、按期上市的格局；丰富了产品种类，完善了产品结构，使农民在市场上的地位以及定价权利等方面均实现了提升。此外，还能帮助农民提升抵抗市场风险的能力，使得农民收入在稳定性方面也获得提高。

7.4.2 社会效益

（1）促进农村社会和谐稳定。各级政府立足于本地的具体情况，并借助产联式合作社来解决长期存在的公共矛盾问题，即对用水问题、用电问题与道路问题等进行统筹解决，从这些方面来遏制成员之间发生的矛盾纠纷问题。产联式合作社经常会组织农民进行学习与交流活动，通过这种方式来提升成员的思想认知，这无形中也能减少封建迷信思想。在政府方面，则可依托产联式合作社来引导农民建设乡村，使得国家出台的各项政策能够获得有效落实，这也是减少出现侵占农民利益事件的有效方法。综合来说，随着产联式合作社在实践中的推行，在改善党群以及干群之间的关系上非常有效，进而为促使农村社会实现稳定与和谐做出了有力支持。

（2）推动新农村建设乡风文明的形成。产联式合作社通过业务联系纽带进行的文化活动是繁荣乡村文化的有效形式。教育和培训作为产联式合作社的重要功能之一，在推动农业专业化与现代农业发展过程中，对更新广大农民观念也具有积极作用，使得农民在市场意识、品牌建设方面的意识、合作抗风险方面的意识以及团队协作方面的意识均获得增强，为激发农民共同发展致富意识与斗志提供有力支撑。产联式合作社针对社员提供针对性教育与培训活动，帮助农民实现提升，在潜意识里具有相应的民主意识，并形成关爱价值理念，使社员之间相互关心，相互帮助。这些良好的道德品质经过沉积之后，就逐渐成为合作社文化内涵的重要构成部分，最终促使新农村建设乡风文明得以形成。

（3）有助于推进政府与农民之间进行有效沟通，帮助农民提升民主管理意识。在农村推行家庭联产承包责任制之后，尤其是对农村税费进行改革后，各级政府在管理农村过程中经常陷入无计可施的困境之中。国家为了支持农业，出台各项支农惠农政策，但是由于缺乏相应的载体，导致这些政策没有获得真正实现。随着产联式合作社的出现和推广，这方面存在的空白得以弥补。政府结合实际情况提升对产联式合作社的政策支持力度，同时加大了经济投入力度。在这个过程中，若农民具有好的合作项目，就可以从政府那里申请到相应的启动资金，还可以获得信息与技术方面的支持，使农民切实感受到政府在推动农业发展上所下的功夫。在产联式合作社方面，相应的办社原则非常明确，即"民办、民管、民受益"，联合与互助是该原则的核心部分。在所建立的合作社制度中，最基本特征则为自愿性、自治性与民主管理，事实上，这也是合作社得以存在的关键点。换言之，若产联式合作社不具有这些特征，那么就没有存在的价值，自然也就没有生命力。产联式合作社推行的是"一人一票"制度，通过民主选举的方式来选出相应的管理机构，当遇到重大事项时，则通过召开成员大会或者成员代表大会来进行表决，这就使得群众的民主管理意识能够获得体现，并让农民有新农村主人翁的意识。此外，产联式合作社获得健康发展，对提升农民的诚信理念、互助意识及团队精神也具有非常重要的作用。此外，开展丰富多彩的文化活动也使得社员的生活越来越丰富。借助该平台，还能使诸多经济纠纷与社会矛盾得到有效解决，使得农民与政府的沟通更为顺畅，且还能帮助农民做到理性表达民意以及提出自身的合法诉求。

8 构建产联式合作社的保障体系

从各级政府的层面上来说，应意识到农村合作组织具有诸多积极作用，体现在促使农业生产以及农村经济发展等方面，应给予足够的重视，在实践中落实引导农村合作组织实现健康发展的各项工作。在农村专业合作组织方面，要注重合作社与深化农村改革进行相结合，同时制订近期规划与远期发展规划，使得农村合作组织与经济社会发展实现融合，健康发展。

8.1 政府层面

在市场经济条件下发展农业产业化组织形式，需要政府注重对外部环境进行创新，同时还需要政府给予政策层面上的支持。

8.1.1 加快对产联式合作组织的立法工作

从某种意义上来说，市场经济实际上就是法治经济，政府在实施宏观管理时，就借助法规条例这个重要手段来实施。在我国，目前推行的是以农户为基础的多元主体共同经营的农业模式，该模式已获得初步建立。为了推进产联式合作组织实现健康发展，我国应注重加强这方面的立法工作，借助法律来给农业以及农民提供保护工作，使得各主体均能获得公平的市场主体地位。在立法目的上须非常明确：其一，将产联式合作组织界定为一个独立法人并对其进行管理，并要确立其在市场主体中的地位，强调对其活动进行约束与规范；其二，使得其自身与其他经济主体的合法利益均能获得有效维护，不受到非法侵犯，为市场经济秩序实现有效运转提供保障和支持。目前，我国未出台《产联式合作社法》，在这种情形下政府可以先制定出相应的示范章程，以此来进行引导，便于提高农民的组织化程度，促进农业在当前市场条件下能够实现健康发展。所制定的示范章程，主要涉及的问题有：①明确产联式合作组织的法律地位；②明确其经营范围；③管理原则进行明确；④明确并规范组织机构；⑤对分配标准等进行明确。

8.1.2 制定促进产联式合作组织发展的优惠政策

从一些发达国家所积累的实践经验可以看出，要想促使农业生产经营合作组织实现健康发展，就需要有政府方面给予的鼓励与支持。就目前而言，世界上绝大多数国家均非常注重发展农业合作经济组织模式，且从提供优惠条件方面给予切实支持。相比之下，由于我国推行产联式合作社组织的时间还较短，想要获得农民群众的认可，并积极参与其中，还需要时间。

与此同时，产联式合作社组织内部与各种利益关系需要调整的空间还较大，在运行机制方面也还不完善，在发展过程中还存在盲目性以及局限性方面的问题。基于此，就需要政府给予相应支持，并在其中提供有效引导。制定和实施支持产联式合作生产经营组织发展的各项优惠政策是其中非常重要的内容，该内容能为产联式合作社组织实现健康发展提供宽松的政策环境。

（1）金融政策。在这方面，政府可通过制定相应的政策来确保银行等金融机构为产联式合作组织提供信贷服务。金融工作涉及内容较多，其中包括支持农业发展的相应工作，支持农业产业化发展的相应工作。在具体落实上可从这些方面进行努力：一是结合农业产业化要求，适当提升金融体系对产联式合作社的支持力度，为支农提供稳定信贷服务。二是注重对农村金融体制进行完善，在此基础上创建与我国国情相符合的农村金融体系，引导民间资本用在农业产联式合作组织的建立和发展方面。三是利用好利率所具有的杠杆作用，为产联式合作社的企业与主导产业提供低息优惠。四是确保信贷资金不仅足额，且要及时到位，体现相应的灵活性特点。国家应在资金投入等方面向农业进行倾斜，提升国家支持农业的力度，即提升信贷资金的份额，提高其比例，除了实行低息贷款外，还要推行无偿补贴。政府要划拨出一定金额的专项资金来支持产联式合作组织的发展。

（2）财政政策。财政支农资金主要包括：①支持农村生产性支出费用部分；②支持农村水利气象部门的各项事业费支出；③支持农业基本建设支出；④支持农业科技；⑤支持农村救济与其他方面。国内外在财政政策方面已经积累了相应的经验，从这些经验可以得知，不管是提升农业生产能力，还是提升农业调整适应能力，均离不开农业基础设施的有效支撑。农业基础设施建设涉及面非常广，具体包括：①进行农村道路建设；②进行农村能源电力建设；③进行农业水利建设；④进行农村通信设施建设，等等。而进行这些基础设施建设工作，离不开资金层面上的支持。为此，国家需要提升对这些方面的支持。与此同时，还需要对支农支出结构进行优化，提升公益性支出，且注重对投向方面进行明确，便于实现集中使用。出于有效推进农业产业化发展的需要，政府所采取的财政手段与措施应为：其一，充分借助财政投资对产联式合作社所具有的牵动作用，各级财政安排一定数量的资金，专门用在产联式合作组织建设方面。其二，财政机构作为政府的代表，直接对重点产联式合作社进行投资，给予龙头企业或组织相应的扶持，发挥带动并获得较好效益的作用。其三，对产联式合作社应采取"双低"优惠政策，即低税率和低利率。其四，对于农业产业化链条中各环节所实现的税收，中央应把大部分留给地方，或者全部留给地方，这也是促使农业产联式合作社发展的重要保障。

（3）税收政策。通过对产联式合作社进行深入解读可以得知，其具有互助性质，且对内并不是以盈利作为目的，为此，在很多国家中，就非常注重通过制定税收政策的方式来为农业合作社发展提供保障作用。以美国为例，其农业合作组织纳税整体水平较低，与工商企业纳税水平相比，只有后者的1%左右。我国也可以学习和借鉴这些方面积累的经验，对产联式合作组织实行增值税减免优惠，也可以采取一定比例返还等优惠措施。

（4）其他优惠政策。政府可以简化税务登记手续等。对于与政策导向要求相符合的且经营业绩较好的产联式合作社组织，需要给予相应的奖励与扶持，在产联式合作社组织进行农产品注册与质量认证方面持鼓励与支持态度等。

8.1.3　制定产联式合作社组织健康发展的配套政策

具体来说，制定产联式合作组织健康发展的配套政策主要体现在以下这些方面：

（1）强调对农村市场制度进行完善，同时还需要对组织创新环境进行改进。在对农村市场制度进行完善方面，要加快实现农业市场化以及流通制度化。市场制度化的核心为市场化与规范化，具体内容为：①建设标准制度；②实现农产品标准化与规格化；③推进农业信息化实现健康发展；④注重对农产品交易行为进行规范等。

（2）构建农产品生产与需求信息系统。企业在进行决策时，需要有相应的依据作为有效支撑。然而目前，由于存在农业信息短缺与信息不对称等问题，加上不具有收集和加工分析信息的能力，农民经常有些不知所措。由此可见，各级政府要加强建设农村信息工程体系，为产联式合作社组织提供有效信息的支持，这方面的工作可以说非常重要而且关键。

（3）进一步加强对市场的监管工作。一是借助法律、经济与行政等严厉手段来有效打击各种假冒伪劣农业生产资料上市流通的行为；二是设立专门的质量鉴定机构，负责落实对农产品的鉴定工作。

（4）推进针对农业生产资料经营体制的改革进度。出于有效适应农业产业化经营实现健康发展的需要，应赋予产联式合作社组织相应的经营权，即对农业生产资料诸如化肥、农药等的经营权。在初期阶段，可以先在合作组织内经营这部分物质，之后，再把经营范围逐步扩大开来。

（5）政府部门需要注重更新观念。各级政府要培养好一支综合素质较高的宣传教育队伍，除了落实相应的宣传工作之外，还需要给予产联式合作社提供指导与教育，帮助其提升管理水平。此外，政府还要注重对各方面力量进行协调，以便于帮助产联式合作社组织解决相应的难题，包括区域封锁、行业限制等合作组织难以依靠自身解决的问题。

（6）提供舆论支持。从20世纪80年代中期开始，尽管国家相关部门先后发布诸多文件，给予农民组织创新行为提供支持，但是从总体上来说，这些支持还存在力度不足等问题。如在大英县等地，开展产联式合作社组织试点工作已初见成效，且在这个过程中积累了丰富的先进经验，但是由于存在宣传力度不足等问题，使得推广普及效果并不是很理想。为此，应加强舆论宣传的工作力度，借助多种媒体平台来扩大影响，发挥示范推广的相应作用。

8.2 社会层面

8.2.1 强化现代生产经营意识，为组织化营造良好的人文环境

（1）重塑现代生产认识。千百年来，农民从事农业生产活动的一个重要心理特征就是非常重视经验的有效积累，相信那些直观的知识。他们在认知生产对象与生产工具，生产技术与生产管理等方面，体现出感性与直观的特点。这一方面有助于他们在与大自然的斗争中积累相应的知识，但另一方面也形成了其保守、求稳的心态和较强的恋地情结。农民群众笃信"成事在天"的观念，认为收成好坏完全靠上天安排，非人力所能及。这种状态固然与当时的文明程度和科技发展状况相关，但确实禁锢了人们的思想，造成了人们的愚昧无知和对科学文化的抵制。同时，由于农户势单力薄，抵御自然风险、市场风险和经营风险的能力很弱，直接造成农民的一切生产行为以"求稳、吃饱"为宗旨，以自给自足为原则，很少与市场打交道。

此外，由于农民的主要生产行为都以土地为中心，加之没有任何其他生活保障来源，所以农民对口粮田和责任田非常依恋。他们对自己承包的土地，即便无法耕种也不愿意转让，从而限制了土地流转和适度规模经营。农业现代生产方式同传统农业相比已经有了很大区别，需要具备现代物质条件、现代科学技术、现代发展理念和现代思想的新型农民，所以要对当代农民植入现代生产认识，需要他们掌握专业知识和具备操作机械设备的能力。当然，这也离不开整个社会文化环境的构建和价值观念的改变。

（2）加强合作与竞争意识。合作与竞争是现代化大生产和市场经济中必不可少的两种要素。就自然条件而言，由于分散的小规模农户抵御恶劣自然环境的能力差，因而客观上要求他们经常性地相互帮扶；就人文环境而言，以血缘、亲缘关系为基础建立起来的农村人际关系和伦理规范也向人们提出互助互让的行为准则和道德评价标准。但是在传统自然经济中的小生产者的合作是以简单累加为主要特征的，每个劳动者本身几乎拥有独立完成制造产品的技能，也不需要与他人竞争。与之相对比，现代化大生产中的合作已经演变为以相互依赖和相互补充为主要特征的分工协作，不仅重视劳动者本身的专业化技能，而且重视劳动者之间的技能依赖，同时合作规模越大，竞争能力越强。但是发起于20世纪50年代的农村合作化运动，由于急于求成的合作思想和不正确的合作方法，似乎并没有给人们留下更多的美好回忆，而是留下了不少"谈合色变"的心理阴影。因此，当前迫切需要矫正人们原有的合作和竞争理念，从而提高农村组织化程度。首先，要利用好各种宣传方式和媒体平台的作用，包括电视与网络平台等，据此向社会公众尤其是广大农民群众宣传科学正确的合作思想，帮助他们清除掉存在的误解与恐合心理，提高他们参与合作的积极性。在借助的这些方法与采取的相应措施中，需要注意的是，要充分重视符合农户学习心理的方法，例如典型示范的宣传方法，这种以感性认识为主的宣传对于那些世世代代生活在偏僻农村的农户而言往往最有效，可以起到事半功倍的作用。同时，还需要帮助他们正确认识市场经济，帮助他们分析市场现象，把握市场脉搏，掌握根据市场信息合理安排生产的本领和技能，从而提高他们参与市场竞争的意识和素质。

8.2.2 夯实农业基础设施建设，为组织化营造坚实的物质基础条件

我国农业生产经营组织化水平低与农业基础设施建设缺乏完善性等存在的联系非常紧密。在一般情况下，就农业基础设施建设而言，主要包括：①农田水利建设，如防洪、防涝、引水、灌溉等设施建设；②建设农产品流通重点设施，建设商品粮棉生产基地与防护林基地等；③建设农业教育科研基础设施、技术推广与气象基础设施，等等。在公路不通、水利设施落后、物流设施缺乏的情况下，农业生产经营组织创新、组织化水平提高就成了无本之木。

现阶段，根据农业生产经营组织化水平提高的实际需要，农业基础设施建设的重点应集中在农田水利设施建设、交通能源建设、农村信息网络建设、农产品物流基础设施建设和农业科技研发应用等方面。

（1）进行农田水利设施的建设工作。需要承认的是，农民生活以及农业生产经营均离不开水资源供给，各级政府服务部门须抓紧编制，同时还需要加强完善农田水利设施建设规划，引导农民群众采取"民办公助"方式来兴建小型蓄水与引水设施等，完善农田水利设施建设工作。同时，还需要对建设主体以及管护责任方面进行明确，对于农民注重提高自我服务能力方面持鼓励与支持态度。政府部门应尽可能多地吸引投资，宣传并推广节水灌溉技术与节水设备，为农业生产经营和组织化发展创造条件。

（2）交通能源建设。农村与城市之间没有直达的道路交通或者只有坑坑洼洼的道路可以说是农业组织化发展，乃至农村经济发展的一大瓶颈，因为它不仅阻断了农产品销往城市，而且阻碍了城市投资者到农村投资农业，即阻碍了农村与城市之间的物质

流、资金流和人才流。因此，要加大建设农村公路力度，落实好农村公路养护以及相应的管理工作，积极完善农村公路筹资建设以及养护机制，以实现乡（镇）村村通公路，保障农产品销售有一个发达的公路交通体系。

此外，电力不足也是严重制约农业经济发展的一大因素。与刀耕火种、牛耕马拉的传统农业不同，现代农业越来越表现为大规模机械化的生产，农业生产效率的提高极大地依赖农业机械的使用，但是电力资源的不足使农村机械化难以有效开展。因此要加大农村能源建设，保证农村电力供应，要像支持工业生产那样支持农业发展。

（3）农村信息网络建设。随着信息化时代的来临，农村与城市间的信息流已经成为继物质流、资金流和人才流之后的又一大要素流动。据第二次全国农业普查主要数据公报显示：97.6％的村能通电话，97.6％的村能接收电视节目。这一数据表明我国在农村区域信息化建设上已经做了很多工作，下一步工作应集中在农村网络建设上，及早实现"村村通电话，乡乡能上网"的目标。同时，根据基层实际需要，在有条件的地方设立农业科技与信息中心，通过互联网搜集国内外科技、市场信息，经过筛选后定期向各县、市、乡、镇公布，并开展咨询业务，同时还可以通过网络把本地的资源和产品介绍出去，发挥宣传广告的作用。

（4）农产品物流基础设施建设。农产品物流基础设施的建设与否是决定各类农业生产要素（包括劳动者）集中起来能否实现预期经济目标的关键。一般而言，农产品物流基础设施为物质资料的转移提供相应的物流服务，转移是指从供应者所在地向需要者所在地进行位移。目前我国农业物流基础设施建设还非常落后，因此，亟须在明确农产品物流基础设施内涵的基础上，从农业生产各环节入手，加大物流基础设施的建设力度。就农产品产前环节来说，应确保农用生产资料做到及时的、足量的、优质的以及低耗的供应；而在农产品产中环节，则应重视产品质量和初级产品产出率，在加大农用固定资产、流动资产等基础设施投入外，还应加大诸如耕地补偿等基础设施建设，从而增强农业发展潜力；就农产品产后环节而言，应加大有助于农产品流通的基础设施建设，包括农产品仓储包装车间、运输工具等。此外，应加大投入，突出政府主管部门在全局调控中的作用。

（5）农业科技研发与推广应用。农业科技研发与推广直接决定了农业技术水平，而农业技术水平又决定了好的农业经营项目，从而决定了农业组织化程度。就农业科研现状而言，一方面，农业科研经费投入明显不足，机构和人员难以适应市场要求，经常出现"线断、网破、人散"的被动局面；另一方面，科技推广机制不健全，政府职能作用错位。针对这种现象，应首先加大对农业科研力量的资金投入力度，以及政策方面的支持力度。其中要重点支持公益性农业科研机构，加强与高校开展合作，据此来带动农业技术发展，使得农业区域创新能力能有效激活。其次，需加大提升技术推广的支持力度，同时针对国家政策规定必须确保的各项公益性服务，则要抓紧完善相关机构和队伍建设，且使得各项经费能够获得有效保障。最后，则是要充分发挥气象部门的作用，也就是为农业生产服务提供相应的职能作用。

8.2.3 注重对农产品市场体系进行完善，为组织化营造规范化市场环境

需要明确的是，农业市场化与农业生产经营组织化之间是相辅相成、相互促进的关系。一方面，各类与市场发展需要相匹配的农业生产经营组织是农产品市场的主要参与者，同时也是微观主体。它们是农产品市场竞争力的决定因素，也是农业市场化程

度实现提升的决定因素。另一方面，随着农产品市场的不断完善，要为各类农业生产经营组织实现创新注入动力支持，还要创造良好的外部环境，使得农业生产组织能在市场中实现有序竞争。就目前来说，尽管我国农产品市场体系较为完善，且在诸多方面取得了较大幅度的进展，但是从整体上来说，需要完善的空间还很大，归结起来可从两方面进行完善：其一是农产品市场建设，其二是完善服务体系。

8.2.3.1　构建与优化农产品市场

（1）建立农产品批发市场。众所周知，就农产品批发市场而言，它具有以下功能：①集散农产品功能；②价格形成功能；③信息中心功能；④调节供求功能。农产品市场为适应市场经济发展要求的农业生产组织提供了理想的交易场所和手段，为农业组织化的推进发挥了重要作用。首先，落实好农产品批发市场规划方面的相应工作，真正体现因地制宜并在此基础上发展适度规模的批发市场；其次，加强建设农产品批发市场基础设施，特别是建设仓储设施和质量安全检验检测体系，此外还要建设信息系统等。结合社会发展实际，推行农产品拍卖制方式、远程交易方式、网上交易方式、集中配售方式与连锁经营方式等。最后，强调构建农产品批发市场以及农业生产经营组织间的链接关系，注重凸显批发市场的相应功能，为组织和消费者提供服务。

（2）建设农产品零售市场。应把推动农产品流通规模化与标准化建设作为重点工作，促使优势农产品市场与农商之间有效对接。基于"超市＋基地"与"超市＋社会化物流中心"等方式所具有的诸多优势，可在实践中积极推行，使得农业资源优化配置获得实现，同时还能提高农业生产经营组织运行效率。此外，较大规模的零售商场或连锁店还可以开发直接到产地购进农产品的进货模式，建立长期的产销联盟，以减少交易费用，在一定程度上避免机会主义行为。

（3）建设农产品期货市场。在我国，19 世纪末 20 世纪初就开始出现农产品期货市场，之后经过一个世纪的积累与发展，使得农产品期货市场获得逐渐完善与规范化，并开始具有一定的规模，在营销结构方面也积累了经验。农产品期货市场除了具有价格发现功能外，还具有风险转移功能，为此，其在为各类农业生产经营者提供价格参考数据的同时，还可以实现风险分散，且在创建稳定市场环境方面发挥相应的作用。随着市场经济的进一步深入发展，农产品期货市场的发展空间必将更加广阔。但在目前的情况下，农产品期货市场还存在一些明显不足，如农产品期货市场少、期货品种单一、期货市场操作不规范等。因此需要进一步完善农产品期货市场，充分发挥其导向功能。一方面，注重对期货品种上市机制进行完善，积极开发与我国农产品市场相符合的期货品种；另一方面，加强期货市场资源的开发利用，促使其影响面实现扩大化，同时实现服务范围的相应延伸，促使更多农业生产经营组织与农民能参与到市场活动中来，使得其自身利益能够获得有效维护。此外，还应该加快期货市场法制建设，尽快出台我国《期货法》以规范期货市场，实现其健康发展。

8.2.3.2 强调对农产品市场服务体系进行完善

农产品市场获得高效运转，需要有市场服务体系作为有效支撑。①构建质量安全标准体系以及检验检测体系。首先，在借鉴相应经验的基础上对我国标准管理体制进行改革与完善，同时还要注重推动标准的国际化进程，使得农产品包装环节、流通环节与供应环节等均能实现标准化管理。其次，注重对各相关职能部门进行整合，推进检验检测技术水平实现提升，还要构建检测信息管理网络，从而健全农产品质量安全检验检测体系。②建立农产品价格监测预警体系。农业与统计部门应借助已有技术来提升农产品供求检测与价格监测预警能力，准确及时发布信息，提供农产品市场分析和预测报告，从而为农业生产经营者提供便利服务。

8.2.4　落实政府职能定位，注重为组织化创建宽松的政治环境

政府职能演变到目前为止，归结起来共经历了三个阶段：第一阶段是1776年—20世纪20年代。1776年，亚当·斯密出版《国富论》，从这个时期开始，就掀起了政府职能转变的浪潮。在该阶段，主流思想着重凸显的是市场与个人积极性即经济自由主义，政府所具有的作用被定位为次要地位。在该时期人们认为"管得最少的政府，才是最好的政府"。第二阶段是20世纪20年代—60年代初。在该时期提倡的政府干预理论，主要以凯恩斯主义经济学作为标志，并进入鼎盛时期，经济学家被赋予更多职能。第三阶段是20世纪60年代至今。进入该时期之后，经济自由主义获得再度复兴，经济学家在研究视角方面开始转向"政府失灵"（government failure）这个角度，主张减少政府干预经济，认为政府只要发挥宏观调控方面的功能即可。通过对比得知，我国政府特别是各地方政府在职能定位上，目前还处在第二阶段，且在诸多方面频频存在"越位"问题；而在"农村水利建设、道路建设以及桥梁建设，此外还有农村养老保险和医疗保险"等方面，则又存在严重的"缺位"问题。在经济快速发展的引导下，我国政府职能应该由第二阶段过渡到第三阶段。也就是说，政府应该立足于农业以及农村发展实际情况，并以彻底解决"三农"问题作为相应的行动宗旨，凸显并强调服务意识，尽可能减少不必要的行政干预和各项强制措施；同时还需要摆正位置，强化相应的职责，纠正"缺位"和"越位"问题。

总体来说，政府在促使农业组织化发展上，应持肯定态度，且给予相应的支持，体现在行为上给予有效引导与支持，以及在规范方面落实相应工作。首先，政府可学习并借鉴国内外已经积

累的历史经验，明确农业生产经营组织化在促使农业实现发展、推进农村实现富裕以及促使农民实现增收方面发挥的作用，注重对组织化发展方向进行明确，做到坚持走组织化道路等。其次，政府需要注重引导、提供支持以及对组织化发展进行规范等。与此同时，还需要协调好农户、组织与市场之间的关系，为三者实现"三赢"提供有力支持。

8.3　企业层面

笔者在大英县农村部分地区调研走访时发现，产联式合作社的农业生产经营组织规模相对较小，内部规章制度缺乏，仍以经验管理为主。企业管理制度的缺失直接制约了合作社的进一步发展，因而在相应规模的合作组织中引入企业制度，尤其是产权清晰的现代企业制度，无疑给农业产联式合作社组织的健康发展注入了活力，同时也为日趋激烈的市场竞争做好了准备。企业制度的制定和有效执行，使产联式合作社内部形成合作的秩序，企业和外部环境形成协调关系，从而确保产联式合作社生产经营活动能够正常进行。

8.3.1　建立现代企业产权制度

产权制度是以产权为依托，对企业财产关系进行调节的制度。产权归属的明晰化、产权结构的多元化、责任权利的有限性和治理结构的法人性是现代企业产权制度的基本特征。产联式合作社财产由多元投资者出资形成，投资者成为合作社股东，并依法享有资产收益权、管理者选择权和重大问题决策权。同时，股东不能随意抽回投资，不能对法人财产中属于自己的部分进行支配使用，不能直接干预产联式合作社的经营管理。产联式合作社作为独立法人依法享有法人财产的占有、使用、收益和处分权，以独立的财产对自己的经营活动负责，并承担股东投入合作社资产的保值增值任务。

8.3.2 建立现代企业法人制度

法人制度是现代企业制度的核心制度，主要包括三项内容：第一，产联式合作社是团体法人，是具有法定资格的独立行为主体，具有民事行为能力，独立享有民事权利和承担民事责任。第二，产联式合作社拥有投资人投资形成的财产和借贷财产，独立享有全部法人财产权。企业依法自主经营、自负盈亏、照章纳税。第三，产联式合作社以出资人投资构成的法人财产为限承担有限责任，出资者以其投入合作社的资产额为限承担有限责任。

8.3.3 建立现代企业组织制度

现代企业组织制度是根据权责明确、各自独立、共同协调而又相互制约的原则建立起来的，同时形成了股东会、董事会、经理层和监事会之间相互制衡的法人治理结构。

8.3.4 建立现代企业管理制度

现代企业管理制度是规范企业职工行为、协调企业内部矛盾、实现企业内部目标的保证。对于产联式合作社来说，其内容包括合作社经营管理思想、管理组织、具体管理制度、管理手段和方法。此外，产联式合作社还应注重合作社文化建设，认真培育具有特色的合作社组织精神，树立良好的合作社组织形象，不断提高合作社组织的整体素质。

9 发展产联式合作社的对策建议

9.1 政府要为产联式合作社的发展做好服务工作

政府积极推进股份合作社实现发展，并在这个过程中发挥非常重要的作用。政府除了需在政策与资金方面给予有力支持之外，还需要加强监督，确保合作社在运作上能做到以提升农民收入为目的。

（1）政府必须提供一定的资金支持，扶持合作社发展壮大。股份制离不开大量人力与物力的支持，需要在评估区域内土地资源的基础上做好整合工作，并对发展思路进行明确。同时，在制定发展模式与发展思路，以及对组织架构与组织模式进行确定上，均需要有相应的财力和物力作为支撑。在国家公布的"十三五"规划中，就明确提出土地增值获得的收益，以及农村存款完成汇集之后，需要把大部分留在农业农村，这为实现税收返还提供了政策层面的有力保障。在合作社成立初期，进行运作需要有相应的资金，这部分资金应由政府负责补助，而在合作社运作起来后实现的收益，可以从中根据一定比例来提取，这部分资金将作为合作社的发展基金。各级政府要积极扶持并引导产业发展项目，并在资金与政策上给予支持，促使规模化经营以及专业化生产得以实现。政府要采取财政补助等措施鼓励开发、流转农村"四荒"，推进土地利用率实现提升。与此同时，还需就如何解决农村土地撂荒问题进行探索，在这个过程中地区财政局需要给予资金层面的有力支持。

（2）对于产联式合作社的建立，地方政府必须提供政策支持。一是要制定相关政策，保证产联式合作社运作的合法性。二是要提供专业的信息服务，让产联式合作社能够了解最新的市场动向与走向。积极完善社会化服务体系非常重要，这也是新型农业生产经营组织实现健康发展所依托的外部环境。三是要落实好提供信息服务方面的相应工作。众所周知，市场本身就具有风险性，同时还具有不确定性，为此，对于新型农业生产经营组织而言，能及时掌握准确信息非常重要，这就要求落实好信息站点建设工作，便于各类信息能够及时传达。

（3）产联式合作社之间进行联合与合作非常重要，对此政府要进行合理引导。具体可从以下这些方面进行着手：一是做到在尊重利益多元化这个基础上组建产联式合作经济组织，政府在政策方面提供支持；二是建立与发展行业协会，便于为合作社的生产主体提供技术、信息以及培训等方面的服务；三是结合实际需要创办社区综合服务中心，为产联式合作社组织实现健康发展保驾护航；四是创建供销合作信息网，使得借助信息化来带动现代化能够获得实现；五是提供农业保险服务以期据此提升产联式合作社社员的抗风险能力；六是结合合作社与社员实际需要为其提供职业技能培训以及鉴定等方面的服务工作，为推动产联式合作社组织实现发展注入动力支持。

（4）政府要为产联式合作社组织实现创新与发展提供各种相应支持，包括政策上的保障和法律上的保障。与此同时，还需要对产联式合作社组织的属性特点进行明确，即该组织除了具有社会团体法人公益性属性外，还具有企业法人经营和盈利属性特点，基于此赋予产联式合作社组织享有独立法人的法律地位非常重要，也非常关键。再者，不管是发达国家，还是发展中国家，都应给予农业合作社相应的特殊政策优惠，且把农民合作经济组织作为实施政策的载体。为此，在颁布并实施产联式合作经济组织法时，必须对产联式合作社合作经济组织的内涵、性质进行科学层面上的界定。与此同时，在对产联式合作经济组织的法人地位进行界定时，需要充分尊重合作经济组织自身所进行的本质规定，诸如自愿原则等，注重对成本进行有效控制。此外，政府需要给我国西部地区产联式合作社组织以更多扶持，确保这些地区的产联式合作社组织也能实现健康快速的发展。

总的来说，由恩格斯提出的"农业社会化"基本设想，能给我国今天现代农业建设提供明确的启示作用。为此，不管在什么时候，我党均注重"三农"问题，且把解决该问题放在非常重要的位置上。要借助农业生产经营组织方式实现创新来带动农业现代化建设步伐，进而全方位、多层面推进全面建成小康社会目标的实现。

9.2 以新型经营主体为重点创新产联式合作社的组织模式

四川丘陵地区有不同的产业带，应结合自身产业优势并在此基础上壮大主导产业，以此来推动第一、二、三产业实现互动融合发展，并注重以特色产业作为纽带来构建农业发展的全产业链以及相应的价值链，实现各主体间的协同发展。

在各个优势产区则可以建立农产品一体化产业链条，基于产联式合作社"政府＋村集体＋农户＋新型农业经营主体"模式具有诸多方面的优势，可合理加大推广该模式范围，在产业链各个环节均由专业化主体进行负责。出于确保产业链实现通畅化的要求，新型农业经营主体可选择与其他服务组织进行合作，并建立相应的合作关系。而在有效提升农产品附加价值方面，应重点推广并发展优势农产品精深加工业。从这个角度来说，应重点推广"农户＋工商企业＋村集体"模式，农户发挥生产优势，提供农产品加工的生产原料；而对于工商企业，则应发挥其加工优势，对农产品进行深加工；村集体则发挥对合作社的监督管理优势。

9.3　加强创新产联式合作社经营理念

对于新型农业经营主体，其在参与生产、加工以及提供服务的过程中，应注重对经营理念进行创新，具体可从这两个方面进行努力：第一，要注重树立品牌意识，推进政府、经营主体以及市场之间实现良性互动，并在不同的优势农产品产业区打造相应的特色农产品品牌。而农业经营主体则主要负责生产并落实好宣传工作，政府主要负责创造环境并推动产业发展，通过这种方式来让优势农产品品牌在市场中实现渗透，让越来越多的消费者熟知该品牌。第二，要形成安全的、绿色的、环保的经营理念，负责进行生产以及加工这些环节的经营主体，需要加快制定农产品质量标准并执行该标准，要以"无公害、绿色、有机"农产品作为生产加工标准，落实好各个环节的管理工作，使得各个环节的质量安全均能得到保障。

9.4　加大对产联式合作社新型职业农民培训力度

就目前来说，我国农业从业者在整体专业素质方面较低，且年龄偏大，无法有效适应规模化经营模式。基于此，加强培训就显得非常重要而且关键。为有效解决上述问题，可从以下方面进行努力：第一，在高校设置相关课程，以培养产联式合作社的高端人才。同时，为产联式合作社专业管理人才提供良好的社会环境，如购买相应的书籍，使成员能够有书看。第二，为部分专业人才提供较好的交流平台。可借助会议及网络媒体进行经验交流，以此来提升社员的综合素质。第三，对于产联式合作社内部成员，要积极提高自身素质，注重知识积累，掌握与产业发展相关的知识，凸显其主人翁意识与地位。第四，构建以合作社作为载体来带动发展的产联式合作社模式，并实施新型职业农民培育框架，开展高效培训服务工作。同时，还需要加大农业科技的推广应用范围，推进农民专业化的分工程度，从技术进步这个角度来促进新型农民的健康成长，促使新型职业农民在农业科技素质方面获得提升。第五，进行新型职业农民的培育，采取长期且多个环节的培训方式，使得社员能够学习领悟专业基础知识，掌握相应的技能，明确认定标准以及熟识国家出台的各项扶持政策，等等。在选择培训组织方式方面，需要结合农户需要进行开展。对于重点农业龙头企业，其自身也可以组建培训机构，吸引农户来学习，并就生产经验与先进管理经营理念进行教授。第六，四川省对新型职业农民所开展的培训活动可结合新型农业经营主体提出的需求，采取从低到高的分级培育方式：①选择在产联式合作社内部从事培训劳动，要求做到掌握生产设施的使用等基础知识，以此来获取雇员资格；②在经营主体中工作学习并据此来掌握相应的专业技术，在培训内容方面主要包括种植和养殖两类，同时也要注重培养制订短期计划所具有的能力；③注重培育咨询管理型农民，同时注重鼓励具有各方面技术的农民加入咨询机构，并为其他人提供相应的咨询服务。

9.5 加快推进并完善产联式合作社新型经营主体构建工作

就新型农业经营主体而言，除了包括农业经营组织外，还包括职业农民。在当前体制下提出新型农业经营主体模式，能有效克服传统农业存在的经营规模小、要素利用率低等问题，同时还可以与我国现阶段农村的实际情况结合起来，为我国农村发展提供有力支持。目前，在丘陵地区推行的"一家一户"农业经营方式，并未从根本上出现变化，不过，鉴于新型经营主体是产联式合作社骨干力量这个事实，仍需培育新型农业经营主体，以有效推进四川丘陵地区构建新型农业经营体系产联式合作社。具体来说，可从以下几方面进行努力与落实：

（1）注重培育符合社会发展需要的新型职业化农民。无疑，新型职业化农民对于新型农业经营主体而言，是其主力军。从这个层面来说，进行新型职业农民的培育，实际上是提升农业劳动者综合素质不可缺少的核心任务。为此，要强调提升农民科学素养、职业技能及经营能力，并以此为重点，积极开展"绿色证书"等培训活动。例如，可大幅度提高农村劳动力"阳光工程"财政的投入规模，据此来开展各项培训活动，成员在参与考核合格之后，就可以获得"绿色证书"。总之，可以通过这种方式来创建一支高质量的人才队伍。

（2）注重引导种植大户向集约化和规模化方向调整与转变。当前，农村劳动力出现大量转移现象，加上农业结构获得不断深入调整，这就使得农民群体开始出现分化。出于适应社会经济发展的需要，除了要注重鼓励农民向二、三产业进行转移外，还需要引导农民转变原有的生产经营方式，并鼓励与支持种植大户进行专业化分工，实现规模化发展等，只有这样，才能促使农业劳动生产率以及农业生产效益均得到提升。

（3）鼓励并支持农业龙头企业做大、做强。需要承认的是，龙头企业是新型农业经营主体的骨干部分，为此，推进产联式合作社做大做强的关键之处，实际上就是要壮大并做强龙头企业，引导龙头企业通过品牌嫁接以及产业延伸等方式，来进行联合重组，从而努力培养一批产业关联度大且带动能力强的大企业。同时，还需要支持农业龙头企业开展技术改造以及引进现代管理理念，并通过科技创新来促使企业整体效益实现提升。

（4）进一步发展供销合作社。目前，丘陵地区多数农村面临的现实情况非常明确，即农户分散居住较为严重，想要解决小生产与大市场之间的矛盾问题、小规模与大经营之间的矛盾问题、分散经营与统一服务之间的矛盾问题，可通过农村供销合作社发挥其组织方面的作用，也就是把千家万户的农民组织起来并通过供销合作社这个平台，来加强农民与市场之间的联系和互动，进而促使农业组织化程度实现提升。

（5）提升农业服务组织的职能。组建产联式合作社，并使其作用充分发挥出来，必须同时建立与之相配套的农业服务组织。故而对于相关职能部门而言，必须想方设法将工作重心放在如何构建基层农业公共服务体系上，使当前服务条件得到切实的优化和改善，同时通过设计并建立公益性服务体系，使之同专项、经营以及综合服务三者有机协调，促进服务功能的提升。

（6）发挥工商企业主体的中坚作用。纵观整个农业市场可以了解到，在诸多市场主体中，农业工商企业无论在管理、经营还是创新方面均具有优势，故而在产联式合作社中扮演着骨干和中坚力量的角色。要确保这些骨干和中坚力量的作用能够真正发挥出来，应当做好四方面工作：①应当立足于实际，借助当地优势，并以此为基础努力提升企业的生产效率和产品的市场占有率；②政府应当充分认识到农业龙头企业的重要性，给予其组织、资金等诸多方面的支持；③对于龙头企业来说，其应当加强自身建设，并在管理、生产和队伍建设方面狠下功夫；④龙头企业必须明确自身职责，通过开办技术讲座等一系列方式，来更好地为农民提供服务。

9.6 强化产联式合作社的功能和内生能力建设

　　强化产联式合作社的功能建设可以从以下几个方面着手进行推进：第一是想方设法增强组织功能。通过将原先一个个独立的农民个体集中到一起，使之发挥集体的力量和作用，推动农业生产朝着规模化的方向发展。同时，始终遵循国家关于"三农"问题的相关政策与规定。这些功能早在产联式合作社组建伊始便已发挥。从农产品生产到销售的整个过程中，充分调动广大农户的积极性，将其组织起来，这样不仅有助于生产成本的压缩，同时还可以分摊市场风险。第二是使带动功能得到有力强化。产联式合作社应当将工作重点放在如何提升农产品附加值方面，通过积极的探索和尝试，分批次建立起一些独具特色、具有一定规模和设施，且能够生产出优良品质农产品以及提供良好服务的农产品加工生产基地。通过产业链的延展，使就业岗位增加，同时组织并引导广大农户建立起相应的农民合作社，并组织农民积极参与到市场活动中，进而使农民摆脱原本单一的收入模式。第三是注重提升吸纳功能。产联式合作社扮演着组织者的角色，应想方设法吸引那些农业精英加入进来，并在合作社中将自身优势充分发挥出来。第四是着力提升协调功能。对于产联式合作社而言，其应当积极主动地同当地资金实力雄厚、规模庞大的企业加强联系，将村集体经济组织、工商企业、供销社以及农户形成有机的整体进行统一管理，确保组织联动得以实现，以此为农民维权提供强有力的保障。与此同时，还应为各项农业政策的落地提供有利条件，通过积极协调，确保职能机构彼此间更好地合作与交流，使市场主体始终能够遵循市场规则，并在有序的市场环境下开展经济活动。第五是致力于发挥自律功能。通过积极宣传的方式让各主体都了解行业规则。对于产联式合作社而言，必须在合作社内部加强自学和培训，切实培养成员的自律意识，将依法纳税、经营等一系列理念内化于心、外化于行，进而对成员的行为有效规制，减少并规避不守信用等有损合作社声誉的情况发生。

内生能力建设方面，应立足于当地自然、经济环境，结合地区经济发展战略，因地制宜，实事求是，落实各项优惠政策，提高扶持产联式合作社的认识和重点投入的理念，不断推动产联式合作社自身建设能力，从而有效地解决产联式合作社整体发展实力较弱、适应市场竞争能力不强的问题。应将正确的扶持理念落到实处，有效地促进产联式合作社发展，切实增加农民收入，进一步做大做强产联式合作社组织。有一句话在农民群体中口口相传，即"合作合作，第一年合作，第二年红火，第三年散伙"。从这句话中可以充分看出，当地原本已经存在着的农民合作经济组织具有两个方面的弊端：一是组织本身不稳定，二是农民没有积极主动地参与进来。唯有农民群体真正了解合作经济组织所具有的价值以及会为其带来的利益，并能够始终遵循合作社所奉行的原则，了解合作社在当前经济发展过程中所具有的功能以及所能够起到的作用，才能够真正将农民组织到一起开展合作，并集中多方资源和力量为农民自身发展提供更好的契机。因此，组织形式多样、内容丰富的培训显得尤其重要，必须建立一支领办队伍，才能够将规模庞大、没有任何管理经验以及合作经验且科技文化知识薄弱的农民群体力量集中到一起。笔者给出以下建议：第一，应当在最短的时间内设计并出台产联式合作社的教育培训计划，同时政府下拨专项资金为该计划的推进提供经费支持，加速人才培养。第二，同高校建立密切联系，借助高校丰富的教学资源和优势，专门建立起专业化、科学化的培训基地。同时与职业技术高校以及农林教育等院校形成战略合作伙伴关系，促使这些院校为合作社培育并输送大量后备人才，确保人才培养机制长效化、制度化。第三，将培训重点放在下述人群：①农村干部；

②农村党员；③当前已有的新型农民专业合作经济组织负责人。通过组织开展各式各样与合作社密切相关的短期和定期培训班，使这些人员的组织及管理能力都得以有效提升，并为后续合作社的发展与推进提供指引。第四，推行人才援助计划，政府直接选拔并输送一批既掌握一流经济知识，又善于管理的人才到产联式合作经济组织中。

9.7　加大对产联式合作社政策性金融的供给

农业特别是现代技术农业的发展对金融的依赖性很大。产联式合作社是农村金融未来服务的主体，也是支撑其发展的主要力量。目前造成新型农村产联式合作社发展困难的突出问题就是难以取得发展必要的融资资本以及农业领域的保险市场不健全。在市场经济环境中，农村商业金融也是追逐利益的业务，它有存在的必要性，但同时对于农业发展的支撑又是不充分的，将商业化的金融资源用于产联式合作社的建设是一个迫切需要解决的问题。国内研究这一问题的学者达成的共识是通过政策性的金融来使商业性金融不充分的问题得到补足，从而推动农村金融体系的发展和健全。四川省需要结合自身的商业金融资源以加大政策性金融的供给。要鼓励金融机构加大对农业的服务力度，搭建银企对接平台，帮助产联式合作社的经营主体解决融资难题；鼓励银行业金融机构采取多种信贷模式和服务方式，拓宽抵押担保物范围，在符合条件的地区稳妥开展承包土地的经营权等农村产权抵押贷款业务；支持金融从业组织对该领域的金融产品进行革新并提供新类型的服务，以小额借贷的模式支持农村产业发展。因此，促进新型产联式合作社的发展必须创新农业经营融资路径，健全农业保险机制。在扶持产联式合作社的过程中，为了加大扶持力度、加快产联式合作社扶强、扶大、扶优的进度和效益，应帮助产联式合作社积极争取各级、各类财政资金，充分发挥农业资本资源的重整并起到发挥捆绑扶持的作用。

（1）根据地区规划，使不同部门之间的合作程度最大可能地提升。农业开发部门要对本地的发展规划进行研究，对本地产联式合作的经营情况有所掌握，在确定发展扶植内容的情况下，密切联系本地的农牧部门、林业局、水务局、国土局和其他涉及的行政部门以及财政主管单位的相关科室，力争在项目的立项阶段就完成资金筹集目标。

（2）对金融机构开展农村商业性金融的业务范围和内容进行引导，并监督其规范性。对在农村设立的银行和从事小额贷款业务的公司应给予支持的态度，逐步使农村的金融业务需求被村镇银行所覆盖，通过从事贷款业务的公司加入来打开农村融资的途径，对支持农业农村工作的活动给予积极的指引。对金融机构和合作社之间的业务交往应进行监督，使可用于农业贷款的担保物范围进一步延伸，保障农业活动的发展能够取得必要的资本支持。

（3）保障农村合作金融活动的规范化成长。农业投资具有周期长和风险大的特点，这就使得大的银行机构很难对其资金需求进行鼎力支持，因为对于银行机构来说其资金的安全性是经营的首要目标之一。根据实践经验，小额贷款业务无法满足需要规模化生产的农业产联式合作社对于资金的需求，这里的供给和需求之间的差额只能通过民间金融渠道来补足。因此，政府对于农村中的民间借贷组织应保持更加宽容的态度，支持在农村提供资金支持组织，并以此来优化产联式合作社组织的融资环境。

（4）要给予农业保险更多的支持。政府部门可以联络保险从业机构，使其在农业保险的险种方面进行增加，加大赔偿的数额，从而使农业产联式合作经济的经营具有更大的抵御自然或系统性风险的能力。各级政府要对专业担保机构的产生进行关注，构建以农户、银行机构及政府机构为主体的信用评价、信息互通的专业金融平台，给予财产权利凭证为担保物的贷款更低的短期利息，使生产性流动资金能够获得贷款方面的补助。借助更好的政策照顾和发展指引来使农民更愿意参与到产联式合作的农业活动中，对于新形式的家庭农场应给予支持的态度，并利用信用合作来提供发展的融资资金，尤其在项目的初期阶段，应给予保险贴补，以提升合作组织对风险的抵御能力。

（5）对资金进行高效与合理的整合，并形成机制。在资金的整合方面，政府应主导机制的形成，通过行政协调使分散在不同领域的专项资金得以整合，譬如农业、扶贫资金等，都可以在整合后被用于产联式合作组织的发展资金。引导产联式合作组织积极进行融资活动，对于可以申请农业工程和技术推广的项目应着力进行申请，以获得政府给予的发展资金支持。政府方面，应当将对农业活动有所支持的项目优先分配给合作组织，并有规划地使合作组织承担起农村的重要项目。要积极地进行技术的推广、品牌的建设、产品质量的第三方认证以及市场营销途径的开拓等，以进一步加快农业现代化的步伐。对于农村产联式合作的资金需求，金融相关部门应考虑在借贷利率方面给予一定的优惠，从而使合作社能够及时获得必要的资金，抓住发展机遇。

9.8 加快产联式合作社发展的农业经营体制机制创新

由于市场环境是动态的，这就使得根据家庭承包而建立起来的双层式农业经营的短板逐渐暴露，对于发展农业现代化来说，这种典型的小农经济的生产模式已然无法适应，在产联式合作社组织模式的变革中亟须对农业经营机制进行改革和创新。

9.8.1 农业经营制度革新

9.8.1.1 家庭经营体制的改进和革新

农村中以家庭经营为生产模式的制度是建立在我国基本国情基础上的，故而这种模式仍应得到支持，但是支持并不代表停滞，在继续实施这一制度的同时还应当进行必要的改进和革新。第一，要对传统的产权结构进行调整，让农民的财产权利增加，在对农民的权利进行确认的情况下，做好市场化的必要准备工作。第二，要对未来从事农业现代化工作的农村经营者进行充分的培育，一些在专业生产方面规模较大的组织、家庭农场主及领军企业应成为重点关注的对象。

9.8.1.2 农业生产合作经营体制的革新

要实现农业生产合作经营模式的创新应从两个方面进行。第一是在农民合作组织之间紧密建立联合的关系，同时使行业内的组织形成有效的合作机制，借此使农业合作组织可以通过金融合作和治理模式的改进来探索在经营模式上的新思路。第二是推动农业领域的专业组织和村集体经济组织之间的互联，使从事农业领域综合性服务的组织得到成长，并加大金融行业对农村经济发展的支持力度。

9.8.1.3 农业生产产业化的革新

农业产业原本的产业经营方式是由行业领军企业主导的，农业生产产业化的革新就是要求突破这种经营方式，逐步将产业经营的方式转变为企业、合作社以及农户互联的模式。不仅如此，还可以吸收发达国家的成熟经验，使合作社作为产业化的主导，将触角直接伸向下游的产业，从而在企业和成员间形成具有纵向协调关系的产业模式。

9.8.1.4 农业行业组织的革新

可以从两个方面对农业行业组织进行革新。第一是使农业中各微观主体的经济能力增强，这里的微观主体包括农户、合作组织及集体经济组织等，当这一群体的经济实力增加后，未来行业组织的革新就有了基础。第二是行政机构的组织革新，通过政府职能工作的变更，使行政治理不再对大量非宏观性农业发展问题指手画脚，而是让农业行业组织从中发挥指引作用。不仅如此，政府还应当为行业构建综合性的服务互通平台，以使农业技术服务得以宣传和普及。

9.8.2 非正式农业经营制度

9.8.2.1 宣传和普及可持续发展的理念

从某种意义上来说，农业的现代化经营和可持续发展理念是有相悖之处的，故而我们在实施农业经营体制的革新时，对于可持续发展的理念还是应当加大宣传和推广的力度。首先，对于农村传统的生产方式应进行变更引导，不要再使用漫灌的种植方式，而改用喷灌等新的技术以达到对水资源节约的效果，并通过生物性的手段来防治虫害，减少或避免使用对环境和作物影响较大的化学农药等。其次，对可持续发展观点中的思想和原理进行推广，让广大的农村同胞能够接触到其中的知识并理解其对未来生存和发展的重要意义，逐步使可持续发展的观念扎根农村，对于农村中开展的取得效果的可持续发展活动还应给予奖励，以体现国家对这些活动的支持和鼓励。

9.8.2.2 在法律的框架下振兴农业

农村经济的发展离不开法律制度的保障。对农业经营来说，完善的法律制度和政策是其革新的重要基础，特别是农业法等专门规定农业生产的部门法，对于农业的发展来说至关重要。我们要力争建立根据法律规定发展和治理农业的良性环境。

9.8.2.3 从事农业生产的劳动者素质提升

农民对于传统模式下的小农生产模式较为熟悉，对于提高农业技术进行现代化生产并没有认识到其重要性，故而必须加强对农民的技术培养，通过各类新技术的宣讲和农村地区的示范田建设来转变农民的意识，使他们主动地产生学习新技术和现代化农业生产知识的愿望。站在长期发展的角度，要使农民的素质得以提升，长效性的机制必不可少，其中就包括了给予相关的政策鼓励和实质的激励。新型农业经营体系就是对传统体系的进一步改善和革新，经营机制对于整个农业体系的运作来说是重要的基础，它能否在现代化的进程中适时地进行革新对于新型农业经营体系的建立至关重要。在新型的农业经营体系中，生产应当呈现更为专业、有组织、集约且社会性的特点。为了达到这些特点的要求，农业经营体制的改善需要通过生产效率和机制的本质革新来实现。

第一，政府应当发挥其对农业发展的扶持功能，根据市场机制的运行规律，更科学地指导生产中各种要素的调配，为农业生产创造良性的发展环境。第二，在企业和农户之间创建新形式的利益联合，通过对行业协会或类似组织的创建，来推动农村产业经济的集约性和互联性。之后，为适应新型农业主体的发展需求，进一步加强其发展力量，对土地流转的制度进行进一步改进，以达到适应新型主体模式流转的功能和鼓励农户规模化经营的作用。对于经营主体进入和退出的机制都应进行建立和完善，使农民的土地和资产权利得到保障。此外，新型农业体制的建立是在传统机制基础上进行的改进和革新，并不是对传统模式的否定，因此在革新的过程中，传统的家庭联产承包责任制依然需要保持，但要对集体治理方法和水平进行提升。

9.9 健全产联式合作社内部运行机制建设

对于事物的发展来说，对其方向和属性起决定性作用的是内因，而外部因素则可能对其发展产生影响，其作用是借助内因显现的。目前发展农业产联式合作生产的缺点已逐渐显现，对整个产业的发展产生了重要的影响，因此必须尽快通过更完善的内部机制来缓解和解决这些矛盾或缺陷。良性的产联式发展要求建立起完整的制度并实施规范的治理。在此基础上，进一步探索营运的规则、激励的规则以及限制的规则，从而使产联合作生产能够依靠科学的制度来管理和运作。在管理上，产联式合作必须提升制度的规范水平，让农民积极主动地参与进来，通过社员会议、监事制度等机制来增加组织治理的民主性。产联式合作模式的内部还应就利益的分配问题进行合理的探索，各个成员之间唯有利益得到满足和平衡才能保持组织的稳定和发展。组织应通过财务信息的披露来向成员公布成本和营收情况，并接受成员的监督。在产联式组织的内部，管理应当民主化，利益分配应当合理化，风险也应当由各个成员共同承担，这样就能使农民的财产权益得到切实的保护。第一，完善产联式合作社内部民主管理的制度。合作农业生产的基础是自愿，故而组织的管理也应当充分的民主化。首先要建立起组织运行的制度。在国家已经制定的法律法规的框架下，组织应对制度进行构建，对组织中的准入、退出、产权明晰、利益分配、治理和代表制度进行确定，从而使组织在日常的运作中能够保证权利和责任的明晰。为保持组织的规范性运作，可以设立成员大会、代表大会、监事会等制度，对组织的工作进行监督和指导，确保组织发展的方向正确、管理规范。其次要在组织结构上进行革新，通过监事会、董事会等公司治理理念的进入，创新组织结构，明晰权责，通过民主决策的方式来改变经营权掌握在少数人手中的局面。在组织内建立起人事、财务、营销等各职能的工作制度，并确保落实在实际工作中。在组织内，对于特殊职位可实行聘用制度，如经理人等可以聘请专门的人才并建立劳动关系，对于这些劳动者，应将其工作绩效和组织的经营服务联系起来，在提高其主观能动性的同时也对其工作活动进行规范。应该改变权利掌握在牵头人手中的局面，着力防止出现组织的集权情况，参与的农户应当具备更强的管理意识，主动提升管理能力并参与到组织的运作和管理中去，农业合作社未来发展道路的拓宽是离不开科学有效的治理的。第二，对产联式合作组织内部的利益配置制度进行改进。首先要对组织的会计制度进行改进。要科学地分配利益，财务核算的正确性是基础。组织应当向成员披露会计信息，对于农户的销售金额进行专门的账户核销。其次就合作社的利润分配应当严格地根据法律制度的要求实施，在将利润用于弥补亏损和公积金的提取后，根据成员的股份情况向其分配利润，成员获得的利益分配不得低于所得盈利的六成。第三，组织应有健全的监督机制来管理利益的分配，农户应知晓组织是如何进行利润分配的，从而对分配活动进行有效的监督，这对于农户保障自身利益和推动组织的长远发展都具有重要的意义。第四，建立农户退出机制。目前我国农业生产的老龄化问题也愈发严重，特别是在西部地区。从事农业劳动的农民由于大部分是老年人，其受教育水平和掌握的农业生产技术都不足以支撑农业现代化发展的需求，而对农业生产的管理和市场营销就更无从谈起了。由于年纪大的农民长期从事农业耕种，对于土地的流转是不利的，也会妨碍规模化生产的发展，同时对于新型农业经营来说，规模化又是必需的。年纪大的农民本身学习新农业技术的意愿和能力都不足，但技术的发展却从未停步，这就使我国的农业生产效率进步受到了阻滞。在发达国家，农民老龄化的问题也同样存在，他们是通过退休制度来解决这一问题的。

这一制度就是给予年纪较大的农民以退出生产后的生活保障，从而将农业生产的工作机会让给年轻的人。年纪较轻的农民受到过更好的教育，有更强的学习新技术的意愿和能力，通过从业者的转变来实现产业的转变。法国和德国都是采取这种退休制度的国家，这一制度已经得到半个多世纪的实践和改进。对于我国的农业发展来说，要完成现代化的转变，老龄化问题是必须攻克的难关。通过构建农民的退休机制，让年龄到达一定标准的农民可以享受养老金或城镇社会保障是较为有效的制度解决方案。

良好的内部治理机制是产联式合作社保持发展活力的重要保障，内部治理机制包括了四个方面的内容，分别是组织管理、利益配置、内部制约以及组织发展。合作社的未来发展必须依靠更完善和科学的治理机制，必须在合作社中制定章程并严格遵守，根据成员的股份和劳动实施综合性的利益配置方案。不仅如此，合作社必须有民主监督机制，以使成员的经营和生产活动得以规范。内部治理机制的完善过程中有下述几个方面的工作可以开展：首先，应确保在合作社中社员是享有主人翁地位的。通过内部治理机制的确立，确保社员的主人翁地位，并为合作社的长期发展打下基础。这需要在进行治理机制的确定时就将社员所享有的权利进行明确。当然，社员在合作社中也不是仅有权利的，相对应的还应当承担义务，通过治理机制也能够提升社员对合作社发展和运作的责任心。其次，要平衡好领军企业、合作社以及农户之间的关系。在大部分产联式合作社中，创办人都是生产领军企业或从事农业生产的大户，合作社的核心管理人员也是由其代表担任的，对产联式合作社的决策和发展起到重要的决定作用，所以在产联式合作社中经营和运作往往是依赖领军企业的。由于这种依赖会对合作社的独立运行产生严重的负面影响，使合作社沦为企业的附属机构，一旦合作社的利益与之发生冲突，就有可能导致合作社的利益被牺牲。因此，在合作社的治理中，独立性的引导和保持非常重要。要解决这一问题，采取政府、集体加入到产联式合作社的运作中来是有效解决方案。再次，要防止出现行政权力的过度调整。产联式合作社是一个民间自我管理和决策的组织，是由社员民主管理的，对此，行政机关应当予以充分的尊重。行政机关在实施产业管理和职能服务时，应当注意对其经营活动的干预限度问题。合作社可以通过在章程中就经营方式和决策等问题进行明确的制度规定，从而避免受到来自行政力量的过多有关组织治理的干预。

9.10　为产联式合作社的发展做好试点示范工作

从我国农业的发展历程来看，一开始，我国广大农民群众往往采用的是诸如"三马一犁"的小农生产经营模式，随后朝着"土地规模化"互助合作的方向发展前进，之所以会导致这种情况发生，归根结底在于社会的持续发展变化。原本弱势的农业在社会发展的推动下不得不进行制度创新。就像列宁在《论合作社》中所提到的，这种新型合作社的意义在于在推行新制度的过程中运用了农民最能够接受的简洁明了的方式。由此可见，以产联式合作社为代表的新型农村经济组织不仅是组织引领广大农民群体进行商品生产的中坚力量，同时也是带领农民成为市场主体的重要领路人。因此笔者认为，政府在推动产联式合作社发展的过程中，应做到以下几点：

第一，应始终立足于区域优势产业和主导产品这两大方面，切实组建起符合时代需求的产联式合作社，引领广大农民以家庭为单位组织农产品生产，切实提升农产品的附加值，并凭借自身所特有的优势加入到市场竞争中，构建起"小规模、大群体"的产业基地和生产体系，确保种植业与养殖业的发展都能够符合专业化、组织化以及规模化的要求，使聚集经济效益得以有效提升。在推行农业产业化的过程中将农业、工业以及商业联合到一起，实现一体化经营模式，探索下述一系列流转模式：一是"工商企业＋村集体＋农户"，二是"基地＋龙头企业＋农户"，三是"科研机构＋合作社＋农户"。具体来说，就是所有参与到合作社中的农户都将经营权集中到合作社手中，通过建立生产基地，由合作社实现统一种植、经营及销售。不仅如此，产联式合作社还可以将诸多主体充分吸纳进来，进而构建起利益共同体。这些主体具体包括：①龙头企业；②供销社；③农业科研机构。唯有形成利益共同体，才能够有效压缩交易成本，切实提升农产品中所蕴含的科技成分，使更多的优质、知名且符合市场需求和标准的新产品进入市场，以此推动内涵型规模经济效应在最短的时间内形成。与此同时，政府应当将注重培育以农产品行业协会为代表的中介服务组织，并给予协会足够的资源支持，同时监督并帮助行业协会设立起更加科学的组织体系，使其运作更加规范，使其在体现政府意志的同时为广大农民提供最优质的服务。

第二，完善政策规范，全方位多层面扶持产联式合作社发展。在扶持产联式合作社项目的过程中，"因地制宜，实事求是，创新扶持理念"是提高扶持效益的总抓手。一是抓住核心发展动力，加强产联式合作社财务管理。鉴于产联式合作社组织财务管理比较薄弱的特点，在扶持产联式合作社项目时，要帮助其建立规范的财务账表系统，有效地执行有关《产联式合作社会计制度》以及各项规章制度，保证产联式合作社的资金筹集、使用合法合规。二是提取项目管理费，提高项目管理效益。在扶持产联式合作社管理制度中，建议借鉴土地治理项目提取"项目管理费"的先进经验，允许县开发办从财政配套资金中提取合作社项目管理费，提高县区管理产联式合作社项目的积极性和管理力度。三是建立科学有效的培训制度，切实提高产联式合作社的规模实力，将培训制度化。对纳入农业综合开发扶持范围的产联式合作社负责人、项目、资金管理人员定期进行培训，内容包括产联式合作社会计制度、市场营销、农业综合开发相关政策制度等知识，逐步提高产联式合作社工作人员的专业素质，提高产联式合作社规模和实力。四是逐步全面实现与土地治理项目资金联系在一起的产联式合作社项目，切实使产联式合作社发展的背景以及条件得以优化和完善。在对土地治理项目进行规划和安排时，使其能够同产联式合作社发展有机地结合到一起。为此应做到：①对合作社自身所推行的土地治理项目给予足够的支持。通过加大资金投入力度，来确保合作社基地本身的条件能够得到切实的优化和改善。②利用土地治理项目中的科技措施扶持产联式合作社。土地治理项目科技推广措施中的科技培训、示范推广等内容，可以适当倾斜以助推产联式合作社的发展。例如技术培训，除进行实用技术培训外，还应扩大培训范围，开展有利于产联式合作社发展的科学技术和市场营销知识培训。示范推广项目也应拓展外延，逐步将产联式合作社产品以商标注册为代表的诸多品质认证内容归入扶持的范畴。就当前全国各个地区产联式合作社的发展实际可以清楚地了解到，必须出台一套在实践中具有可操作性的且全面的政策推动产联式合作社的发展，同时应加强政府补贴，使产联式合作社运行更加顺畅。从当前情况来看，不管是合作社的组织还是运作都尚未出台配套政策，进而导致合作社在实际开展工作时遇到重重阻力。因此，政府必须立足于市场需求，从财政、税收及保险角度考虑出台一连串扶持政策，全方位、多角度构建起配套的政策体系，通过资金扶持的方式对那些工作开展优异的合作社给予一定的奖励，以此确保家庭农场朝着更加标准的方向发展，使其在设备、服务等诸多方面同政策支持项目相符。此外，基础设施建设尤为重要，必须加大合作社固定资产投入力度，使其生产经营这一基本条件得到优化和改善。

第三，树立先进，起到以点带面的示范效果。可将树立先进典型作为开展工作的落脚点，要在市场经济条件下组建产联式合作社并推动其发展。典型的示范效应至关重要。产联式合作社中的典型必须满足下述一系列要求：①产业优势明显；②运作机制良好；③带动能力强。对于四川省政府职能部门而言，应当从各个地区已有的符合以上特征的产联式合作社中推出先进与典型，加强这些合作社的规范化建设力度，对其进行重点培育，以此推动其工作开展更上一个台阶，进而在市场竞争中取得更加显著的优势。通过树立典型，使其余合作社向这些示范型合作社看齐，将好的经验与做法推广开去，在当地起到以点带面的示范作用，使更多的农民主动加入到产联式合作社中来。举例来说，采用"农户＋企业＋供销社＋村集体经济组织"的经济模式，同时始终遵循"以农户为主体，供销社、村集体为辅助，加强产联式合作经济建设，攻克'三农'问题"这一重要理念，当前已经被地方政府所采纳，还被作为四川省大英县今后发展纲要中的一项重要组成部分。其在探索县域经济发展模式的过程中做出了积极的尝试。

总而言之，地方政府在组建并推进产联式合作社上应当创新思维模式，在发展合作经济的过程中必须立足于多视角、多层面，并为社会主义新农村建设助力。

结　论

　　产联式合作社是构建新型农业生产经营体系的重要载体，是突破现有农业体系发展瓶颈的一个有效途径，从大英县产联式合作社发展的现实情况可以看出，产联式合作社的创立和壮大，不管是对农户，还是对国家以及其他新型经营主体来讲，都有十分重要的作用。第一，它是市场经济和农户的衔接，通过产联式合作社这个组织载体，减少了其他市场主体与农户交往带来的过高交易成本，有利于提高经济效益，有力地促进了农产品品牌化建设并提高了农产品质量安全。第二，在政府与农民之间架起了沟通的桥梁。通过产联式合作社，政府可以了解农民的心声，有利于制定切实可行的农村政策；同时，一些惠农政策通过产联式合作社来执行，能够实现规模效益，提高资金的使用效率。第三，弥补了农民单家独户生产管理的缺陷，解决了单个农民遇到的无法抵御的各种难题，促进了农民收入的增加。为此，产联式合作社的健康发展、壮大意义非凡。基于此，笔者认为，就新型农业生产经营组织体系视角下的产联式合作社的发展问题进行研究具有非常重要的理论意义和现实意义。大英县产联式合作社的建设起步比较晚，但其发展历程以及发展实践对市场经济的发展和政府的决策具有借鉴意义。因此，通过对影响大英县产联式合作社发展的各种因素的详尽分析，完成战略分析、实施、管理等研究，旨在探索新型农业生产经营组织体系下的产联式合作社的发展道路，为以后构建大英县新型农业生产经营组织体系提供理论依据。

参考文献

［1］马晓河.中国农村 50 年：农业集体化道路与制度变迁［J］.当代中国史研究，1999（1）.

［2］温铁军.“三农”问题与制度变迁［M］.北京：中国经济出版社，2009.

［3］陈廷煊.1949—1952 年农业生产迅速恢复发展的基本经验［J］.中国经济史研究，1992（4）.

［4］胡绳.中国共产党的七十年［M］.北京：中共党史出版社，1991.

［5］史敬棠，张凛.中国农业合作化运动史料（上册）［M］.北京：生活·读书·新知三联书店，1957.

［6］农业部农业政策研究会.毛泽东与中国农业［M］.北京：新华出版社，1995.

［7］郑有贵，李成贵.一号文件与中国农村改革［M］.合肥：安徽人民出版社，2008.

［8］卢文.论建国后我国农业的发展道路和农村改革的成就［J］.中共党史研究，1992（4）.

［9］毛泽东.毛泽东文集（第 6 卷）［M］.北京：人民出版社，1999.

［10］冯开文，李军.中国农业经济史纲要［M］.北京：中国农业大学出版社，2008.

［11］中华人民共和国国家农业委员会办公厅.农业集体化重

要文件汇编（1958—1981）　［M］. 北京：中共中央党校出版社，1981.

[12] 程漱兰. 中国农村发展：理论与实践［M］. 北京：中国人民大学出版社，1999.

[13] 陆世宏. 中国农业现代化道路的探索［M］. 北京：社会科学文献出版社，2006.

[14] 孙健. 中华人民共和国经济史（1949—90 年代初）［M］. 北京：中国人民大学出版社，1992.

[15] 《中国农业年鉴》编辑部. 中国农业大事记（1949—1980 年）［M］. 北京：农业出版社，1982.

[16] 武力. 中华人民共和国经济简史［M］. 北京：中国社会科学出版社，2008.

[17] 徐志强. 中国共产党与中国农业发展道路［M］. 北京：中共党史出版社，2003.

[18] 王盛开. 农村改革三十年：政策取向与利益诉求——改革开放以来中国共产党农村政策的历史考察与反思［M］. 北京：中国社会科学出版社，2008.

[19] 中共中央文献研究室. 三中全会以来重要文献选编（上）［M］. 北京：中央文献出版社，2011.

[20] 宋洪远. 中国农村改革三十年［M］. 北京：中国农业出版社，2008.

[21] 中共中央文献研究室. 三中全会以来重要文献选编（下）［M］. 北京：中央文献出版社，2011.

[22] 中共中央文献研究室. 十二大以来重要文献选编（上）［M］. 北京：中央文献出版社，2011.

[23] 姚洋. 作为制度创新过程中的经济改革［M］. 上海：格致出版社，2008.

[24] 中共中央文献研究室. 十三大以来重要文献选编（下）

［M］. 北京：中央文献出版社，2011.

［25］王成慧，郭冬乐. 中国农村流通发展 30 年之成就［J］. 财贸经济，2009（2）.

［26］杜润生. 当代中国的农业合作制（下）［M］. 北京：当代中国出版社，2002.

［27］中共中央文献研究室. 十二大以来重要文献选编（中）［M］. 北京：中央文献出版社，2011.

［28］中共中央文献研究室. 十二大以来重要文献选编（下）［M］. 北京：中央文献出版社，2011.

［29］孔祥智. 崛起与超越：中国农村改革的过程及机理分析［M］. 北京：中国人民大学出版社，2008.

［30］张永森. 山东农业产业化的理论与实践探索（上）［J］. 农业经济问题，1997（10）.

［31］中共中央文献研究室. 十五大以来重要文献选编（上）［M］. 北京：中央文献出版社，2011.

［32］郑有贵. 目标与路径：中国共产党"三农"理论与实践 60 年［M］. 长沙：湖南人民出版社，2009.

［33］全国农业和农村经济发展第十一个五年规划（2006—2010 年）［EB/OL］. 天津农机信息网，http：//www. tjnj. gov. cn，2006.

［34］中共中央文献研究室. 十七大以来重要文献选编（上）［M］. 北京：中央文献出版社，2009.

［35］卡尔·马克思，弗里德里希·恩格斯. 马克思恩格斯文集（第 2 卷）［M］. 北京：人民出版社，2009.

［36］周志强. 中国共产党与中国农业发展道路［M］. 北京：中共党史出版社，2003.

［37］张士杰，曹艳. 中国特色现代农业发展中的农村双层经营体制创新［J］. 马克思主义研究，2013（3）.

[38] 赵光元，张文兵，张德元.中国农村基本经营制度的历史与逻辑——从家庭经营制、合作制、人民公社制到统分结合双层经营制的变迁轨迹与转换关联 [J].学术界，2011（4）.

[39] 徐勇.包产到户沉浮录 [M].珠海：珠海出版社，1998.

[40] 江泽民.江泽民文选（第 2 卷）[M].北京：人民出版社，2005.

[41] 赵阳.公有与私用：中国农地产权制度的经济学分析 [M].北京：生活·读书·新知三联书店，2007.

[42] 朱启臻，杨汇泉.农地承包关系长久不变与农村双层经营体制创新 [J].探索，2008（6）.

[43] 刘凤芹.农地制度与农业经济组织 [M].北京：中国社会科学出版社，2005.

[44] 凌志军.1978 历史不再徘徊 [M].北京：人民出版社，2008.

[45] 刘国臻，陈红.农村双层经营体制运行中存在的问题与对策 [J].中山大学学报，2005（5）.

[46] 廖洪乐.中国农村土地制度六十年——回顾与展望 [M].北京：中国财政经济出版社，2008.

[47] 张晓山，苑鹏.合作经济理论与中国农民合作社的实践 [M].北京：首都经济贸易大学出版社，2009.

[48] 马敬桂，查金祥.我国农业双层经营体制的完善与创新 [J].农业经济，2004（3）.

[49] 宋婕.人民公社制度内涵及其反思——以现代性为视角 [J].现代哲学，2009（3）.

[50] 中华人民共和国国家农业委员会办公厅.农业集体化重要文件汇编（1949—1957）[M].北京：中共中央党校出版社，1981.

[51] 王景新.中国农村土地制度的世纪变革 [M].北京：中

国经济出版社，2001.

[52] 苑鹏.试论合作社的本质属性及中国农民专业合作经济组织发展的基本条件［J］.农村经营管理，2006（8）.

[53] 秦庆武.中国农村组织与制度的新变迁——农村新型合作经济发展探索［M］.北京：中国城市出版社，2001.

[54] 姚鸿健.后双层经营体制——中国农村经营制度设计［M］.济南：山东大学出版社，2010.

[55] 王雅鹏，吴娟.新中国 60 年粮食安全的回顾与展望［J］.湖南社会科学，2009（5）.

[56] 蒋永穆.世界农业发展模式的演变［J］.经济学动态，1999（1）.

[57] 中共中央文献研究室.十八大以来重要文献选编（上）［M］.北京：中央文献出版社，2014.

[58] 蒙柳，许承光，许颖慧.发达国家农业合作社的实践及经验［J］.武汉工程大学学报，2010，32（10）.

[59] 蒋和平.法国构建发展现代农业的政策体系及启示［J］.世界农业，2008（12）.

[60] 刘向华.发达国家农业合作社发展模式及其启示［J］.合肥工业大学学报（社会科学版），2011，25（3）.

[61] 孔祥智，楼栋，何安华.建立新型农业社会化服务体系：必要性、模式选择和对策建议［J］.教学与研究，2012（1）.

[62] 宿爱梅.培育新型农业经营主体推进现代农业发展［J］.青岛行政学院学报，2013（4）.

[63] 岳正华，杨建利.我国发展家庭农场的现状和问题及政策建议［J］.农业现代化研究，2013，34（4）.

[64] 丁力.农业的家庭经营与产业化经营［J］.郑州大学学报（哲学社会科学版），1999（1）.

[65] 牛刚.论农业经营要素的一体化配置［J］.生产力研究，

2007（23）.

　　［66］谭锦维.论农业经营体制的形式及其形成与发展［J］.中国农村经济，1991（4）.

　　［67］邵峰.论农业经营体制创新［J］.农业经济问题，2003（9）.

　　［68］许经勇，张志杰.家庭承包经营与发展现代农业［J］.经济评论，2001（1）.

　　［69］蒋亭亮.关于农业经营机制改革问题的思考——兼论农民进入市场的障碍与对策［J］.农业经济问题，1995（3）.

　　［70］邵明伟.从生产方式到经营方式：农业经营方式内涵的重新分析［J］.经济问题，2009（11）.

　　［71］张扬.论构建"四位一体"的新型农业经营体系［J］.中州学刊，2014（5）.

　　［72］曾福生.中国现代农业经营模式及其创新的探讨［J］.农业经济问题，2011（10）.

　　［73］吴海峰，苗洁.新型农业现代化发展研究［J］.中州学刊，2013（1）.

　　［74］张照新，赵海.新型农业经营主体的困境摆脱及其体制机制创新［J］.改革，2013（2）.

　　［75］楼栋，孔祥智.新型农业经营主体的多维发展形式和现实观照［J］.改革，2013（2）.

　　［76］宁亢亢，朱信凯，王浩.现代农业经营主体的变化趋势与动因——基于全国范围县级问卷调查的分析［J］.中国农村经济，2012（10）.

　　［77］陈晓华.现代农业发展与农业经营体制机制创新［J］.农业经济问题，2012（11）.

　　［78］李建中，方明.我国当代农业经营方式的缺陷与改革模式［J］.农业经济问题，2006（12）.

［79］郑风田，焦万慧.前提设定、农民权益与中国新型农业经营体系的"新四化"［J］.改革，2013（3）.

［80］税尚楠.农业经营模式的选择：资本农场或合作经营［J］.农业经济问题，2013（8）.

［81］赵佳，姜长云.农业专业合作社的经营方式转变与组织制度创新：皖省例证［J］.改革，2013（1）.

［82］陈家骥，杨国玉，武小惠.论农业经营大户［J］.中国农村经济，2007（4）.

［83］洪仁彪，张忠明.农民职业化的国际经验与启示［J］.农业经济问题，2013（5）.

［84］钱克明，彭廷军.关于现代农业经营主体的调研报告［J］.农业经济问题，2013（6）.

［85］杨国玉，郝秀英.关于农业规模经营的理论思考［J］.经济问题，2005（12）.

［86］朱学新.家庭农场是苏南农业集约化经营的现实选择［J］.农业经济问题，2006（12）.

［87］杨承训.中国特色合作经济的生成机理和实现形式［J］.中州学刊，2004（6）.

［88］孔祥智，徐珍源，史冰清.当前我国农业社会化服务体系的现状、问题和对策研究［J］.江汉论坛，2009（5）.

［89］吕韬.中国现代化农业社会化服务体系建设研究［D］.荆州：长江大学，2012．

［90］卢泽羽，陈晓萍.中国农村土地流转现状、问题及对策［J］.新疆师范大学学报（哲学社会科学版），2015（7）.

［91］刘帅，郭焱.新型农业经营主体发展现状及对策建议［J］.农场经济管理，2013（11）.

［92］严瑞珍.农业产业化是我国农村经济现代化的必由之路［J］.经济研究，1997（10）

［93］郭庆海.新型农业经营主体功能定位及成长的制度供给［J］.中国农村经济，2013（4）.

［94］黄祖辉，俞宁.新型农业经营主体现状、约束与发展思路：以浙江省为例的分析［J］.中国农村经济，2010（10）.

［95］于允充，朱信凯，王浩.现代农业经营主体的变化趋势与动因：基于全国范围县级问卷调查的分析［J］.中国农村经济，2012（10）.

［96］张晓山.提高农民的组织化程度积极推进农业产业化经营农村合作［J］.经济经营管理，2003（2）.

［97］王征兵.中国农业经营方式研究［M］.北京：中国科学文化出版社，2002.

［98］郎秀云.中国特色农业现代化道路探析［J］.新视野，2008（4）.

［99］阮文彪.农业经营体制创新的总体战略与长期构想［J］.现代经济探讨，2004（9）.

［100］毋俊芝，安建平.农民组织化程度与农业经济增长方式的转变［J］.农业经济问题，2009（5）.

［101］孙新华.农业经营主体：类型比较与路径选择——以全员生产效率为中心［J］.经济与管理研究，2013（12）.

［102］焦立新.论农业企业家的培养与造就［J］.高等农业教育，2004（4）.

［103］刘胜中.浅析农业企业家发展制约因素与对策［J］.湖南农业科学，2014（16）.

［104］蔡立雄.经济市场化与中国农村制度变迁［M］.北京：社会科学文献出版社，2009.